Bilingual Classics

U0898837

双语经典

燕子号与亚马孙号

〔英国〕亚瑟·兰塞姆 著

徐彬 翟雨 宋彦卓 译

译林出版社

目　录

第一章　达里恩峰

或是像勇武的科尔特斯，用他鹰眼似的双眼远眺太平洋——而他的随从们互相对视着，陷入无尽遐想。寂静，笼罩着达里恩峰顶。

罗杰今年七岁，早已不是家里最小的小孩了。他正沿着“之”字线路，在一片草坡上时而向左、时而向右地跑着。这片陡峭的草坡自湖岸向上，一路延伸到霍利豪农场。暑假里有一部分时间，罗杰和他的家人就是在这个农场度过的。罗杰跑着，每次即将靠近小路边的围栏的时候，他便掉过头去，穿越草坡跑向另一边的围栏。他一遍又一遍地改变“航向”，一趟又一趟地在草地里穿梭。每完成一次掉头，就离农场更近一些。温柔的妈妈正在农场大门口等罗杰回家。劲风迎面吹来，他便“抢风行驶”。他不能正面迎风跑，因为此时他正把自己想象成一条帆船，一条速度飞快的帆船，名叫“卡蒂萨克号”。那天早晨，罗杰的哥哥约翰说，所谓的蒸汽船只不过是在金属盒子里装上几个发动机罢了。还是帆船比较带劲儿，所以，尽管沿着

“之”字形路线花的时间更多，他还是绕远跑了回来。

罗杰快到的时候，看到妈妈手里有一个红色信封和一小张白纸，那是一封电报。他不猜也知道是什么。有那么一瞬间，罗杰想径直冲到她身边去。这封电报一定来自爸爸，而且是给妈妈的回电。不只是给妈妈，还是给约翰、苏珊、缇蒂以及罗杰的回电。大家之前在信里问了爸爸同一个问题，不过用的是不同的方式。罗杰写的信很短：“求求您了爸爸，让我也去，好吗？爱您的罗杰。”缇蒂写的信就很长，甚至比约翰哥哥的还要长。苏珊呢，虽然她比缇蒂年长一些，但她没有自己写，只是在哥哥约翰的信下面署上自己的名字，所以他们两个送的是同一封。妈妈写的信最长，不过罗杰不知道她在信里写了什么。他们的信跨越了千山万水才到爸爸手里，爸爸的船当时正停泊在马耳他，受命即将开往中国香港。现在，爸爸的答复就在妈妈拿的红色信封里。有那么一瞬间，罗杰想径直冲到她身边去。不过，帆才是最带劲儿的，而不是蒸汽引擎，于是他继续抢风“行驶”，不过越来越朝向风吹来的方向。最后，他正面迎向风，跑得越来越慢，越来越慢，到了妈妈身边的停泊处，他开始向后移动，“船体”因为抛锚晃动了一下，顺利停到了“港湾”里。

“是爸爸的回信吗？”同风斗争了这么久，他有点儿上气不接下气，“他答应了吗？”

妈妈微微一笑，大声读出了电报上的内容：

淹死也好过菜鸟，如果不是菜鸟那就不会

淹死。

“也就是说他答应了？”罗杰问。

“我想是的。”

“也就是说我也可以去了？”

“嗯，只要约翰和苏珊愿意带上你，而且你要保证会听他们的指令。”

“太棒啦！”罗杰高兴得手舞足蹈，都忘了自己是一条“船”，忘了自己正停靠在一个安静的港湾里。

“其他人在哪儿呢？”妈妈问。

“在达里恩。”罗杰说道。

“那是哪儿？”

“就在峰顶那儿。缇蒂管那个峰顶叫达里恩。我们在那儿能看见那座小岛。”

霍利豪农场往下是一片陡峭的草坡，草坡尽头与一个小水湾相接，水湾边上有一栋船库和一座码头。因为四周都是高高的岬角，人在那儿只能看见湖泊的一角。草坡上有一条小路顺势而下，连接着农场与船库，半道开出一扇门来。这扇门后有一条路，通往另一片更高的岬角。岬角覆盖着松林，这条路很快就消失在了松林中。两周之前，也是孩子们到这儿的第一天晚上，他们就穿过丛林，走到了那片岬角的尽头。在那里，地势突然下降，形成一处如悬崖般陡峭的小坡，最后没入一片湖泊中。他们在山顶上远眺着这片广阔的水域，湖水向南淌过低矮的小丘，向北流过伟岸的群山，不过北边的景色他们能看到的不多。也就是在孩子们第一次站在悬崖上，鸟瞰着这片浩渺的水域时，缇蒂给这个地方起了“达里恩”这个名字。缇蒂曾经听到过学校里有人放声朗诵一首十四行诗，其他的内容她都忘了，只记得诗里探险家们第一次远眺太平洋的场景，就在达里恩峰顶。她称这片岬角为“达里恩”。岬角的最高点就是孩子们的营地，罗杰就是从那里离开了其他孩子，开始了他的航行。他穿过树林，驶进草场，见到了站在门口的妈妈。

“你要把消息告诉他们吗？”

“那我能告诉他们，爸爸也同意我一起去吗？”

“行，你得把这封电报拿给约翰看，由他来判断你是不是菜鸟。”

妈妈把电报装进红色信封，然后递给罗杰。罗杰还在抛锚的状态，妈妈吻了一下他，说：“七点半吃晚饭，一分钟都不许迟到。另外进门的时候轻一点儿，不要惊醒维吉妹妹。”

“是，遵命，长官！”罗杰一边说，一边一把一把地将锚升起来。他转过身，开始在草场上向下抢风航行，同时思索着该怎么传达这个消息。

妈妈笑道：“嘿，帆船！”

罗杰停下来，回头看着她。

“刚才你上坡的时候是逆风，”她说，“你现在是顺风，不用再绕来绕去啦。”

“对啊，”罗杰说道，“风就在我正后面，我是一条纵帆船，船两边各有一张帆，我可以横帆航行。”说罢，他张开双臂，开始向着那扇门“航行”，不一会儿便跑下草场，消失在了松林里。

他离开草场即将进入树林的时候，便不再扮作一条帆船了。没有哪条帆船能在松林里航行。他扮作一位掉了队的探索者，在森林里循着队友的踪迹前进，还要时刻小心四周，以防躲在树后的野蛮人用毒箭偷袭自己。他穿过树林，到了岬角的最高处。终于，他从树林里冒出头，来到了一小片开阔的场地，场地上有一些光秃秃的岩石和石楠。这里就是达里恩峰顶。峰顶周围有很多树，透过树杈可以隐约看到波光粼粼的湖面。在一个岩洞里，一小堆火烧得正旺。约翰在生火，苏珊正往面包上涂着果酱。缇蒂抱紧双膝，下巴贴着膝盖，坐在悬崖边的两棵树之间。悬崖下便是湖泊。此时她边放风边盯着小岛出神。

约翰抬起头，看到罗杰手中拿的电报，激动得一下子从火堆旁跳起来。

“紧急情报？”他说。

“是爸爸的回电。”罗杰说，“上面说可以，而且说只要我听话，我也可以，你和苏珊得带上我。如果我可以的话，缇蒂肯定也可以。”

约翰拿过电报。缇蒂连忙起身跑了过来。苏珊为了防止黏在刀上的果酱掉在外面，用面包在下面接着，但停住了手中的涂抹动作。约翰打开信封，抽出白色的纸页。

“大声读出来。”苏珊说。

约翰读道：

淹死也好过菜鸟，如果不是菜鸟那就不会淹死。

“老爸万岁！”他喊道。

“这是什么意思？”苏珊问。

“意思就是可以。”缇蒂说。

“意思是，爸爸认为我们没有人会淹死，而如果我们之间有谁真的淹死了，那真是谢天谢地了。”约翰说。

“但是什么叫‘菜鸟如果不是菜鸟’？”苏珊问。

“不是，”缇蒂回答，“这几个字是在说，如果我们是菜鸟的话，我们可能会淹死。然后断句，另起一句，说因为我们不是菜鸟……”

“如果。”约翰反驳道。

“如果我们不是菜鸟，我们就不会淹死。”

“爸爸加上这句话是为了让妈妈放心。”苏珊说罢继续涂着果酱。

“那咱们现在就出发吧。”罗杰说道。突然，水壶的声音变了一个曲调。之前它已经冒了一会儿泡，现在轻轻地不断地发出嘶嘶声，一股长长的水汽从壶嘴喷出来——水开了。苏珊把水壶从火堆上拿开，将一小包茶叶全部倒了进去。

“不管怎么说，今天晚上我们不能出发。”她说道，“先喝茶吧，然后再列一个我们要带的物品的清单。”

“咱们找个能看到小岛的地方喝茶吧。”缇蒂说。

一行人带着他们的马克杯、水壶、盘子（盘子里盛满厚厚的黑面包片和果酱）来到了悬崖边。小岛就坐落在一英里外的湖泊南端，那里地势很低，波光粼粼的湖面上倒映着小岛上郁郁葱葱的树木。他们已经观察这座岛十天了，而此时这封电报让这些景色变得比以往更加真实。他们跟着妈妈来到农场的当天晚上就跑去了缇蒂说的“峰顶”，在上面放眼远眺，看到这片湖泊就像一片内陆海，小岛就在湖面上。四人不约而同地想着：这不是一座普通的小岛，而是一座正等着他们前去探索的小岛，是属于他们的岛。若是看见这么一座岛，谁还会心满意足地住在大陆上，晚上躺在床上睡觉呢？他们回去给妈妈说过这一发现，也乞求过妈妈让全家人明天离开农舍，永远在小岛上住下去。但麻烦的是家里还有一个小维吉。她是个胖乎乎的婴儿，长得像照片里老年时的维多利亚女王，各个方面都需要照顾。所以，就算有一座最好的无人居住的小岛，妈妈也不能带着维吉和保姆去那儿住。更何况，没有爸爸的许可，她也不会让他们单独去。虽然约翰和苏珊都能驾驶帆船，可是缇蒂和罗杰在去年爸爸休假时才刚开始学习帆船驾驶。农场下的船库里有一条帆船，叫“燕子号”，这条船很小，旁边还有一条更大更沉的桨船。但只要是驾驶过帆船的人，都不会再想划船。如果这里没有小岛，没有帆船，这个湖泊也没有那么大的话，毫无疑问，这些孩子光是在船库周围的小湾里划划桨就很开心了。可是谁让这里有一片像小型的海一样大的湖泊呢，船库里还有一条带着棕色船帆、约十四英尺长的船，外加一座树木丛生的小岛等待着探索者们的到来。除了一场探索之旅，还有什么更值得人考虑呢？

所以他们写了信，把它寄了出去。日复一日，小孩子们白天在达里恩峰顶露营，晚上回农舍睡觉。他们和妈妈一起坐桨船出去过，不过总是选择其他路线，以防他们先到过了小岛，让探索之旅计划泡汤。但是自从信寄出去之后，日子一天一天过去了，他们得到回复的希望也变得越来越渺茫。那座小岛似乎成了列车途中经过的某个地方，某个永远不会与车上的人有交集的地方。而现在，突然之间它变成真的了。它终于要成为他们的小岛了。他们可以独自驾驶帆船，从小港湾出发，绕过岬角，顺着湖泊到达小岛。他们还可以在小岛上登陆，一直住在那儿，直到他们需要重新整装，直到他们必须回家，回到城里的学校去上课为止。这个消息实在是太好了，以至于他们一想这事就变得严肃起来。他们默默地吃着各自的面包和果酱。面前的景象实在广阔，不适合闲聊。约翰在想驾驶帆船的事，怀疑自己是不是真的还记得去年学的东西。苏珊想着他们要准备的物品和做饭的事。缇蒂则一心想着那座小岛，想着岛上的珊瑚、宝藏，还有沙滩上的脚印。罗杰则在想，自己终于不会再被丢下独自在家待着了。他第一次发现自己不再是家里的小宝宝还挺好的。现在，维吉才是家里最小的孩子。维吉要留在家里，而罗杰，作为一名船员，就要驶向未知的世界了。

最后，约翰从口袋里掏出一支笔和一张纸。

“我们写一下船员协议吧。”他说。

约翰的面包和果酱都已经吃光了，他翻过盘子，把纸放在盘子背面，然后趴在一块大石头上写道：

“船号：燕子号。港口：霍利豪农场。船主……”

“船的主人是谁？”

“不管怎么说，假期剩下这些天里它都是我们的了。”苏珊说道。

“我写‘沃克有限公司’吧，这样船就是大家的。”

他写下“船主：沃克有限公司”，然后另起一行写道：

船长：约翰·沃克。

大副：苏珊·沃克。

一等水手：缇蒂·沃克。

见习水手：罗杰。

“现在，”他说，“所有人都签一下你们的名字。”

他们都签上名字。

“咳咳，大副先生。”约翰说。

“长官。”苏珊机智地回答。

“你觉得我们多久之后能准备好出海？”

“第一股风吹来的时候。”

“你觉得你的船员们怎么样？”

“他们是我见过的最棒的船员。”

“他们会游泳吗？”

“一等水手缇蒂会。见习水手罗杰还需要一只脚踩着水底才行。”

“他必须学会。”

“我也不是次次都一只脚踩水底啊。”罗杰说。

“你必须尽快学着让那只脚完全离开水底。”

“好吧。”罗杰说。

“不对，罗杰，”缇蒂说，“你应该说‘是，遵命，长官！’”

“我几乎一直这么说，”罗杰说，“我之前对妈妈就是这样说的。”

“你对船长和大副也得这么说。也许你也应该对我这么说，不过考虑到船上只有两个船员，互相说‘长官’没多大意思。”

“你有多余的纸吗？”苏珊说。

“只能用电报背面了。”约翰说。

“妈妈不会介意我们用它的。”苏珊说，“我们不能在第一股风吹来的时候就出航，怎么都要等一切都准备好之后才行。来列份物品清单吧。”

“指南针。”约翰说。

“水壶。”苏珊说。

“一面旗，”缇蒂说，“我来做，我会在上面加一只燕子。”

“帐篷。”罗杰说。

“望远镜。”约翰说。

“平底锅、马克杯、刀、叉、茶叶、糖、牛奶。”苏珊绞尽脑汁，尽可能多地写着。

“还有勺子。”罗杰说。

他们不断想起来一些需要的东西，偶尔思路陷入瓶颈，然后又想起来些东西，直到电报背面写不下了才停下。

“我没有其他纸了，”约翰说，“连船员协议背面都写满了。先不管清单了吧。我们去找妈妈，问问她能不能把船库的钥匙给我们。”

但是当他们来到霍利豪农场的时候，妈妈正在门口等他们，她把食指放在自己嘴唇上示意大家动作轻点儿。

“维吉睡着了。”她说，“进来的时候别弄出声响。晚饭刚刚做好。”

第二章　做好准备

我怎会留恋天鹅绒的床呢？
我怎会留恋华丽的床单呢？
今晚我就要和衣衫破烂的吉卜赛人一起，
睡在寒冷的大草原上了！

虽然船员协议很重要，但那只是探索之旅准备工作的一小部分，还有很多事等着他们去做。好在妈妈已经快把帐篷做好了。他们一把信送出去，她就做了这个决定。如果爸爸同意孩子们到岛上去，他们肯定需要几顶帐篷，而如果爸爸不同意，在湖岸边野营也能用得到帐篷。所以她买了细帆布，每天都做一点儿，做活的时候胖乎乎的维吉在睡觉，其他人要么在船库附近钓鱼，要么还在达里恩峰顶野营。那天晚上在约翰船长、苏珊大副以及他们的船员都睡下之后，妈妈做好了两顶帐篷。

第二天清早，大家吃过早饭后，苏珊和约翰在妈妈的帮助下把一顶帐篷支在了霍利豪花园的两棵树中间，缇蒂在一旁看着，罗杰帮了不少倒忙。帐篷是最简易的那种，背面是三角形的，与侧面相接的地方被缝了起来，一条粗大的绳子穿过帆布，作为帐篷的脊。绳子两端分别拴在两棵树上，好把帐篷支起来。两顶帐篷没用任何木桩，而是在帐篷背面和侧面的底部缝上大口袋，往口袋里填满石头。这种帐篷很适合在布满岩石、不好打木桩的地方使用。帐篷前门是两片松散的布，布片与侧面结合，上面用两条布条绑住，像帆上的缩帆绳一样，可以将门帘卷起来固定住。

“其实，”约翰说，“我们不用带这些帐篷的。我们可以用桅桁当大梁，把帆挂在上面，再在帆的前后两端各用一对船桨作支撑。但是一顶帐篷不够用，要做两顶的话我们就需要八支船桨、两张帆，两张大帆。燕子号只有一张小帆，两支船桨。好吧，还是这些帐篷好。”

“除了禁不住强风，这些帐篷已经够好了。”妈妈说，“我和你们的爸爸还年轻的时候经常住在这样的帐篷里。”

缇蒂看着妈妈，一脸严肃。

“您真的老了吗？”她说。

“嗯……没有特别老，”妈妈说，“但是那时候我比现在年轻。”

妈妈买了两张方形防潮布，每顶帐篷一张。其中一张防潮布已经铺在这顶支好的帐篷里。

“仔细一点儿，”妈妈说，“把防潮布的边都卷到帐篷里去，不然一旦外面下了雨，你们就会发现自己睡在水洼里。”

所有人都挤进帐篷里坐下来。缇蒂从保姆那儿把胖乎乎的维吉抱过来，把她也带了进来。苏珊从里面把帐篷帘放下。

“这下我们去哪儿都没问题了。”缇蒂说。

“下一次支起帐篷的时候，我们就在小岛上了。”约翰说。

“床垫怎么办呢？”妈妈说。

“用毛毯就行。”约翰船长说。

“不够用。”妈妈说，“除非你们想效仿那个因为和衣衫破烂的吉卜赛人私奔被活活冻死的女人。”

“那首歌不是这么说的，”缇蒂说，“歌里只说她并不在乎。”

“嗯，她不在乎，然后发生了什么？”

“然后就有了一个悲惨的结局。”罗杰回答。

“你们野营的时候要是得了感冒，就是个悲惨结局，尤其是在荒无人烟的小岛上，”妈妈说，“不行，我们必须去装些干草包裹，好让你们睡觉的时候垫在身下。到时候你们把这些包裹放在防潮布上，然后裹着毛毯和地毯躺上去，就没什么大问题了。”

约翰船长已经迫不及待想乘着燕子号航行了。

“咱们去港口查看一下那条船吧。”他说，“我们现在能乘着船出去了，对吧，妈妈？”

“没错。不过，第一次航行我要跟你们一起去。”

“来吧。没问题。您就是伊丽莎白女王，准备登上停泊在格林尼治的船，而这艘船即将开往印度群岛。”

妈妈笑了。

“就算您没有红头发也完全没问题。”缇蒂说。

“好，好，”妈妈说，“不过维吉要留下来，让保姆帮忙照看。”

于是他们纷纷爬出了帐篷。胖乎乎的维吉被送到保姆手里。“伊丽莎白女王”和燕子号船长约翰一同走向船库。大副苏珊、一等水手缇蒂也跟着来了，而见习水手罗杰跑在最前面，拿着大钥匙去开船库的门。

船库用石头建造而成。船库内部，靠着两侧的墙壁，有两条狭窄的栈道，在那之外是一个小型码头，向着湖泊延伸过去。

他们一到那儿罗杰就把门打开了，尽管开门的时候那把生锈的门锁让他费了很大力气。现在他站在船库里，看着燕子号。燕子号是一条为了在浅水河口航行而造的小船，浅水河口在退潮的时候会露出沙子。大多数帆船都有稳向板，这些板能顺着龙骨降下，以便更好地逆风航行。燕子号没有稳向板，但它的龙骨比多数小船都深，有大约十四英尺长，也足够宽。桅杆静静躺在船体里，旁边，船帆把帆桁、桅桁和一对短桨整齐地卷在里面。船的名字“燕子号”就漆在船尾。

约翰船长和他的船员们深情地望着这条船。它已经是他们的船了。

“最好带它到外面的码头去支起桅杆，要是你们在船库里就把桅杆竖起来，可能就没办法把它弄到外面去了。门口那根横梁太低了。”伊丽莎白女王说。

约翰船长上了船，大副苏珊把缆绳解开，两人一左一右将燕子号从船库带了出来。然后，苏珊把缆绳紧紧拴在码头边的铁环上，也爬进了燕子号里。

“我可以一起去吗？”罗杰问。

“你和缇蒂，还有我都先在这里，等他们把帆升起来再说。”伊丽莎白女王说道，“让他俩去捣鼓吧，也给他们留足活动的空间，我们现在上船只会添乱。”

“啊呀，”约翰说，“船上有一根小旗杆，而且桅杆上有升降索，能把旗升起来。”他拿着一根小小的旗杆，上面有一面蓝色的三角旗。

“我能把这面旗改得更好看。”缇蒂说。

“你最好带上这面旗，好保证你做的和这个一样大。”伊丽莎白女王说道。

约翰和苏珊之前已经航行过很多次，不过，每次驾驶一条不熟悉的帆船的时候总会发现有新的东西要学。这不，两人一开始把桅杆支错了方向，不过现在已经调整过来了。

“船上好像没有前桅支索，”约翰说，“而且就算升降索能代替它，船头也没有放升降索的地方。”

“让我看看。”伊丽莎白女王说，“这些小型船通常都没有支索。桅杆底部有一个坐板，你看坐板下面有没有一个羊角？”

“有两个，”约翰一边摸索着一边说。桅杆刚好能卡进前面坐板的洞里，这个座位在靠近船头的位置，下面是一个方形底座，刚好装在内龙骨上的一个狭槽里。

“装好帆之后，把帆升起来，把那儿系结实了，然后再看看这船怎么样。”伊丽莎白女王说道。

“我想知道真的伊丽莎白女王是不是也对船这么了解。”

缇蒂说。

“那位伊丽莎白女王可不是在悉尼港长大的。”妈妈说。

苏珊已经装好了帆。桅杆上有一个能上下移动的铁圈，叫作活环，活环上有一个钩子勾住桅桁上的环索（其实就是一圈绳子）。升降索穿过这个活环来到桅杆顶端，再穿过桅杆上的槽轮（也就是桅杆上的一个窟窿，里面有一个滑轮）之后向甲板下延伸。约翰将环索挂在钩子上，然后拉动升降索。等活环到达桅杆顶部，棕色的船帆就升了起来。这时约翰把升降索紧紧系在羊角上，羊角其实就是坐板下面的一些简单的挂钩。坐板是用来安置桅杆的地方。

“这样看着还行。”码头上的伊丽莎白女王说，“但是要想把帆装好必须把帆桁拉下来，这样才能把那些褶皱都展平。”

“那这些滑轮是干什么用的？为了勾住靠近桅杆内龙骨里的环吗？不过，它们都混在一起了，到底哪个是哪个啊？”

“帆桁下面，靠近桅杆的地方，是不是还有其他的环？”伊丽莎白女王问。

“找到了。”约翰船长说，“帆桁下边有一个勾着环的滑轮，还有一个在船底。这样拉下帆桁简直是轻而易举。怎么样？”

“帆上的皱褶现在是竖的，不是横的了。”大副苏珊说。

“那就对了。”伊丽莎白女王说道，“我们一起航，风就会把这些皱褶都抚平的。我能上船了吗，德雷克船长[①]？”

---

① 弗朗西斯·德雷克（1540—1596），英国著名的私掠船船长和航海家，同时也是伊丽莎白时代的政治家。

“请您上船，”约翰说，“不过从现在起，您不再是伊丽莎白女王了。”约翰一会儿就要驾驶燕子号了，他还是第一次驾驶，即使没有女王，他要思考的事情也够多的了。

缇蒂、罗杰，还有妈妈从码头上下来，登上了船。此时的燕子号静静浮在水面上，它的帆扬了起来，随时准备起航。

“妈妈，您能不能掌舵，由我来解缆绳？”约翰船长问。

“我不能。”妈妈说，“不管我叫不叫女王，我只是一个乘客罢了。来，让我看看你们自己怎么搞定它。”

“好吧。”约翰船长说，“大副先生，上前面来解缆绳吧。告诉下面的船员当心，别让帆桁打了脑袋。”

“遵命，长官！”大副苏珊说，“你们俩在下面待好啦。”见习水手和一等水手把头低到舷边以下，蜷缩在船底。约翰掌着船舵。码头上有个圆环，苏珊解开系在环上的缆绳，将缆绳末端穿过圆环，然后握在手里。

“准备好了！”她说。

“出发！”船长说。不一会儿，燕子号便起航了。

“我们一会儿是去小岛吗？”见习水手问。

“不是。”妈妈说，“一去一回用的时间太久了。如果你们明早就起航的话，还有很多事情没做。这次就只是迎着风让它活动一下，然后我们就赶紧回去，做一些干草包和储备，还要准备许多这次远航需要的东西。”

燕子号的试水航行时间很短。约翰迎风驶着船，从一侧抢风航行到另一侧，每次都改变一点航向，就像前天罗杰从草场上抢风往下跑的时候一样。然后他们掉过头，直奔家的方向，泛起的水浪冲刷着船舷。

“约翰船长，你的船没问题。”妈妈说道。他们再次停泊在码头。苏珊和约翰收起船帆，拉下桅杆，将船送回船库。

“这条船真漂亮。”约翰说。

接下来的时间安排得满满的。妈妈用麻袋缝了好几个干草包。缇蒂拿着小旗杆回到农场，用帐篷帆布的边角料剪了一张三角形的旗子。妈妈在一小片纸上画了一只燕子，缇蒂在一条旧灯笼裤上找出一些蓝色哔叽布，照着妈妈画的样子剪出了两只燕子。缇蒂比着图案，在白色旗子上剪出合适的形状，然后用线将蓝色燕子打圈缝在白旗上。她完成的时候，蓝色燕子好像真的在这面白色的小旗上飞着，而且正反面看起来都一样。她把这面旗系在之前拉着蓝色旗子的旗杆上，一切准备就绪，就等旗子在桅杆顶部升起来了。

约翰船长和大副正梳理着哪些东西是真正需要的，哪些是他们不需要的。昨天晚饭后，清单上已经罗列了很多东西。罗杰一直忙着跑上跑下，将大家批准了的必需品送到船库去。

大副的主要任务是在杰克逊太太的帮助下充实“船上厨房”。杰克逊太太是农场主的妻子，会借给他们一些东西。

“首先，也是最重要的，水壶。”杰克逊太太说。

“炖锅和油炸锅，”大副苏珊看着清单，说道，“我最擅长煎黄油鸡蛋了。”

“真的呀？”杰克逊太太说，“大多数人都只擅长煮鸡蛋。”

“嗯，这个嘛，煮鸡蛋从来不会写在我的菜单里。”苏珊说。

然后是刀叉、盘子、杯子、勺子，还有几个饼干罐子，大的放食物，小的放茶叶、盐和糖。

“我们得用个大的罐子放糖，对吧？”罗杰刚从船库回来，正等着下一趟搬运。

“你们又不用做烘焙，我猜。”杰克逊太太说。

“我觉得不用。”大副苏珊说。

苏珊一一划掉清单上的条目，厨房桌子上的东西也堆得越来越多。

约翰和缇蒂走了进来，给她展示新做的旗帜，另外看看她这边的进展。

“谁来充当医生呢？”苏珊问。

“外科医生，”缇蒂说，“船上总少不了外科医生。”

“你就是，”约翰说，“你是大副，大副应该干这个。医生会摇摇摆摆地来到现场，然后说：‘那么，现在你的胳膊、腿、肝、肺，还有你的骨头，感觉怎样呀？’你忘了吗？”

“那我应该带一些绷带、药物之类的东西。”

“哎呀，不对，”缇蒂说，“荒岛上的人是用草药治病的。咱们会遇上各种病，各种瘟疫，还有高烧，以及其他一些用药物治不好的病。到时候咱们就得按照土著人教咱们的方法，用草药治愈这些疾病。”

这时妈妈走了进来，给出了最后答案。“不用带药，”她说，“谁需要看医生的话，就立马离队回家。”

“如果真的很严重的话，该怎么办呢？”缇蒂说，“我们是真的可能会感染瘟疫、发烧，或者两种病都得的啊。”

约翰说：“航海图呢？”

缇蒂说因为那片“海域”还从来没有人去探索过，所以根本没有航海图。

“可是那些特别激动人心的航海图和地图上都会有标着‘未知区域’的地方。”

“嗯……这些标注对找到这些地方都没什么用。”

“咱们总归得有一张像航海图一样的东西，”约翰说，“尽管图可能全是错的，可能也没标好正确的名字。当然了，名字我们可以自己起。”

他们在一本当地旅游指南里找到了一张不错的地图，上面能看见那片湖泊。缇蒂说这不是一张真正的航海图。约翰却说这是。杰克逊太太说他们可以借走这张图，但是尽量不要把地图弄湿。也就是说他们要带上另一个铁盒，用来放置那些必须保持干燥的物品。他们在旅游指南旁边放了些练习本，用来记录航海日志或是给家里写信。另外，他们的船上还需要图书室。缇蒂在客厅里的架子上找到了一本之前的游客留下的德语词典。“都是些外国字，”她说，“咱们可能需要用这个和当地人交流。”不过最后他们没带上这本词典，因为它又大又重，此外，这上面的语言也不一定就是他们需要的那种。取而代之，缇蒂带上了《鲁滨孙漂流记》。“这本书讲的是在岛上需要做些什么。”她说。约翰带了《水手实用手册》和《波罗的海领航员》（第三部）。这两本都是爸爸的书，就算是在度假，约翰也会把它们带在身边。大副苏珊带了一本《小家的简易烹饪》。

最后，几乎所有东西都堆在了船库，罗杰和缇蒂也要去睡觉了，在那之前，所有船员沿着小路走进了松林，来到了达里恩峰顶。他们想再看一眼小岛。西边的太阳落下山头，周围一片寂静。众人看着远处的小岛，平静的湖面上没有一点涟漪，向远方一直延伸过去。

“不敢相信咱们真的就要登上这座小岛了。”缇蒂感慨。

“明天起风了咱们才能去。”船长约翰说，“咱们吹口哨把风叫来。”

缇蒂和罗杰约定好，在回家的路上用口哨一首接一首地吹出曲子。他们来到农场时，头顶的山毛榉树叶微微晃动了一下。

“快看，”缇蒂说，“咱们已经叫来一些风了。明天早早起床，在吃早饭之前去外面多多吹口哨。”

第三章　前往岛屿的航行

布里斯托城的三位水手
准备乘船去出海；
先搬牛肉和饼干，
再把腌肉搬上船。

——萨克雷

众人在船库旁的小港口装船之后，燕子号就只剩下很小的空间了。主坐板下面放着一个很大的铁盒，书、纸以及其他像睡衣之类需要保持干燥的物品都在里面。盒子里面还放了一个小型空盒气压表，是约翰在学校得到的奖品。约翰不管去哪儿都把它带在身边。船前面的坐板下，在桅杆两侧放着几个很大的饼干盒，盒子里面有面包、茶叶、糖、盐、饼干、咸牛肉罐头、沙丁鱼罐头，还有很多鸡蛋，为了防止挤碎，这些鸡蛋都被一个个单独裹了起来，另外还有一大块香饼。桅杆正前方放着一大卷结实的草绳和一个锚。这里有一些空间可以供观察员罗杰用，他们费了不少力气才腾出这块地方。桅杆后面有两张防潮布，每顶帐篷都被卷在这防潮布里，并用防潮布上的绳子绑好。船底的剩余空间被两个大包袱占得满满的，包袱里塞的是毛毯和地毯。除了这些，还有一些根本装不起来的东西，就只好把这些东西分散开，塞在各个角落，像煮锅、平底锅、茶壶以及一个农场提灯。还有一只篮子，篮子里装满了杯子、盘子、勺子和刀叉。农场的主人杰克逊先生用干草做了四个硕大的干草包，可以用来当床和床垫，此时就放在码头上。但是现在船上除了能容下船员之外，已经容不下任何大件的物品了。

“这些东西咱们得运两趟。”约翰船长说。

“或者三趟，”大副苏珊说，“燕子号就是什么都不载，也不可能同时装下三个干草包。”

一等水手缇蒂灵机一动，说：“咱们去找一个土著人，请他用自己的桨船把这些干草包带过去怎么样？”

约翰回头看着船库里的大桨船，这条桨船属于农场。他知道一个秘密计划，那就是妈妈在晚上之前会去岛上看望他们，检查一下是否一切顺利。他还知道，杰克逊先生到时候会划着这条船送妈妈去岛上。杰克逊先生就是一个绝佳的土著人。

妈妈和保姆带着维吉正从草场上走下来。

约翰跑去和她们会合，妈妈答应会让土著人划着船去岛上，把干草包给他们送过去。

“你们确定没有忘带的东西了吗？”妈妈站在码头上，看着装得满满的小船问道，“即将远航的人一件物品都没有忘记拿可是件稀罕事。”

“所有我清单上写的东西都带了。”大副苏珊说道。

“所有东西？”妈妈问道。

“妈妈，你背后藏的是什么？”缇蒂问。妈妈从背后拿出了一个小袋子，里面放着十二盒火柴。

“真是谢天谢地，”约翰说，“没有火柴咱们可点不着火。”

他们在码头上跟妈妈告别。

“你们准备好了就出发吧。”妈妈说。

“准备好，大副先生。”约翰船长说。

“全员登船！”大副苏珊喊道。

罗杰待在船头，缇蒂坐在中间的坐板上。约翰把桅桁勾在桅杆的活环上，将小小的棕色船帆拉了上去，升降索被绷得紧紧的。缇蒂那面白底深蓝色燕子的旗子已经在桅杆顶部飘着了。当时大家吃过早饭，支起了桅杆，桅杆刚立好，缇蒂就迫不及待地升起了这面旗。约翰走到船尾去控制舵柄。等风帆扬好了，苏珊放下帆桁，同样将它绷紧。

天空吹来一阵很轻柔的西北风，不用说，这风一定是孩子们苦苦吹口哨才求来的。妈妈拿着缆绳尾部，在小船装满之后，把缆绳扔给罗杰，罗杰接住缆绳后把它卷起来，然后放在脚下。小船慢慢地离开了码头。

“再见，妈妈。再见，维吉。再见，保姆阿姨。”

“再见，再见！”码头上传来了告别的声音。

妈妈挥舞着她的方帕，保姆也挥舞着自己的方帕，就连维吉也挥动着胖乎乎的小手和他们告别。

燕子号全体船员也向她们挥手。

“为留在家里的人欢呼三声吧。”约翰船长喊道。

全体船员便高声欢呼。

“咱们应该唱《西班牙女士》。”缇蒂说。于是，他们一起唱：

再见，漂亮的西班牙女士，
再见，西班牙的漂亮女士，
我们收到命令，就要远航前往老英吉利，
我们可能再也见不到你们这样的漂亮女士了。

我们怒吼，我们咆哮，像那些真正的英国水手一样，
面向咸咸的海水，我们会徘徊，我们会游荡，
直到我们把老英吉利海峡的水深丈量，
从威桑岛到锡利群岛有三十五里格[①]长。

“当然，我们要走的是另一条路，”苏珊说，“不过不碍事。”

燕子号向着港湾出口慢慢地驶了出去。一开始它静静地向前行驶着，甚至看不出有尾流。船离开河湾北边之后，风大了一些，湖水欢快地拍打着船头，船身带起的涟漪向后伸展拉长，船尾也泛起阵阵浪花。

达里恩是霍利豪河湾南部的岬角，它比北部的岬角更长一些。约翰船长不打算冒险，因为达里恩尽头可能会有

① 里格，一种长度单位，通常在航海时运用。1 里格约为 3 英里，即 4.827 千米。

礁石。他直直地将船驶出港湾，等他们到了出口另一侧可以看到港湾了才放下心来。湖面远处的小岛渐渐进入了视野。比起在达里恩峰顶，从这里看小岛似乎感觉它更远了一些。最后约翰松开主帆索，拉起舵柄。帆桁向舷外转动，燕子号也跟着转动起来。约翰驾驶着船，在风的推动下直奔小岛。

妈妈、保姆和维吉还在码头上，她们向船员最后挥了一次手，燕子号全体船员也向她们挥手告别。然而一眨眼的工夫，船员们就看不到港湾了。港湾此时隐藏在达里恩的背面。现在他们脑袋上方就是达里恩峰顶，也是他们第一次看到小岛的地方。峰顶看起来比以前更矮了。一切都慢慢变小，除了这片湖，它看起来比以前更宽阔。

"要换舷了吗？"大副苏珊问道。她想起来一年前的某天，她在另一条顺风行驶的小船上，当时船上的人临时起意要转帆，苏珊冷不丁地给帆桁撞了脑袋，疼了很久才缓过来。

"看一下旗，"约翰船长说，"现在它飘动的方向和帆的方向一致。只要这旗一直是这个状态，就不用担心换舷。"

目前风很稳定，尽管力度小了些，不过总体来说约翰还是很满意的，这是他第一次驾驶帆船远航去岛上，燕子号又载得这么满。在船上载满帐篷、饼干盒和做饭用具的情况下，收帆会是件麻烦的事情。此外，现在是从湖泊上看过去，和在达里恩峰顶上看到的不一样，有很多事情需要格外小心。

小岛的位置不是在湖中央，而是更靠近湖东岸，和霍利豪农场、达里恩岬角在湖泊的同一侧。沿着湖岸线是一个接一个的小岬角。湖边到处是草场，不过更多的是枝繁叶茂的树林。树林间随处可见房屋，但数量不是很多。树林之上是一处斜坡，坡上铺满了石楠。

当他们经过达里恩之外的第二个岬角时，观察员罗杰指着湖岸，告诉大家他发现了另一艘船。因为燕子号还没有完全驶过岬角，罗杰先于其他船员看到了。岬角外的湖湾里，有一艘看起来很奇怪的深蓝色的船。那是艘很狭长的船，船舱高高的，边上镶着一排玻璃窗。它的船头就像旧时快速帆船的船头似的，船尾又很像蒸汽船的。它没有一根像样的桅杆，要说有的话，在船舱前部有一根旗杆，固定在本应是桅杆的位置。船尾甲板上有一个遮阳棚，下面的躺椅上坐着一个胖胖的男人，正埋头写着什么。那艘船连着一个大浮标，静静地停泊在那儿。

"那是艘房船。"约翰说。

"什么是房船？"缇蒂问。

"就是一艘当作房屋来住的船。以前法尔茅斯[①]就有一艘这样的船，里面常年住人。"

"咱们要是也可以一年到头住在一艘船里就好了。"苏珊说。

"将来某天我会找艘这样的船住进去，"约翰说道，"罗杰也是。老爸现在住的就是。"

"是，但是那不一样。驱逐舰可不是房船。"

---

① 法尔茅斯，英国西南部康沃尔郡一个民政教区和海港。

“不一样吗？人都住在里面。”

“一样是一样，但驱逐舰不会一直待在一个地方。房船会一直待在某个地方，像船屋一样。我也记得法尔茅斯的房船，”苏珊说，“里面住着一大家子人，以前还经常在早晨的时候见他们划着船上岸买牛奶。肉贩和烘焙师傅都对着那船吆喝过，好像那真的是一处住宅似的。他们对着房子喊一声‘嘿，房船’，然后就会有男人或妇人划船到岸边买他们的肉和面包。喂，约翰，做好你该做的事！”

约翰船长一心想着房船的事，把驾驶的事抛到了九霄云外。此时白底蓝燕小旗飘起的方向已经和帆不一致了，苏珊喊他的时候帆桁正要转动，好在约翰猛地将舵柄向下一压，阻止了换舷的发生。那之后他再看向房船，发现它已经从他这个角度的视野里消失了。此时的风很轻很柔，就算换舷了，除了船上的人会被突然打到脑袋之外，也无大碍。不过，一个船长也不会给自己的船员提供这种驾驶的反面教材。

一等水手缇蒂在船尾和一堆帐篷蜷缩在一起，安全起见，她用胳膊挽着一只盛满碗碟的篮子。她的位置刚好能越过船舷看到外面。

“我在想，”她说，“那个男人的家人是不是也在房船上。”

“他是自己一个人。”罗杰说。

“其他人也可能正在船舱里做饭。”苏珊说。

“他可能是个退休的海盗。”缇蒂说。

突然，水面上传来一声尖锐的鸣叫，一只他们刚才没注意到的绿色大鸟出现在了房船尾的栏杆上，抖动着身体。

“他真是一个强盗，”罗杰说，“看，这只就是他的鹦鹉。”

不等他们看个究竟，房船就被下一个小岬角挡住了。这可能是件好事。因为就连约翰船长也想看看那只鹦鹉，而要想平稳驾驶船只，一心二用是不行的。

“后面来了一艘蒸汽轮船。”大副苏珊说。

远远地，达里恩岬角旁一艘长长的蒸汽轮船驶入了他们的视野。这里每天都会有几艘蒸汽轮船在湖泊两端往返两三次，途中会在一个海拔比霍利豪高出一英里的小镇，还有一两座栈桥码头那儿停一下。这座小镇在旅游指南书里是另外一个名字，不过燕子号的船员们早就给它起了名字——“里约格兰德”。在里约镇停泊之后，蒸汽轮船便直接驶向湖的末端，中途偶尔会停下，把要上岸的乘客送到码头上，或是在有人示意的时候捎他们一程。刚刚蒸汽轮船的航道离小岛还很近，不过现在更靠近远处的河岸。蒸汽轮船很快就赶上燕子号，超了过去。船身带起的水纹在湖面上一圈圈地推开，燕子号随之剧烈地摇晃着，船底木板上的茶壶、煮锅和平底锅也都发出尖锐的碰撞声，一等水手缇蒂必须紧紧护住碗碟篮子。很快，汽船变成了一个冒着一缕白烟的黑点，远远消失在了小岛后面。

随后，从远方传来一阵轰鸣，声音很快越变越大。小岛后面靠近蒸汽轮船的地方溅起了一阵白色水花。这片水花沿着水面迅速移动，和燕子号的距离越来越近。那是一艘摩托快艇，比蒸汽轮船的速度快得多，发出的轰鸣比蒸汽轮船不知响了几百倍。它呼啸着滑过湖面，向燕子号后方驶去，甩了燕子号一百多码远，随后消失在达里恩的另一面。靠近岸边的湖面上随处可见渔民们的桨船，不过如果你不想去看，也没有必要去留意这些。此时，燕子号正载着船员们稳稳地向南航行，下面是第一次有白人水手航行的荒凉水域。

他们马上就接近小岛了。

“好好找一下，看有没有合适的靠岸点。”约翰船长说。

“也提防一下野人，”缇蒂说，“毕竟咱们还不知道这座岛是不是真的没人居住，多留个心眼儿总没错。”

“我先把船开到小岛和这片河岸中间，然后咱们再到另一侧去找，好选一个最合适的地方。”约翰船长说。

这座岛被树林覆盖，其中有一棵高高的松树耸立在这些橡树、榛树、山毛榉和花楸树之上。他们在达里恩峰顶的时候经常举着望远镜看它，这棵松树就在岛屿的北端，松树下的小断崖径直插入水中。距河岸几码远处是一堆山石。这里没有地方能上岸。

“现在，大副先生，”约翰船长说，“咱们必须认真找一找了。”

“罗杰，如果你在水下发现了任何礁石就大声喊出来。”大副说道。

船在约翰的驾驶下在小岛和湖岸之间驶过。靠近小岛的地方没有风，因此他没挨小岛太近。不一会儿燕子号驶入风平浪静的湖面，但是目前还是有足够的风让燕子号缓慢移动。小岛东岸三分之一处有一个湖湾，很小，那里有一片布满了鹅卵石的沙滩。湖湾后面的几棵大树之间似乎有一处空旷的地方。

“这里多适合野营啊！”苏珊说。

“也挺适合靠岸的，”约翰说，“不过如果从这一边有风吹过来的话就不好了。咱们先围着小岛转一圈，看是不是能找到更好的地方。”

“前面有礁石！”罗杰指着一些只露出水面一点儿的石头喊道。约翰驾着船往离河岸更远的地方驶去。

小岛两侧岩石林立，十分陡峭。刚刚的小湖湾看样子是唯一一处能让船靠岸的地方了。现在这里有怪石嶙峋的悬崖，就像迷你版达里恩峰，上面布满了石楠以及顽强生长的小树。到了岛南端，山石变得越来越小，然后又猛地上升，变成一个光秃秃的石岬。在南端，这座岛屿似乎分裂出了许多小小岛。直到船航行到离最后一个小小岛很远的时候，约翰才拉动帆脚索，压下舵柄，让燕子号掉过头来。

“第一次那个地方是那边最好的停靠点了。”苏珊说。

“咱们每隔一小段就靠近一下小岛，绕着这边再好好看一下。”约翰船长说。他将帆脚索拉得更近一些，把船调整到接近迎风状态。就这样，燕子号右舷抢风航行到了距离岛屿约四十码处。这时，约翰说：

“准备换舷！”

苏珊低下头。缇蒂坐在最底层的木板上，位置已经够低了，但她还是低下了头。罗杰在桅杆前面，离帆桁转动的范围很远。

约翰将舵柄压下去，燕子号冲进了风中。帆桁转了起来，棕色的帆也转了起来，然后帆在另一个方向重新抢风。伴着沙沙的水声，燕子号朝着西边的湖岸行驶过去。这边没有冒在水面上的山石，只有这小岛像一堵墙似的，直直地插入水中。

“罗杰，你能看到湖底的时候喊一声。”苏珊大副说。

“遵命，长官！”罗杰答应道。他使出把水看穿的劲头盯着绿色的深水。

“咱们应该带个测深锤来测量一下水深的。”苏珊说。

“那东西在这儿可能不太好使。”约翰说。

他们继续向前航行，船距离湖岸仅剩五码远的时候，船下湖水的颜色仍然很深。约翰不敢再靠近了。

“准备。”他喊。

眼看着船即将靠近这座“岩石墙”，但还没等船体全部转过来，罗杰突然喊道：“我看见湖底了！”在罗杰这一侧可以清楚地看到，小岛从深水中陡然抬起。

提蒂和苏珊同时低下头去，尽管她们没有必要这么做。燕子号转了个圈，抢风驶向湖泊。约翰没等船走得很远，紧接着再次喊出了“准备”，船又朝着小岛驶了过去。他们一会儿往前，一会儿往后，不过每次都沿着小岛岸边向北方前进一些。

整个西部河岸都是一样的，像一堵陡峭、布满岩石的墙猛地坠入水中，一个能停靠的港湾都没有。

“之前那个地方是唯一一个可以靠岸的地点了。”苏珊说。

“那地方还不算是个港湾，”约翰船长说，“不过如果别无选择，咱们也不得不承认它是。咱们可以把船拖上岸。”

燕子号朝着湖泊继续抢风航行了很远，约翰船长让燕子号最后绕了一圈，充分了解了岛屿北端的情况。然后他驾着燕子号驶过岛屿北端，熟悉了那儿所有的礁石概况之后他喊道：

“换舷喽！”

大副苏珊用最快的速度拉下帆脚索，约翰抬起舵柄。燕子号再次向南转动，这时帆桁旋转着在他们头顶上扫了过去，帆桁一转过去苏珊就放开了帆脚索，就这样，他们再次开始了内侧东湖岸的航行。在他们安全驶入卵石沙滩的小港湾之前，约翰喊道：

“准备收帆。落帆！”

大副苏珊手里早已拿稳了升降索。她紧紧握着升降索，一点点减慢它的速度。帆缓缓降了下来。

“罗杰，抓住桅桁！”她喊道。罗杰抓住了桅桁。

苏珊把活环脱钩，和罗杰一起将帆和桅桁取了下来。缇蒂挽着碗碟篮，很好地躲开因下降而皱起的船帆。这一切都发生在眨眼之间，比我描述的快多了。在帆落下来的时候，燕子号距离沙滩还有很长一段距离。

“罗杰，当心。”苏珊大副说。她也紧张地盯着船头。

“船头右舷有礁石！”她喊道。

约翰微微转了一下舵柄。

燕子号在平静的水面上向前继续行驶着。

“就是现在。”苏珊说道。缇蒂刚刚把头从帆下伸出来，苏珊二话不说便跨过缇蒂爬到了船尾，这是为了减轻船头的重量。她刚到船尾的时候，一阵轻轻的刮擦声传来，燕子号的船头已经冲上了卵石沙滩。苏珊还没碰到缆绳，罗杰就带着它跳上了河岸。

第四章　隐藏的港湾

下一个上岸的是苏珊，然后是抱着碗碟篮子的缇蒂。约翰在燕子号里，负责向外递行李。首先递出来的是零散的烹饪用品，它们被塞在船的边边角角，然后是两顶用防潮布裹着的帐篷，接下来是饼干盒，再然后就是装着书、气压计和一些需要保持干燥的物件的沉甸甸的铁盒。去掉这些东西之后，船一下轻了很多，大副苏珊和一等水手把燕子号向前拉了一下，以便把装满各种毯子的大包袱抬到岸上去。所有东西都堆在干燥的鹅卵石沙滩上。

“好了，大副先生，”约翰船长说，“咱们出发去探险吧！”

“当下最重要的事情，”苏珊说，“就是找一个最适合咱们露营的地方。”

“这样的地方在这儿可不好找。”缇蒂说。

“咱们得找一个平地，还要有几棵树，好能支起帐篷。”约翰说。

“还要有一个可以生火的地方。”苏珊说。

“把东西留在这儿安全吗？”缇蒂说，“待会儿可能会有很大的浪，四十英尺高的那种，然后把所有东西都冲走。”

“不会有这么高的浪，”约翰说，“要是有这么高的浪打过来，整座小岛就都被淹没了。”

“哈罗，那位见习水手去哪儿了？”大副问。见习水手罗杰已经开始了他的探索。就在刚刚，他在灌木丛后面向大家喊，声音从近处传来：

“有人在这里生过火！”

其他人纷纷从沙滩上跑上去。他们的靠岸点与小岛高处之间，也就是那棵高大的松树所在的地方，有一片圆形的开阔场地，地上长满了苔藓。场地边上有很多树木，场地中间一片圆形区域的草皮被人除得干干净净。罗杰就在那儿盯着地上看。地上摆了一圈石头，形成一个篝火堆，石头里有一些炭火的余烬。石头圈两边插着两根叉子状的粗壮木棍，每根木棍上端都有一个分叉，另一根长长的木棍架在这两根木棍的枝杈上，用来悬挂水壶，下面点上火就能烧水。篝火堆附近，一堆干树枝整齐地摞在那儿，每根折得几乎等长。有人之前在这里点过篝火，而且看样子有人想再点一次。

“土著人干的。”缇蒂说。

“说不定他们还在这附近呢。”罗杰说。

“走吧，”约翰船长说，“咱们彻底检查一遍。”

实际小岛上也没多少能探索的东西。燕子号全体船员不一会儿就发现，尽管之前有人来过小岛，但是在今天，这座小岛上除了他们没有别人。他们爬到小岛北端，在那棵高大的松树边从小岛高处向湖泊瞭望。然后他们又去了小岛南边，发现那里岩石遍布，密密麻麻满是石楠和低矮的灌木丛，要想从那种地方走过去非常困难。南边也有一些树，但是没有北边的高大。哪儿也没有人类活动过的迹象，更没有能安全生火的地方。最后，他们又回到了篝火堆旁边。

“土著人知道怎么找到合适的地方，”苏珊说，“看，这个生篝火的地方就不错。”

“现在岛上没有土著人。”罗杰说。

“他们可能已经遇害了，也可能已经被其他土著人吃掉了。”缇蒂说。

“不管怎样，这里都是野营的最佳地点。”约翰说，“咱们赶紧在这儿支起帐篷吧。”

于是他们开始搭建他们的营地。他们把帐篷束从靠岸点拿上来之后展开，选了四棵在篝火堆旁边靠近大松树的树。“高地会形成一道屏障，让这些帐篷免受北风影响。”约翰说罢，顺着一棵树的树干爬到大约七英尺高的位置，把帐篷绳子的一端系牢。苏珊一直握着绳子的另一端，直到他爬上另一棵树，然后约翰在和刚刚差不多高的位置将这一端也系牢。当然，绳子在中间是松弛下来的，因此帐篷大概只有五英尺高。他们没让绳子绷得特别紧，是因为它在晚上沾了露水后会缩短。帐篷现在挂在绳子上，像一张正在晾晒的床单。接下来就是用石头把帐篷的口袋装满。等帐篷两侧底部的口袋塞过一些石头后，两个侧面就可以伸展开了。

“妈妈能做出这种帐篷真的太聪明了。”苏珊说，“地上到处都是石头，也不用咱们打什么木桩。”

随后，他们把防潮布拉进帐篷，在里面把布铺开。做完了这一步，他们一起钻进了帐篷。

“棒呀，”苏珊说，“从帐篷里面能看见外面的篝火堆。”

他们用同样的方法搭好第二个帐篷，然后从沙滩上搬来了所有行李。大副苏珊开始考虑晚饭的事，一等水手缇蒂和见习水手罗杰则被派去寻找干柴。树底下散落着很多干树枝。不知怎的，生篝火处一任之前的使用者留下的那堆干柴现在摆得整整齐齐，却没有人想用它。而且也确实没有必要用。那圈被熏得乌黑的石头中间，一堆火焰正燃烧着。苏珊在靠岸点的沙滩边上找了两块好下脚的石头，踩着石头很轻松就能舀到一满壶的水。她把水壶从岸边提回来，挂在篝火上方那根横着放的木棍上。

“一切都很好，”约翰船长说，“除了靠岸点。所有人都能从陆地上看到那个点，如果什么时候风从东边吹过来，那儿就不再适合燕子号停泊了。我得去找一个更好的地方。”

“没有能停船的地方了，”苏珊说，“咱们都在小岛周围转过一圈了。”

“不管怎么说，我都要再找一找。”约翰船长说。

“但咱们刚刚已经在小岛周围找过一遍了。”苏珊说。

“咱们还没去小岛最南端。”约翰说。

“可那儿都是礁石呀。”苏珊说

“反正，我要去看看。”约翰船长说。说罢，他只身去了小岛最南端，大副和船员们留下来煮饭。

约翰知道，小岛的北边或是西边都不会有港湾，因为那里的岩石像一堵石墙一样直直地插入水中。东侧除去靠岸点之外和北边、西边没什么两样。然而在小岛南端说不定就有他要找的地方，那里分隔成了许多更小的岛屿，有些礁石露出水面，有些礁石藏在湖面下，一直延伸到很远的地方。所以在绕岛航行的时候，约翰觉得靠它们太近了会不安全。

约翰在小树林和低矮的灌木丛之间找了一条最好走的路。他越走越觉得之前有人来过这儿。他径直走向自己要找的地方。他们第一次探索这座小岛的时候，约翰在一两码外瞥见过这里。但这个地方实在是太隐蔽，以至于他当时连看都没看就转头离开了。这次他差点掉了下去。这是一片小型沙滩，小岛尽头有一片湖湾被这沙滩环抱着。沙滩周围长满了榛子树，来到这里的人如果不推开树丛，不可能会知道这后面别有洞天。湖湾一侧，也就是小岛西南方向，有一条狭长的山岩，起初高度七八英尺，然后突然上升，又缓缓下降，朝着湖面延伸了将近二十码。小岛东南方也有山岩庇护，有属于小岛一部分的大型山石，还有一些不属于小岛的小型礁石。怪不得他们在外面航行的时候会觉得这里除了石头就是石头。

“可能这只是一个水塘，外面没有能通向里面的路。”约翰自言自语道。

他爬到那座大山石上，发现上面长满了石楠。他攀到这块岩石顶部，弯下膝盖，然后看着身下的小水塘。水塘较远处的水下有很多大石头，但水塘这边的水里好像什么都没有。因为有小岛上山岩的护佑，西北方向吹过来的风到不了这里，所以湖水格外平静。通过一个狭窄的水道从外面将船划进来似乎行得通，只是，水面下可能隐藏了一些他看不到的礁石。

他爬回去，小跑着返回营地。

“我找到了一个好地方，”他喊道，“至少我觉得我找到了。”

“找到什么？”苏珊问。

“一个能让燕子号停泊的真正港湾。不过我还不确定。我要驾驶燕子号到周边去找找入口。一起去吗？”

“煮饭呢，抽不开身。”苏珊说。

“反正，我必须要带一个船员走，”约翰说，“能把一等水手分给我吗？”

“去吧，缇蒂。”大副说。

“我也想去。”罗杰说。

“只能去一个人，”约翰说，“不过等我们把船停过去了，我们就吹哨子。到那时候你们就能过去了。大副女士，能把你的哨子借我一用吗？”

苏珊把哨子给他，约翰和缇蒂火速赶到靠岸点，把燕子号推下水。

“待会儿划船去吧，”他说，“一会儿扬帆一会儿落帆的，太麻烦了。”

约翰划船的时候缇蒂坐在船尾。作为帆船，燕子号有龙骨和压舱物，这些都让它能够出色地张帆航行，而作为桨船，燕子号就变得很难控制了。不过很快他们就来到了小岛的末端。约翰划着船避开最外端的礁石。

“好了，”他说，“咱们试着进去。我在船尾划船，你到前面去，一旦水下有礁石你就用另一支桨把船推开。”

“我还是到桅杆前面去吧，就像罗杰一样。”缇蒂说。

“如果那儿有地方的话，你就去吧。”

在燕子号船尾的肋板上有一道半圆形凹槽，酷似边缘让人咬了一口的黄油面包片。那里刚好能轻松容下一支船桨，因此用一支船桨从一边到另一边地划就能让船动起来。许多人都不知道如何在船尾划船，不过一旦了解了就会知道其实很简单。很久之前，在法尔茅斯港湾的时候，爸爸就曾教过约翰这么做。唯一不好的地方，就是这么划船会让船头轻微地来回摇摆。

约翰船长把船舵卸下来放在船底。然后来到船尾，轻轻地将燕子号向一排山岩划了过去。缇蒂拿着另一支船桨，在船头准备着。

“船两边水下都有暗礁。”缇蒂说。

“你发现船前面有任何礁石的时候就喊出来，”约翰说，“如果你能帮着它躲过去就帮一把，别让它撞上任何礁石。”

他继续划船。燕子号避开水下的礁石，缓缓地前进着。那些露出水面的礁石变得越来越大，到最后形成高高的石山，遮住了湖泊东边。从西侧遮住湖泊的，则是从小岛上延伸出来的长长的岩岬。回想一下约翰当时在水塘边，爬过大石块之后看到的场景，你就能知道，这两侧石山就像两堵墙一样。约翰尽量让燕子号靠近东侧的“墙”，缇蒂看到燕子号离礁石太近的时候，就用桨把船推开。倘若他们是按照普通的划船方式划桨，双桨就都会碰到船两侧的礁石。燕子号继续前行着，龙骨下的湖水里没有一块暗礁。

终于，他们靠近了绿葱葱的树林。燕子号也在湖泊中一路平安，船头冲上了小港湾的沙滩。北边有树林做保护伞，山石为它挡风。

“这地方也太棒了吧，”一等水手说，“我猜一百年前的时候就有人藏在岛上，把自己的船停泊在这儿。”

“这是一个完美的港湾，”约翰说，“咱们要不要给其他人吹哨子？”

约翰用尽全力吹响了哨子。他把桨整齐地放回原处，拿着缆绳上了岸。缇蒂早已在岸上了，现在正努力穿过榛子树林和其他人会合。很快他们就到了。

“嗯，”约翰船长说，“这个港湾还不错吧？”

“咱们乘船航行过来的时候怎么就没发现它呢？”苏珊说。

“礁石一直往外延伸得太远了。”

“没人会发现它在这儿的。”苏珊说。

“而且如果咱们被敌人打败了，就可以逃到这里来，”缇蒂说，“其他人不管从什么地方，就算是从岛上也看不到这里。这真的是世界上最好的港湾了。”

“咱们可以把缆绳系在那根树干上。”约翰船长说，“然后从船尾引一条线出来拴在岩石上的灌木丛上，这样就能让它一直漂浮着。比把船从水里拖出一半好多了。”

“我可以去拴缆绳吗？”罗杰说。

约翰将缆绳递给他。

“你们在树上画个十字做什么？”罗杰问。

“什么十字？”约翰说。

“这个。”

树桩朝向湖泊的一面，大概离地面四英尺高处，在接近树干顶部的地方，有人在上面画了一个白色的十字。这十字是很久之前画的，已经褪色了，刚刚约翰和缇蒂都没发现。他们满脑子都是礁石，没大注意周围的树。

“这不是我画的，”约翰说，“这记号肯定早就在这儿了。”

“又是土著人，”缇蒂伤心地说，“也就意味着，还有其他人知道这个港湾。”

“我猜他们和点起篝火的是同一批人。”苏珊说。

这时，苏珊想起来自己还在做饭。

“水肯定已经开了，”她大喊，“现在水肯定要把火给浇灭了，你们吹哨子的时候鸡蛋才刚准备好。”

她狂奔回营地。

其他人把燕子号推开，直到它能完全漂浮在水面上。约翰船长拿着多出来的那根绳子的一头，把它紧紧拴在船尾的羊角上。一等水手缇蒂拿着另一头爬上岩石。罗杰握着缆绳。约翰上了岸，缇蒂扯过绳子，将另一头拴在一株长在岩石上的欧洲花楸上。罗杰和约翰把缆绳紧紧拴在带有白色十字的树桩上。小港湾的中间水深二三英尺，燕子号在那儿停泊着，四面八方都受到保护。

约翰船长自豪地看着他的船。

“我就不信世界上还有比这个更好的港湾。”他说。

“要是其他人都不知道它的存在就好了。”缇蒂说。

说罢，他们一行人赶紧向营地走去。

营地现在才开始像一个真正的营地。两顶帐篷分别挂在两组树之间，大副和一等水手睡一顶帐篷，船长和见习水手睡另一顶。树下的空地上，篝火烧得正旺。水壶里的水已经开了，此时正在地面上冒着蒸汽。苏珊正在煎锅里融化黄油，她旁边的布丁盆里有六个生鸡蛋。她把鸡蛋放在马克杯边缘磕出裂纹，然后掰开蛋壳，把蛋液倒进盆子里。蛋壳此时正在火堆里噼里啪啦地燃烧。四只马克杯齐齐地摆在地上。

“今天没有盘子，”大副苏珊说，“咱们用公盘吃。”

“但是这不是公盘，”罗杰说，“这是个煎锅。”

“嗯……反正咱们用这个吃。鸡蛋粘在盘子上真的很讨厌。”

现在，她将生鸡蛋倒进极热的黄油中，在上面撒上胡椒之后将鸡蛋和黄油一起翻炒，然后放入许多盐。

“它们要开始凝固了，”缇蒂仔细地观察着说道，“一旦鸡蛋开始起皮，就必须不停地把它们从煎锅底部铲起来。我看杰克逊太太就是这么做的。”

“现在它们起皮了，”苏珊说，“快来，把鸡蛋铲起来。”

她把煎锅放在地上，给每个人发了一个勺子。船长、大副，还有燕子号的船员们蹲在煎锅周围，铲起滚烫的鸡蛋，没等它凉透便大口送进了嘴里。苏珊早已准备好四片切成厚片的黑面包，抹上了黄油，准备搭配煎的鸡蛋一起吃。她倒掉四个马克杯里的茶，拿起装着牛奶的瓶子，往各个杯子里倒满牛奶。之前妈妈告诉过他们：“瓶子里的牛奶够你们今天喝的，霍利豪农场距离小岛太远了，明天我们得去离小岛更近一些的农场给你们找牛奶。”除了牛奶、鸡蛋和黄油面包，他们还有一大块米布丁，这布丁在来的途中一直放在大饼干盒里，布丁下面则压着各种其他的东西。和煎锅一样，这个饼干盒如今也成了一个公用餐具。他们还有四大块香饼和一些苹果。

第五章　岛上的第一夜

等他们把鸡蛋、米布丁、黄油、黑面包片、香饼和苹果都吃完之后，大副和一等水手负责去清洗：勺子要刷，煎锅要刮，马克杯和布丁盆都得浸在湖水里。船长和见习水手则带上望远镜，在小岛最北端找到了一片风水宝地。这里的地势比营地高，地面上长满了一簇一簇的石楠，岩石中间有一处低洼地，刚好能容他们躺进去。在这里趴着，他们不会被任何人发现，而且还能透过石楠查看外面的情况。他们身后就是在达里恩峰顶看到的那颗高大的松树。

约翰船长躺在石楠上，看着这棵树。

“我觉得吧，”他说，“咱们应该在这树上插一根旗杆。”

“插旗杆干什么？”罗杰问。

“升旗，让它传递消息。你想，等苏珊和缇蒂单独待在这儿，而我和你去钓鱼的时候……”

“咱们忘拿钓鱼竿了。”罗杰说。

“明天咱们去拿。”约翰说，“但是先听我说，假设咱们去钓鱼的时候土著回来了，我说的土著就是篝火的前一任主人，咱们一看旗杆上升起了一面旗，就能知道营地里肯定出事了，到时候咱们就能及时赶回来支援。这颗松树也可以变成一座很好的灯塔。如果咱们有谁外出航行到晚上才回来，那些留在岛上的人就可以在旗杆上升起一只提灯，这样这棵树就变成了一座灯塔，不管外面有多黑，咱们都能找到小岛的方向。”

“可是这棵树没有伸出去的枝杈。苏珊、缇蒂还有我，我们都爬不上去。”

和众多松树一样，这棵树距地面十五至二十英尺都没有任何多余的树枝。

“我可以抱着树干往上爬，一直爬到离地面最近的树枝，然后在上面挂一根绳子，让绳子两端都能接触到地面。这样大家就不用再爬上爬下了。所有人都可以把提灯绑在绳子上然后拉上去。绳子一端必须拴到提灯顶的圆环上，还要把绳子另一端系在提灯底部。这样咱们把提灯升上去或者是拉下来就都没问题了，还能让它不会左右摇摆。”

“咱们的绳子够吗？”罗杰问。

“咱们没有足够细的绳子。抛锚用的绳子太粗了，备用的绳子又不够长。明天我去找一些细绳子。好在咱们是在我过完生日之后来的，五先令[①]可以买到很多绳子。”

这时候，大副苏珊和一等水手缇蒂也加入了他们，躺在石楠丛中。

“所有过夜会用到的东西都准备好了。”苏珊说，“除

① 先令，英国旧辅币名，1 先令等于 12 便士，1 英镑等于 20 先令。

了睡觉用的床垫。咱们得等到土著人把干草包带过来，才能解决睡觉的问题。”

突然缇蒂跳了起来。“那边过来一条船。”她说，“罗杰，你肯定睡着了，不然的话你早就发现了”。

“我没有睡觉，”罗杰委屈地说，“我在发呆。一个人发呆的时候什么东西都看不见，但是他整个人是清醒的。”

约翰船长坐起来，把望远镜放在眼前。

“是土著人，”他说，“还有妈妈。”

“把望远镜给我，让我看看。”缇蒂说。约翰把望远镜给缇蒂，她拿着望远镜看向远处。

“妈妈也是土著人了。”她最后说。

“我也要看。”罗杰说。

他把眼睛对准望远镜，也把镜筒指向了正确的方向。“我什么都看不见呀，”他说，“全都是黑的。”

“望远镜的盖子还在上面呢。”缇蒂说。她对望远镜很是了解。“把它拧下来，你就能看见了。”

“现在我能看见了。”罗杰说。

这个土著人其实就是来自霍利豪农场的杰克逊先生。此时，他正慢慢划着桨，船远远看上去像一只水纺蛛似的。不过透过望远镜就能看得出来，那水纺蛛其实是一条船，而且船上堆放着许多干草包，妈妈就坐在船尾。

罗杰和缇蒂轮流用望远镜看着靠得越来越近的船。约翰和大副则回到营地里去，确保所有东西都没问题，好迎接他们的来客。船长把他的大铁盒放在了帐篷后壁，靠着帐篷中间位置。他从盒子里取出气压计，把它挂在盒子前的锁扣上。他们的帐篷里除了这些就没有其他的了，所以大致算得上整洁。缇蒂和大副的帐篷就很有家的感觉了：帐篷中间放着一些饼干盒，盒子里面装的是吃的东西，饼干盒闲置的时候可以当作两只板凳。帐篷两侧是她们睡觉的地方，两人已经把毛毯铺开，上端已经折叠好。厨具整洁地放在帐篷角落里。帐篷外，挂起帐篷的绳子上晾着两条还没干的毛巾。约翰船长看了看她们帐篷内部，然后回到自己的帐篷，把罗杰和自己的毯子也照样叠了起来。这样才像是一个住过人的帐篷。而且，等他们来了，需要在毛毯下面垫上干草包的时候也就不再麻烦了。苏珊大副往火里添了点树枝，好让它烧得更旺些。接着他们往回走去。

“土著人马上就到了，”缇蒂说，“咱们要给他们展示秘密港湾吗？”

“不，”约翰船长说，“你永远都不会知道土著人想的是什么，就算此时他们对你很好，也不知道以后会怎么样。咱们要隐瞒燕子号的具体位置。妈妈可不是自己一个人来的。”

“而且，”苏珊说，“他们是带着干草包来的，咱们的靠岸点离营地又很近，从那儿把干草包运到营地可比从灌木丛生的小岛低处运上来省事儿多了。”

所有燕子号成员站了起来，用手指向东边。坐在桨船尾部的土著女士，也就是妈妈，也用手指了指东边，示意自己已经明白了他们的意思。她给正在划桨的土著人说了几句话，土著人转头看向后面，在船左边用力地划了两下，好改变自己的航线。

此时他们正驶过小岛最北端。罗杰早已跑到了靠岸点，燕子号的其他成员也紧紧跟在他后面。土著人把他的船开到岸边的时候，燕子号全体人员都已经来到了沙滩上，等着帮忙把船拉上来。

“可是你们的船呢？”妈妈问，“燕子号去哪儿了？”

“阿拉瓦拉卡拉卡库克卡乌拉卡库拉，”缇蒂说道，“意思是说，我们可不能告诉你，因为你是一个土著人……当然，是那种好的土著人。”

“布罗布罗姆极不母丁。”妈妈说，“意思是说，那没关系，我不在乎，只要船还好好的就行。”

“船正在一片风水宝地里待着呢。”约翰船长说。

“需要我给你翻译一下吗？”缇蒂轻声说道。

“其实呢，”女土著妈妈说，“我已经学了很多能和你对话的英语了，不过呢，如果你喜欢的话，我可以说瓦尔拉卡尔拉语。”

“如果你会讲英语的话就没有必要了。”约翰说。

“咕噜可，”女土著说道，“意思是，好的。现在我希望你们能带着我们这些土著人去看看你们的营地，我们好把这些干草包帮你们带过去。”

霍利豪农场的杰克逊先生已经把四个干草包从船上搬了下来。杰克逊是一个非常强壮有力的土著人，他把三个草包叠在一起，甩到肩膀上。约翰和苏珊抬着第四个。罗杰负责牵着女土著的手。缇蒂作为引路人，带着众人来到了营地。

“哦，你们的营地很不错嘛。”女土著说。

"是吧，"苏珊说道，"想来帐篷里面看看吗？"

女土著停下脚步，猫腰跟着苏珊走了进去。杰克逊先生放下他身上的干草包。

"罗杰，快来。"约翰说，"在她进来之前咱们把帐篷收拾好。"

约翰抬着草包的一头，罗杰抬着另一头，两人一起，相继把两个干草包拉进了他们的帐篷。他们在帐篷两边各放一个干草包，放好后不断揉打、摇晃。等里面的干草分布均匀，两人将叠好的毯子铺在上面。做完了这些，他们在各自的床上躺了下来。

那时苏珊和女土著正在另一顶帐篷里铺床。杰克逊先生已经回到了他的船上。

现在，女土著把头探进船长的帐篷里。

"看样子你们在这儿已经很舒服了。"她说，"不过天黑了以后你们能干什么呢？"

"我们应该带两只提灯的。"约翰说，"我给忘了。我们这次出来露营只带了一盏公用的大提灯。"

"我给你们带了两盏小的蜡烛提灯，你们一顶帐篷一盏。但是先说好了，你们可要保证小心使用，别让帐篷着了火。那盏大提灯的油放哪儿了？"

"就在帐篷外面。"约翰说。

"你们应该把它放在一个安全的地方，要放在远离帐篷、远离火苗的地方。"

就在刚刚，那位强壮的土著人杰克逊先生，从船上拿来了另一个东西。

“都出来一下。”女土著说，“我不会在这里待着了，因为杰克逊先生得马上回农场。不过有几件事我要给你们交代一下。首先，是关于牛奶的事。你们岛上没有牛，得去陆地上找牛奶喝。我已经和迪克森农场的人说好了，你们每天早晨都能去他们那儿拿一夸脱[①]牛奶。如果晚上你们想多喝点儿，迪克森太太会给你们的。不过每天早晨你们必须划船去那儿拿你们的牛奶。他们的码头就在那棵大橡树旁边。哦，谢谢你，杰克逊先生。”

那位强壮的土著人把他从船上搬来的大篮子放了下来。里面放着一个牛奶罐，还有很多其他的东西。女土著一件件地将它们拿出来，像是在玩摸摸乐[②]。

“这是给你们的牛奶罐，”她说，“白天的时候要尽量让牛奶保持在一个很低的温度，不要让它受阳光直射。此外，你们带着牛奶罐子去农场取牛奶之前，务必把罐子洗得干干净净。还有呢，今天杰克逊太太做了肉饼，我给你们带了一块，留作明天的干粮。老是吃咸牛肉罐头，你们很快就会吃腻的……”

“是干肉饼。”缇蒂说

“对，是干肉饼，”女土著说，“所以换作是我的话，我就只在一点干粮都没有了的时候才会打开盛干肉饼的盒子。顺便问一下，苏珊现在是你们的主厨了，对吧？”

“是的。”约翰船长说。

“那我就把这些东西放她那儿。这是馅饼。我还带了

① 夸脱，容量单位，在英国 1 夸脱约等于 1.136 升。

② 一种从麦麸里摸出礼物的游戏。

一盒麸尔士，你们可以把它当早餐吃掉。虽然苏珊早晨不用再煮粥了，但她肯定还是得忙活上一阵子。”

“我喜欢做饭。”大副苏珊说。

“如果你想一直都这么喜欢，”女土著说，“就听我的，把洗碗的活儿交给其他人干。”

杰克逊先生又从船上回来了，这次他带来了一个大包裹。

“杰克逊太太特别好，给你们带了几个枕头，”妈妈说，“我知道，你们也可以不枕。不过，枕头确实很有用，我敢肯定，克里斯托弗·哥伦布在外也经常带着自己的枕头。”

他们把枕头拿出来，每顶帐篷两个。

“你们看到那个海盗了吗？他有一只鹦鹉。”缇蒂把枕头放好，出了帐篷问道。

“什么海盗？”女土著问。

“就是那个住在房船上的海盗呀。我们见过他，还见过他的鹦鹉。”

杰克逊先生笑了。“原来你们是这么称呼他的。”他说，“别说，还真叫你们说准了。”

“我看到过那艘房船。”女土著说。

“那是特纳先生。”强壮的土著人说道，“他通常在夏天的时候住进房船。今年他不让任何人接近自己。住在河对岸的布莱克特家有两个小女孩儿，也是特纳先生的外甥女。去年的时候就见她俩经常跟他在一起，那两个小外甥女就住在河对岸。今年就没怎么见他们一起出现了。特纳先生一直自己待着，没有人知道他在那儿干什么。不过，据说他搞到一些很值钱的东西，就放在房船里呢。”

“是他的宝藏。”缇蒂说，“我早就说过，他是一个隐居的海盗，所以才不让任何人接近那里。”

“维吉该闹着找妈妈了，”女土著说道，“我不能再在这儿多待了。更何况，我觉得你们也不想我们这两个土著人打扰你们太久吧。天快黑了，换作是我的话，我就早早睡觉了。因为明天早上即使小鸟没把你们吵醒，阳光也会让你们醒得特别早的。”

“你们给我们带来这么多东西，真的超级感谢。”苏珊说。

“尤其是提灯。”缇蒂补充道。

“咕噜可，咕噜可，咕噜可，”女土著一边走向靠岸点，一边回答，“谢谢，我就不喝下午茶了。你们已经喝过了，而且天都快黑了。噢，对了，”她一拍脑袋说，“我忘了个东西。”说罢，她返回到约翰的帐篷。不一会儿，她微笑着从帐篷里走了出来。快要上船的时候，妈妈看着约翰说：“我不会总是这样打扰你们……”

“妈妈，你没有打扰我们。”约翰说。

“不管怎样，我都不会再这样啦，不过我要你们每隔两三天——你们想更频繁一些也行——告诉我一声你们是否一切安好。你们总会需要补给品，而我们这些土著人可以做你们的长期供应者。所以时不时地去霍利豪农场看看，好不好？”

“你要是想的话我明天就去。”约翰说。

“好啊，我刚好想知道第一个夜晚你们过得怎么样呢。”

“你刚刚去我帐篷里做什么了，妈妈？”约翰说。

“你去看看就知道了。”

女土著上了船，来到船尾坐好。杰克逊先生，也就是那位强壮的土著，把船推入水中。等船完全在水面上滑行的时候，他便跪坐在船舷上，拿出船桨，划着船驶入暮色中。

“再见，再见，再见啦，妈妈，”燕子号全体船员喊道，“再见啦，杰克逊先生。”

“再见，小家伙们。晚安。”杰克逊先生说。

“嘟嘟，”土著妈妈说，“意思是晚安，好梦。”

“嘟嘟，嘟嘟。”他们也喊道。

他们向小岛头上跑去，到小岛北端的大松树下，也就是他们的瞭望台所在的地方，向着远去的土著人的船挥着手，看他们划着船渐行渐远，最后没入黄昏中。过了很久，他们看不清小船了，只能看到水面上因为划桨而泛起的阵阵水花；又过了很久，他们已经完全看不到小船，只听得船桨拍打水面的声音变得越来越小，越来越小，最后消失在远方。

“在天完全黑下来之前咱们最好去睡觉。”苏珊大副说。

“半个小时之后熄灯。”约翰船长说。

“可咱们还没点灯呢！”罗杰说。

“对，还没点，不过咱们马上就点。”约翰船长说罢，便打开提灯，擦燃了一根火柴。当时周围还有一些光亮，只是树底下的光稍微弱一些，而帐篷里已经是漆黑一片了。约翰点亮烛灯，把它拿进帐篷，放在铁盒上。他把铁盒挪到帐篷中间，这样就排除了火烛点燃帐篷的隐患。突然，他想起来女土著临走之前在他帐篷里放了些什么。他环顾四周，想知道是什么东西。只见他的床头上别着一张纸，上面写着：“如果不是菜鸟就不会淹死。”

“老爸知道咱们不是菜鸟。”约翰自言自语道。

苏珊把自己的烛灯放在其中一只饼干盒上。她和缇蒂正在整理床铺，好让自己舒适一些。

此时的帐篷看起来就像一个放在树下发着光的巨大纸灯笼，他们的影子在里面晃动。住在干草包上面的第一晚总会需要一段时间去适应。大家都在叽叽喳喳地说话。

“你们还好吗，缇蒂？”

“很好，长官。”

“见习水手现在怎么样？”

“他还好，大副先生。你们准备好熄灯了吗？”

“准备好了。”

“熄灯！”

两盏烛灯都吹灭了，白色的帐篷顿时融入了夜色中。营地顿时陷入了一片漆黑，除了篝火里剩余的炭火还闪着火星。“晚安！晚安！晚安！”现在万籁俱寂，只有湖水轻轻拍打岩石的声音。不一会儿，船长、大副、一等水手和见习水手都进入了梦乡。

第六章　岛上生活

接下来是忙碌的一天。这天，天亮得很早，比起房间里，照进帐篷里的阳光更容易让人醒过来。缇蒂第一个醒来，躺在那儿看着帐篷。光线穿过摇摇晃晃的树枝，洋洋洒洒落在帐篷上，斑驳的光影在白色的帐篷壁上追逐嬉戏。她爬到帐篷口，从里面探出小脑袋嗅着、听着。早晨的空气清新湿润，树叶互相拍打着沙沙作响，小岛岸边传来阵阵波涛的声音。这时，她听到旁边的帐篷一阵窸窣。另一顶帐篷里的人也醒来了。“约翰。”“嗯。”“我们现在在岛上呢。”“那当然。你忘了吗？”“在我完全醒来之前，是忘了。”

“哈罗，”缇蒂说，“早上好。”

“早上好。”“早上好。”

约翰和罗杰爬到他们的帐篷口。

“苏珊呢？”罗杰说。

“还在睡觉。”

“没有，她醒了。”苏珊说着，在干草垫子上翻了个身，揉了揉眼睛，“现在几点了？是不是该去取牛奶了？”

约翰缩进帐篷里，看了看他的手表——因为约翰是船长，所以现在应该叫它航行表。

“六点五十七了。”他说。约翰之前想过把它转化成“船时”，不过他得想一会儿才能确定，所以放弃了。

“不知道他们挤过牛奶了没有。”苏珊说。

“我划船过去取牛奶。”约翰说。

“等一下，”苏珊说，“这次所有人一起去吧。这样咱们就都认得路了，而且他们会认识咱们所有人，接下来不管谁去取奶就都不麻烦了。”

他们在靠岸点整理好行装，简单地洗漱了一下，主要是洗脸、洗手和刷牙。然后，全体船员穿过低矮的灌木丛，向着小岛南端的秘密港湾走去。船还停在那儿，和之前离开的时候相比没什么变化。坐板被露水浸湿了，就算是阳光也没能让它变得干燥一些。他们把坐的地方用手帕擦干。他们划着船绕过礁石，升起潮湿的棕色风帆，朝着橡树旁的靠岸码头航行过去。到了之后，一行人拉着燕子号的船头，把它拖到那儿的沙滩上，找了一块大石头把缆绳系了上去，然后一同走向迪克森的农场。

迪克森的农场和霍利豪农场一样，离湖岸不远。那里有一片绿油油的牧场，坡度很陡，牧场再往上是一片李子树林，农场就在这片树林中间。众人正发愁该怎么向迪克森太太解释他们是燕子号的船长和队员，好在迪克森太太及时化解了尴尬：“你们是来取牛奶的吧。我看你们拿着自己的罐子。他们现在正挤奶呢。”她拿走罐子，然后带着装满牛奶的罐子回来。新挤出来的牛奶是温热的，上面还有些泡沫。“给，”她说，“还有，听好了啊，如果你们还需要其他东西的话千万别羞怯，来找我们要就是了。”迪克森先生是一个又高又瘦的农场主，迪克森太太说话这会儿他走了过来。“今天天气好极啦。”他说罢，不等听到别人的回答便马不停蹄地离开了。

这次他们没有去港湾，而是把船开回了靠岸点。“风现在是从西北方向吹来的，”约翰船长说，“燕子号在这儿可以很好地避开风。”然后就是点燃篝火和做早饭的事了。这些事情都由苏珊负责，但是因为他们实在太饿了，所有人都守在篝火旁边不愿走远，等着开饭。吃过早饭后，他们又逛了一遍小岛，但没有什么新发现。在那之后，约翰船长和见习水手乘着船带着他们的信件向霍利豪农场驶去，大副苏珊和一等水手缇蒂则留在营地忙活。其实只有一封信，这封信很短，缇蒂在他们准备起航之前才想到要写一封。吃完早饭之后，风吹得越来越起劲，所以条件不允许缇蒂写一封长信。约翰打算缩帆航行，趁着约翰教罗杰怎么缩帆时，缇蒂写完了这封信。下面是信的内容：

亲爱的母亲：

我们从荒岛上向您致以爱意，希望您一切安好。我们也一切安好。

爱您的，一等水手缇蒂

“但是妈妈昨天来过这儿了，”约翰船长说，“她今天不需要咱们给她寄信。”

“啊，反正我已经写了。”缇蒂说。

就这样，燕子号载着这封信，驶向了霍利豪农场。

风变得异常猛烈，燕子号呼啸着向前航行，船体开始倾斜，湖水差点儿没过船舷灌进船内，船两侧激起阵阵水浪，飞起的浪花向见习水手和船长头顶泼洒开来。因为风从西北方向刮来，他们便不得不抢风驶向霍利豪农场。小小的燕子号从湖泊一侧冲向另一侧，然后稍稍向后退。每次到了曲折航行拐弯的地方，船体都会剧烈晃动，棕色风帆也随风拍打着。直到船帆抢足了风，燕子号才继续加速前进，再次冲进汹涌的波涛中。

在一次抢风航行的时候，约翰开着船，刚好来到房船所在的港湾，先靠近房船然后又渐渐远离。趁着燕子号还没离开太远，他们好好观察了一下。缇蒂说的那位海盗此时正坐在船后的甲板上，船舱和雨篷为他挡住了从船头吹来的风。他们航行着，就在船靠近房船的船尾的时候，只见他坐在躺椅上，用膝盖当桌板，正写着什么。那只绿色的鹦鹉栖息在船的围栏上，背上的羽毛被风吹得竖了起来，此时正低头盯着燕子号看。那位海盗先生只是在他们经过的时候抬头看了一眼，就又低下头去，继续干着自己的事。

“他在做什么？”罗杰说。

“那只鹦鹉吗？”约翰说。

“不是，”罗杰说，“我是说那个海盗。”

“可能在画藏宝图吧，”约翰说，“当心啊，船要转向了。”

燕子号调转方向，驶离了这片港湾，来到房船停泊后方的巨大浮标的北边。他们驶过浮标之后，棕帆不再挡着约翰和罗杰的视线。虽然只有一瞬，但他们还是看到了房船的船头。船头上有个东西，而这个东西让这艘蓝色汽艇改装成的房船变得更像一艘海盗船了。

罗杰先发现了它。约翰一直忙着驾驶，眼里满是棕色风帆，顾不上看其他东西。他只想着要让帆抢风，但是又不能抢太满，还想着要向前看，保证风始终吹在他脸颊和鼻子的右侧。燕子号航行得很快，他们看到那个东西的时间很短。不过，他们虽然看到的时间短，却能肯定那是什么东西。

“他有一门大炮，”罗杰说，“快看，快看！”

在房船前甲板靠近右舷的地方，只见一门黄铜小炮，圆形的闪闪发光的炮筒从蓝色甲板上伸出去。也许以前，它在帆船比赛的开幕式上被用到过。现在它装在一辆木制炮车上，做好了开炮的准备。即便是约翰船长也开始相信，既然这艘房船有一门黄铜大炮、一只绿色鹦鹉，它就绝对不是一艘普通的房船。

“缇蒂说的应该是对的。”约翰船长说。

他回过头去，想看看船的另一侧是不是还有一门大炮。如果有，一切就都真相大白了。然而，船的另一侧没有。不过，大炮就是大炮，而一艘船如果没点秘密的话，是不会有什么大炮的。

罗杰想继续谈论大炮的事，约翰船长却不作声了。在这么大的风里驾驶小船，船长通常什么都不能聊，别人跟自己聊天的时候也不能听。湖面颜色变深的时候，代表着一股强风就要来了，他必须随时准备松开帆脚索或是抢风行驶。所以，现在罗杰也乖乖闭上了嘴巴。

终于，他们驶过达里恩，来到了霍利豪农场的港湾。他们把缆绳紧紧拴在船库石码头的铁环上，降下了风帆，然后跑上草坡，来到了农场。三天前，罗杰还是一条“帆船”，抢风行驶去找拿着电报的妈妈，也正是那封电报让他们获得了探险的自由。现在他不用抢风行驶了，也不用扮作一条帆船了，他已经是一条正儿八经的帆船上真正的船员，跟随自己的船长到岸上来办事情。从昨天起，草场上那条小路，去达里恩的路上进入森林前必须经过的那道大门，还有霍利豪农场，都变成了异国他乡。一旦有了自己的小岛，再从小岛上穿过湖泊航行到这边之后，对这里的感受就和以前完全不一样了。以前的他们住在这里，远远地看着水面上的小岛，而现在的他们已经不是过去的他们了。回来就好像又经历了一次探索一样。就像是，你正在探索一处梦里出现过的地方，这个地方的一切都和你期待的一样，但是又充满了惊喜。

从大门走进霍利豪农场的时候，他们觉得有些陌生。约翰差点儿就敲敲门再进去了。门内，一切如故。妈妈正坐在桌子前给爸爸写信，保姆坐在沙发上织东西。胖乎乎的维吉在地板上逗着一只毛茸茸的黑鼻子小羊玩。

“哈罗，”妈妈抬起头说道，“你们昨晚睡得怎么样？”

“我们都睡得很好，”约翰说，“而且，我们醒得没您说的那么早，但是也不算晚。”

“你们去农场取过牛奶了对吧？”

“是的。”

“我喜欢那个农场里的土著人。”罗杰说。

“昨天见了她之后，”妈妈说，“我也很喜欢。”

保姆似乎没觉得自己正对着来自另一座岛上的水手说话。“你们没被冻坏吧，”她说道，“没有你们在这儿才像是在放假。告诉我，罗杰‘船长’，你刷牙了吗？我可没给你带上牙缸。”

“我用整片湖泊刷的。”罗杰说。

“我们带了一封信，”约翰说，“一封来自缇蒂的信。”

他把信从口袋里抽出来，妈妈打开信封读了起来。“我得去写一封回信。”她说。

“我们是回来拿东西的，”约翰船长说，“忘了带钓鱼用的东西了。”

“是，你们肯定需要这些。”妈妈说，“还有，那边是你们洗澡用的东西。你们昨天起航出发的时候，它们还在那儿晾着，今天早晨我才想起来。你们从上了岛到现在还没洗澡吧？”

“今天早晨没洗。”约翰说。

“我们明天就洗。”罗杰说。

“好吧，到时候一定要选一处没有水草的地方。”妈妈说，“而且你们也要看好罗杰，别让他去太深的地方。”

“等我会游泳就没事了，”罗杰说，“我马上就会了。”

“等你仰着、趴着都会游了才行。只有做到这些，才能说自己没问题。不过就算你会这么游，也最好在自己可以接受的深度，除非你能确定自己可以游很长一段距离。

现在把你们的渔具都收拾好，我写一封信让你们带回去。”

他们把所有渔具放在一起，把四根钓鱼竿拆散，分别放进包里，再用一个很大的咖啡罐装上鱼漂、鱼钩和钓线轴。此时，保姆把洗浴用品捆好，并用一块浴巾把这些东西裹起来。妈妈拿着两封信走了出来，一封是给缇蒂的，上面写着:“留在家里的人向你致以爱意，谢谢你的信，写得很不错。”另一封信是给苏珊的，让她务必向迪克森太太要一些生菜，因为如果船员一点蔬菜都不吃的话会得坏血病。妈妈给了他们一大袋豌豆，说:“告诉苏珊，让她加点盐把这些豌豆煮了，在上面放一小块黄油，拌一下就可以吃了。”妈妈还给了他们一大罐巧克力饼干。“我觉得，你们那位大副可能不怎么会做甜点，”她说，“这些饼干可以当甜点吃。”船长和罗杰再次跑回农场，向保姆和维吉说了声再见。妈妈帮他们拿着东西，和他们一起来到了码头上。

“今天早晨的风刮得有点儿大。”他们一起走下草场的时候妈妈说。

“我们缩帆航行来着。”罗杰说。

“是吗？”妈妈说。

“我帮忙了。”罗杰回答。

“你先拉下来的是哪根绳索？”妈妈问。

“靠近桅杆的那根，”罗杰说，“然后是连在帆桁后端的那根，最后拉的是帆中间缩帆点上的绳索。”

“那，如果要扬帆的话你会怎么做呢？”

“先放缩帆点的绳索，”罗杰回答，“然后是帆桁后端，最后是桅杆上的绳索。”

“说得对，”妈妈说，“你们的船员里没有菜鸟啦。”

他们把需要运载的货物装好，升起帆，很快驶出了港湾。

“那个在房船上住着的海盗有一门大炮。”等船离岸之后罗杰才喊道。他在陆地上的时候完全把这件事给忘了。

“是吗？”妈妈喊道，“好吧，再见啦，水手们。”

因为回去的时候是顺风，所以燕子号乘着朵朵浪花，快速向小岛移动着。他们径直驶过了房船港，由于离得太远了，他们看不清船上都有什么，不过还是看见了房船上的男人站了起来，倚着船尾的栏杆，戴着眼镜看向他们。不一会儿，他们驶过了港湾南部的岬角，房船消失在了岬角后面。

很快他们到了靠近小岛的地方，正因为他们觉得霍利豪农场已经变得陌生了，所以现在感觉这座小岛就像他们的家一样熟悉。看着小岛离自己越来越近，想到马上就要见到帐篷和营地，再看到树林中升起的袅袅炊烟，想到这炊烟来自大副生的篝火，他们的心情顿时欢快了起来。

“肯定快到吃晚饭的时间了。”罗杰说。

“肉饼。”约翰说，“嘿，一等水手在瞭望台上呢。”缇蒂此时正站在那棵高高的树下，也就是他们的瞭望台上，朝他们挥了挥手，然后离开了。

“她去告诉苏珊我们来了。”罗杰说。

大副和一等水手在岛上正忙得不可开交，她们正用大石块堆出一个石头台，好让他们从湖里舀出净水的时候有落脚点。这里也很适合刷盘子和杯子。她们把土豆去皮，放在锅里煮了很长时间。煮的时候，她们时不时地用叉子戳土豆，好检查它们熟透了没有，最后，土豆个个被戳成了筛子。大副又切了好几片黄油和面包，晚饭算是做好了。缇蒂走下山坡来到靠岸点，迎接燕子号归来。

“我们给你带了一封信。”罗杰喊道，“苏珊也有一封。还有，你说的那个海盗有一门大炮，我们亲眼看见了。”

“一门真的大炮吗？”缇蒂说。

“嗯。”约翰说。

“我就知道，他以前是个海盗。”缇蒂说。

缇蒂拿着洗浴用品，罗杰拿着鱼竿和其他钓具，约翰则带着装着饼干的罐子和那袋豌豆，三人回到了营地。一小会儿的工夫，四位探险者就把肉饼吃了个精光。肉饼是凉的，土豆太烫了，就只好把土豆留在后面吃。没有人能像吃冷肉饼一样快速吃完这么烫的土豆。就这样，他们把土豆当作第二道菜，饼干和苹果作为饭后甜点。

苏珊读完了信，说：“妈妈说我必须要让你们吃到充足的生菜和豌豆之类的东西，不然你们会得坏血病。什么是坏血病？”

“患这个病去世的水手多得像苍蝇一样。”缇蒂说。

“咱们夜宵就吃豌豆了，”苏珊说，“你和罗杰最好现在就开始剥豆子。”

晚饭过后，趁着大副刷碗的空儿，他们剥了半锅豌豆。

风变得轻柔了一些，约翰来到燕子号旁边，把帆上的缩帆布放下。众人推船入水，驾驶着燕子号驶向了湖泊南部。南部的湖面突然变宽，然后又变窄。远远地，他们能看到蒸汽船在湖泊尽头喷着白色烟雾。

“那儿肯定也有一个港湾，就像里约的那个港湾一样，”缇蒂说，“而且陆地上的土著人也都在那儿。”

“咱们要把所有地方都去一遍的话要花好多年啊。”罗杰说。

“咱们可以自己画一张航海图，”约翰说，“然后每年都把咱们探索过的地方标出来，直到探索完所有地方为止。”

他们轮流驾驶着燕子号。苏珊已经接近了约翰船长的驾驶水平，一等水手缇蒂学得很快。在他们回“家”之前，连见习水手罗杰都可以掌舵了，不过约翰得坐在罗杰旁边时刻准备着，万一出了什么岔子就由他接手船舵。

在曲折航行回“家”的时候，他们发现了一座新的小岛。湖里面有很多岛屿，而这座他们以前没有留意过。因为这座岛实在太小了，而且离陆地也很近，所以他们之前一直以为它是个岬角。他们接近湖泊西岸，抢风航行回家的时候，看到一湾湖水就在这座小岛和陆地之间流过。它位于西边的湖岸，没有正对着他们的小岛，而是有一点偏北。燕子号的船员们马上就不想航行回家了，而是想在湖面上走得更远些，好好看看这座新的小岛。

“咱们从它和河岸之间的那片海峡穿过去吧。”缇蒂说。

“那儿太窄了，”约翰说，“抢风航行的话空间不够。如果那里水够深的话，我们还能顺利通过，只怕那儿可能会有很多暗礁。我是不会扬着帆驾驶燕子号穿过去的。不过咱们可以直接去岛上。”

燕子号抢着风一下子把他们带到靠近自己小岛的地方，然后又一次抢风，带着他们来到了这座新发现的小岛边上。这座岛面积十分小，岛上只有一些岩石、石楠，还有两棵枯死的树。其中有一棵树倒在了地上，另一棵还顽强地站立着。这两棵树很多树枝都被折断了，光秃秃的，没有一片叶子。虽然树枝上没有叶子，但上面有其他东西。那是三只乌黑的鸟儿，它们有着长长的脖子，正栖息在树枝上。缇蒂拿着望远镜观察它们。

“它们的脖子像橡胶做的一样。”她说

“那儿还有一只，”罗杰说，“它嘴里叼了个东西。”

第四只鸟从湖边飞来，嘴里叼着一条亮闪闪的鱼。它站在一根树枝上，仰起脖子，把这条鱼吞了下去。

“这些都是什么鸟？”罗杰问。

“鸬鹚。”约翰船长说。

“不会吧，”缇蒂说，“那我们现在可能就在中国海岸线附近了，中国人会驯养鸬鹚，让它们帮忙抓鱼。我之前见过这样的照片。”

燕子号靠得更近了一些，他们看到其中一只鸬鹚飞到水里，其他三只也跟着下了水。他们数着，现在水里一共是四只鸬鹚。突然，水里只剩下三只鸬鹚了。过了一会儿，第四只露出了水面。又过了一会儿，另一只鸬鹚又不见了。它们就这样一只接一只地消失在水里，然后又出现。一只鸬鹚叼着一条鱼游出水面，重新飞到光秃秃的树上。

“它们在捕鱼，”缇蒂说，“它们正在捕鱼呀。”

“到时候在我们的航海日志上，”约翰船长说，“就管这座岛叫鸬鹚岛。”

燕子号离小岛更近一些的时候，树上的那只鸟儿倏地飞走了，它肥肥胖胖，浑身漆黑，下巴上有一抹白色。在水里的那三只则飞快地游走了，只在水面上露出脖子和脑袋。紧接着，三只鸟从水中上了岸，跟着第一只鸟飞走了。

“咱们能登岛了吗？”罗杰说。

“这上面什么都没有，除了石头还是石头。”约翰说。

“咱们回去吧，泡点儿茶喝。”大副说。

“准备！”约翰喊道。说着，燕子号转了个方向。他松开帆脚索，燕子号朝着他们自己的小岛迅速驶去。约翰船长让船抢风从露出水面的礁石之间驶过，与此同时苏珊放下了风帆，他们划着桨，燕子号顺利停进了秘密港湾。

晚饭过后，他们带着望远镜来到了瞭望台。在天完全黑下来之前，他们还能看见鸬鹚岛上的鸬鹚。要不是刚才近距离观察过，他们才不会知道那是什么。他们躺在地上做着计划，就好像他们会在岛上过一辈子似的。

“也许，”约翰船长说，“咱们应该打几只野山羊当食物。”

“可是这儿一只羊都没有。”苏珊说。

“而且我们也没有枪。”罗杰说。

“当然，”约翰说，“有这些补给品，像干肉饼什么的，尤其有饼干，其实就够用了。所有探险者都会准备这些，但是他们大部分的食物还是来自渔猎。明天咱们就去钓鱼，然后靠咱们钓上来的鱼为生。”

“咱们要是有一只驯养的鸬鹚就好了。”缇蒂说。

“咱们有鱼竿。”约翰说。

第七章　更多的岛上生活

第二天早上，燕子号上的所有人都在吃早饭之前洗了澡。靠岸点处于小岛东岸，有沙滩，很适合洗澡。那里有沙子，虽然有一些石头，但是不像其他地方的那么硌脚。而且，那里的水也没有突然变深，苏珊走出很远的距离，告诉罗杰也能下水洗澡了。

罗杰刚刚一直在沙滩上等着，听罢苏珊说的话，他欢快地跑进水里，溅起一朵朵水花。

“你游泳的时候也要像溅水花一样轻松熟练。”大副苏珊说。

“是，遵命，长官！”罗杰说。他蹲在水里，只露出头来。至少，这很像在游泳。

约翰和苏珊比赛游泳，先游过去，然后再游回来，看谁游得快。

缇蒂私下里变成了一只鸬鹚。

这件事在不确定成功之前不好给约翰和苏珊说，所以缇蒂什么都没说。但她在岸边浅水湾里确实看到了很多小米诺鱼。更远的地方还可能有大鱼，兴许还有鸬鹚昨天捕到的那种。缇蒂仔细观察过鸬鹚，它们捕鱼时先是静静地游着，然后突然弓起背，夹着翅膀，头朝下向水底冲去。缇蒂试过了，但她发现除非用上胳膊，否则她根本不可能潜到水里去。就算她用上了胳膊，完全进入水下也会在水面上激起一阵水花。

“缇蒂，你在空中挥舞两条腿干什么？”缇蒂这样潜了几次之后，罗杰问道。确实如此。缇蒂自知，她把头伸进水里尽全力向下游泳的时候，自己的两条腿都会在水面上踢动着。

她游得更远了些，为了更接近鱼，也为了远离罗杰。终于，她找到了下沉的技巧，她把手翻过来，用胳膊在水中划动，带起的水流可以拉她下去。她发现，自己在水下可以轻松睁开眼睛，但是看到的东西就像蒙了一层亮绿色的雾一般，一条鱼都看不到。她用尽全力来到水底，却还是一条鱼都没有。她浮上水面吸了几口空气，然后再一次钻进水里。就这样，她一次次地潜到水里，却还是一无所获。她从水底拿起一块石头，确认自己真的到了那儿，然后迅速回到水面，气喘吁吁。当然了，鱼儿看到她靠近，肯定比她游得还快。看来，鱼儿只能用鱼竿才可能钓到了。她拿着石头，向岸边游去。

“你拿的是什么？”罗杰问。

“一小块石头，”缇蒂说，“我从水底找到的。”

“什么样的石头？”

“可能是颗珍珠吧。咱们一起潜到水里采珍珠吧。”

他们把鸬鹚抛到脑后，一等水手和见习水手成了潜水采珍珠的人。

“别让罗杰游太远！”苏珊喊道，“我去照看营火，先走了。”

约翰也上了岸，此时正划着船经过潜水采珍珠的人，准备去取牛奶。

“你们干什么呢？”他对他们喊道。

“我们在潜水找珍珠。”

“别在这儿待太久。我带着牛奶回来的时候，如果你们还没擦干身体穿好衣服的话，就别想吃早饭了。”

“是，遵命！长官！”缇蒂说。

罗杰也想说“是，遵命，长官”，可他嘴巴在水下，没法说出来。

罗杰在水下根本不能轻松睁开眼睛，他潜到两三英尺深的水下，凭着感觉才捡起他的“珍珠”。一等水手缇蒂则睁着眼游到水底，找最洁白的石头。它们都是很大的“珍珠”，但是没有人会嫌弃珍珠大。不一会儿，这两位采珠潜水员在水边堆了很多湿漉漉、闪闪发光的“宝石”。这些石头有一点儿不好——在太阳下干得很快——它们不再闪闪发光了，也称不上是“珍珠”了。

两个潜水员一看到约翰船长离开迪克森农场，拿着东西从草场上走下来，就立马停止了潜水采珠活动。水上卷来急浪，不断拍打着岸边。在约翰船长回到燕子号前，他的船员们早就擦干身子，穿上了衣服，在沙滩上等着他归来。有许多东西需要他们帮着运：两条面包、两大捆生菜、一篮鸡蛋、那一只装满牛奶的牛奶罐和一只装烟草的小盒子。

“那里面装的什么？”罗杰问。

“饵虫。”约翰船长回答。

“我们要去钓鱼吗？”罗杰问。

“嗯，”约翰船长说，“虫子是迪克森先生给我的。他说，在我们这边和他的靠岸码头之间有很多鲈鱼，只要有水草的地方就会有鲈鱼。他还说，用米诺鱼当饵会比虫子更有效。”

早饭很快就结束了，大副苏珊整理东西的时候，其他人把煮锅当成盛鱼饵的罐子，往里加了半锅水。他们在浅滩钓起了米诺鱼，收获颇丰。紧接着，他们卸下了燕子号的桅杆，把它和帆桁、船帆留在岸上，这样船上就会有更多空间。苏珊也准备好自己的鱼竿加入了他们。他们划船离开小岛，向迪克森农场下面的港湾行进。见习水手罗杰在船头一直观察着，以防船被水草缠上。

“水草！”他们刚来到港湾，罗杰就喊道，“有很多。”在燕子号两边，他们看到长长的绿色丝带一样的水草长在水下。

“咱们尽量不碰水草，到不太深的地方去。你准备好抛锚了吗？”

大副苏珊对见习水手说：“把锚拿起来，我一说‘放锚！’你就抛下去。”

约翰划一下船桨，看一下水下，然后继续划桨。“大家能看到水底吗？”

“现在我能。”罗杰说。

“好的。我也看到了。有草就意味有沙子，而且离水草很近。这地方就是最好的地方。”

“放锚！”大副喊道。

罗杰抛出锚。燕子号缓缓转着圈。不一会儿，四个红头鱼漂浮在水上，船两边各两个。

“苏珊，你的鱼钩放到多深的地方了？”缇蒂说。

“鱼竿能让我放多深我就放到多深。”苏珊回答。

“我的只放了三英尺左右。这样就能很轻松地看到小米诺鱼。”

“那样没用，”约翰说，“鱼钩必须离水底一英尺左右才行。收起你的鱼线，我把你的鱼漂托上来。”

苏珊的鱼漂第一个晃动了，她立马收线，拉起的鱼钩上却什么也没有。

“我的小米诺鱼带着它逃掉了。”她说。

“你收得太快了。”约翰说。

“我希望我们的船不要这样摇摆。”缇蒂说，“看着点呀，罗杰，你的鱼漂马上就要碰到我的了。现在你正提着我们两个的。它们缠一块儿了。”

约翰去解开它们，但是他刚把两根线解开，就发现船在往另一个方向摆动，这下他的渔具又和苏珊的缠在了一起。

“这样不行，”他说，“咱们必须在船两端都放上锚，这样船就不会摇摆了。收起所有鱼竿！罗杰，升锚。咱们上岸找一块大石头。船里还有很多备用的锚绳。”

于是，他们划着船上了岸，在另一条锚绳上系了一块大石头。然后他们划着船来到离刚才不远的地方。罗杰抛下锚，苏珊在船尾把石头沉下去。这下燕子号虽然侧面迎着风，却不再转动了。但是他们发现在迎风面钓鱼很不好，因为，虽然风很小，但它还是能带着鱼漂跑到船底去。所以他们四人都在船的同一侧钓起鱼来。因为船不再转动了，所以就算四个人都在同一侧也没关系，每个人都盯着这四个鱼漂在看。

“谁的鱼漂会第一个动呢？”罗杰说。

“我的，”缇蒂说，“它已经在上下晃了。”

“当心点儿，约翰，”苏珊说，“你的鱼漂不见了。”

约翰看向周围。他的鱼漂不见了。他拉了拉鱼竿，鱼竿尽头弯了下去，又被猛地拉了上来，一条胖胖的小鲈鱼映入眼帘。它的鱼鳍是亮红色的，身子两侧有两条深绿色的条纹。

“不管怎样，总算钓到了一条鱼。”约翰说着，在鱼钩上放上另一条米诺鱼。

在那之后，鲈鱼很快一条接一条地被钓上来。有时候三个鱼漂会一起晃动。不一会儿，船底就堆满了鲈鱼。

罗杰正数着有几个：“十二、十三、十四……”

“你的鱼漂呢，罗杰？”大副说。

“再看看你的鱼竿。”缇蒂说。

罗杰跳了起来，一把抓住他那向下滑动的鱼竿。刚刚数数的时候他把鱼竿放下了。罗杰感觉鱼线尽头有一条鱼，就在他快要提上来的时候，水面出现了一个大旋涡，他的鱼竿突然又被拽了下去。罗杰用尽全力坚持着，他的鱼竿眼看着就要弯成圆形了。

“那是一条鲨鱼[①]！一条鲨鱼！”他喊道。

只见一个硕大的东西在水下移动着，猛地冲向水底，扯得鱼竿四处乱转。

“快把它放掉！”约翰说，但罗杰坚持着。

突然，一条布满斑点的绿色大鱼出现了。这条鱼大约有一码长，背呈黑色，肚皮呈白色。它从水里露出一颗大脑袋，张开白色的大嘴，摇摆着从嘴里吐出一条小鲈鱼，小鱼被高高地抛到了天上。罗杰的鱼竿变直了。这条大鱼游近水面，怨恨地看了燕子号的船员一会儿，船员们也看着它。然后大鱼转动尾巴，在水面上溅起了一圈水花。它游走了。罗杰把那只小鲈鱼放进船里，小鱼已经死了，鱼身两侧还有那条狗鱼用大牙撕咬的深深的口子。

“我说，”罗杰说，“你们真觉得在这种地方洗澡会安全吗？”

在那之后，他们谁都没再钓到鲈鱼。那条狗鱼把鱼都吓跑了。鲈鱼不再上钩的时候，除了约翰，其他人也都不想再钓了。最后，苏珊说反正已经有足够的鲈鱼吃了，而且如果他们要吃鱼的话还要把鱼都处理干净。于是众人提起石头和锚，划着船回到了小岛上。

处理鱼是件很可怕的事。大副用一把锋利的刀切开鲈鱼，取出它们的内脏扔在火堆里，内脏慢慢被烧焦了。罗杰把鲈鱼一条一条地带去靠岸点，用湖水洗干净。大副试

---

① 这里所说的鲨鱼及书中其他地方一般提及的湖中鲨鱼是指梭子鱼或狗鱼，也称淡水鲨，原文为 pike，在书中小主人公口中也常用真正的鲨鱼 shark 替代。

图刮第一条鲈鱼的鱼鳞，但是很快就放弃了。她先往鱼身上撒了很多盐，然后带着鱼鳞用黄油煎。鲈鱼一煎，鱼皮带着鱼鳞很快就掉了下来，然后就能吃了。大副说，这么好的黄油这样做实在是浪费，但是船长和船员们却说这样值得。

下午的时候他们把燕子号侧过来整理了一下。他们拿走船里的压舱物，把它拉到沙滩上。他们先将一边侧翻，然后又将另一边侧翻，擦洗船底。虽然这船不需要清理船底，但是谁知道呢，它的船底可能沾满了藤壶，或者挂着长长的绿色水草。不管怎样，什么船都应该侧过来清理一下，燕子号也不例外。清理过后，他们把船推下水，把压舱物重新放进去，竖起桅杆，把小船送回了港湾。

在那之后，大副说还需要更多柴火，整条船的成员便都开始行动，从小岛岸边选了较好的浮木带过来堆在营地里，就挨着上一伙人留下来的那堆。做完这些，他们都累了，于是来到瞭望台上看湖泊上来往的船只，顺便商量着确定岛上每个地方的名字。首先是“瞭望台”，当然，它就在高耸的树下。然后是“靠岸点”“秘密港湾”“西岸”，还有“营地”。接下来就是那些从岛上能看到的地方，有“达里恩”“房船港”“迪克森港湾”（这个名字后来没有用，那是因为罗杰碰上那条大鱼而改名为“鲨鱼港”），还有“鸬鹚岛”。很远的南边是“南极”，过了里约，往很远的北方去就到了“北极”。但是对于自己小岛的名字，他们还没有一个定论。他们想过叫它“燕子岛”“沃克岛”“大树岛”，但是一想到那个他们发现的正被人使用的石头灶，那堆别人留下的、他们不愿意去用的整齐的柴火堆，他们的思绪就久久不能平静。也许这座岛早就已经有一个超酷的名字了。对于达里恩或者里约这些地方，另取名字不会让他们觉得有什么，但是这座小岛意义重大，取名不能太随意。

与此同时，众人轮流拿着望远镜观察湖上的船。水面上有几艘大蒸汽船来来往往。每经过一艘蒸汽船，他们就去观察湖水冲刷船身激起的波浪，侧耳倾听它们拍打河岸的声音。湖面上有一些正在行驶的摩托艇，一些人在桨船上垂钓，还有几辆游艇，不过数量不多。但是所有这些船只，蒸汽船、摩托艇、游艇，甚至是桨船，都比燕子号的个头大。他们把这些船只称作“土著船”。直到来到小岛的第三天，他们才看到一条个头和燕子号差不多的船，从达里恩后面抢风航行着，然后消失在房船港。

第八章　海盗旗

燕子号的四位成员在小岛北端瞭望台上的时候，已经是第三天上午十一点了。大副正在给见习水手缝衬衫上的扣子，但因为见习水手还穿在身上，她发现自己很难缝好。船长正忙着捣鼓一些绳子，试着打《水手航海手册》上所教的几个结。一等水手缇蒂趴在石楠上，透过望远镜看向一片郁郁葱葱的树林，后面就是房船港和隐居海盗的房船。

“它还在那儿。”她说。

树林上方突然传来一声巨响，空中升起一团烟雾。所有人都跳起来。

“肯定发生了一场海盗之战。”缇蒂说。

“我给你们说过他有一架大炮。”罗杰一边说一边扭动着身子。

“我们过去帮忙吧。”缇蒂说。

这时，一条小小的独桅帆船从树林后面冲了出来。这条船和燕子号几乎一样大，但是它的帆是白色的，而不是棕色的。现在它正迎着西南风航行。

这条小船左舷迎风驶过湖面，然后调转船头，几乎是径直朝着小岛冲来。

“船上有两个男孩。”缇蒂说。

“是女孩。”约翰说道。望远镜在他手里。

这条小船驶到湖泊另一侧的时候，燕子号全体成员什么都看不清了，他们轮流拿着望远镜，尽量仔细地观察小船。那是一条涂了漆的小帆船，下面带着一块稳向板，因为他们能看到船中间的稳向板槽。

“这就是为什么它比燕子号更能抢风行驶的原因。”约翰说，“尽管燕子号已经很能抢风了。”出于对自己船的忠心，他又补充了一句。

小船里有两个女孩，一个在掌舵驾驶，另一个坐在中间的坐板上。她们两个长得几乎一模一样。两人都戴着红色针织帽，穿着棕色衬衫、蓝色扎口短衬裤，还都没穿袜子。她们正直直地驶向小岛。

“所有人趴下，”约翰船长说，“咱们还不知道她们是敌是友。”

罗杰的衬衫扣子已经缝好了，他趴在地上，缇蒂和苏珊也趴下。约翰船长把望远镜放在一块石头上，脑袋隐藏在一簇石楠后面，这样就能透过望远镜观察了。

“我看得清船的名字，”他说，“亚，亚马，孙……号……亚马孙号。”

其他人也藏在石楠后面壮着胆子往外看。小船靠得越来越近。正在驾船的女孩（他们现在能看到，这个驾船的女孩年龄要大一点儿）从船尾的坐板下面拉出来一个东西。另一个女孩跑到船尾接住这个东西，然后到前面去，忙着对桅杆做些什么。

亚马孙号现在离小岛还有二十码远，突然，它调转了船头。他们听到驾船的女孩说“准备”，然后看到另一个人趴下，让帆桁转过去。等帆桁一过，她立马站了起来，手里攥着升降索似的东西。她一把一把地向下拉，一根小小的旗杆上插着一面旗，晃动着升到了桅杆顶部。

“她们在升旗。”约翰说。

小旗杆在桅杆顶部拴得直直的，上面的三角旗在风中飘扬。

缇蒂倒吸了一口气，差点被呛到。

“那是……”她说。

小船桅杆顶上飘动的旗帜是黑色的，上面有一个白色骷髅头和两根交叉的白色骨头。

四个人你看看我，我看看你，最后还是约翰首先发话了。

“罗杰待在这里，”他说，“大副看着靠岸点。缇蒂看着西岸。我看守秘密港湾。谁都不能暴露自己。她们很可能还没看见咱们。等她们沿着那条曲折的航向走远的时候，咱们再回营地。如果咱们现在行动，肯定会被她们发现的。”

亚马孙号此时正左舷受风、快速行驶着，很快就到了湖泊中央。

“出发。”约翰一声令下，他们三人留下罗杰，从瞭望台溜到了营地。苏珊走近靠岸点，藏在一堆草丛后面。缇蒂爬行穿过低矮的灌木，直到她能看到小岛西侧险峻的山石。约翰迅速穿过森林，来到了秘密港湾。他找了一个地方，在那儿他不会被别人发现，却能看到外面的人的一举一动。他把燕子号的桅杆卸下来，以防有人站在礁石上发现它的存在。做完这些，他继续藏在那儿等着。

虽然缇蒂看到的其实很少，但还是比其他人看到的更多。亚马孙号再次调转船头，绕着小岛南端行驶。缇蒂一直盯着，直到小岛南端的树木把它挡住了为止。小船从秘密港湾外的礁石入口处经过，就是这一瞬间，约翰看到了它，之后就再也没有见过了。接着他听到不远处传来了一些声音，但因为害怕暴露自己，他没敢动。现在，他又听到这个声音渐渐飘远，像是在接近靠岸点。他赶紧穿过树林，去支援苏珊。但是，苏珊也只透过树林看到了她们经过，仅仅是一眨眼的工夫。她们乘风驾驶得飞快，根本没有停下来的意思。她们径直朝着房船港和达里恩的方向，在小岛和大陆之间的湖面上行驶着，目前已经到了小岛北部。苏珊和约翰即刻来到瞭望台，只见罗杰正趴在石楠上，看亚马孙号变得越来越小，他激动地踢着腿。

"她们一远离小岛就把旗帜放下来了。"他说。

"这么说，她们当时肯定是看见了我们才有意升的旗。"约翰说。

缇蒂也跑了过来。

"如果她们是海盗，"她说，"为什么房船港上的海盗要对她俩开炮？"

"也许他压根没有开炮。"苏珊说，"看她们两个是不是还会回到房船港就知道了。"

"她们俩根本没有大炮，"罗杰说，"但是他有啊，还是一架很好的大炮。开火的肯定是房船上的海盗。”

亚马孙号没有进入房船港。这条小船扬着帆，沿着自己的航线行驶着，船尾带起一条长长的水纹，这波纹直得像是比着尺子画出来的一样。

“她们驾驶很熟练。”约翰船长说。燕子号有很多弱点，其中一个就是它在有风推动的时候会稍微偏航。对它来说，留下这样一条水纹可没那么容易。不过，因为约翰不能承认也许还有比燕子号更容易驾驶的船，所以他只好把所有留下那样一条直线的功劳都归到亚马孙号的两位水手身上。

他们注视着小船，它的白色风帆变得越来越小，最终消失在了达里恩峰顶后面。

“她们肯定去里约了。”苏珊说。

“咱们最好跟上去，看看她们从哪儿来的。”约翰船长说，“咱们不能在没人盯她们梢的时候让她们来这里。现在我们看不到她们，她们也看不到我们。所以就算以后她们看见了我们，也不会知道我们来自这座小岛。”

“除非她们已经看到我们了。”苏珊说。

“不管怎样，她们都没看到燕子号，”约翰说，“当时我把桅杆放倒了。今天吃干肉饼吧，这样就不用做正餐了。咱们一分钟都不能耽搁。吃一条面包、一罐干肉饼、几个苹果，再找四瓶姜汁啤酒[①]——我是说，格罗格酒——去里约搞一些。这样咱们回来的时候除了茶就不用担心其他

① 姜汁啤酒不含酒精，具有温中止呕、解毒、化痰、止咳、驱寒、发汗、醒酒、抗晕的功效，中老年人、儿童以及孕妇均可饮用。

的了。罗杰，跟我来，咱们把燕子号带到靠岸点去。大副先生，你能去准备一下行李吗？”

“遵命，长官！”大副苏珊说。

约翰和罗杰跑到秘密港湾，解开系船的绳子，紧接着跳到船上。约翰竖起桅杆，摇着燕子号驶过狭窄的水道，一等空间变大，船桨能伸得开，他就开始划了起来。在有西北风的情况下用短桨在船尾划船很困难。他划着船来到靠岸点附近。苏珊和缇蒂正在那儿等着。她们带了一罐干肉饼、一个开罐器、一把小刀、一条面包、一块用纸包起来的黄油，还有四个大苹果。不一会儿，燕子号的棕帆升了起来，所有船员都上了船，从小岛出发了。

为了让船更好地顺风行驶，四个人都待在船尾。约翰掌舵，剩下三个都在船舱里坐着。燕子号驶过水面，带起一阵阵泡沫。约翰尽力保持燕子号的船头对准离达里恩最远的石岬，但是他一回头就知道，自己驾驶得并没有亚马孙号上的两个小女孩好。但他还是尽力驾驶着，而燕子号艏踵①下的水花声也证明了燕子号也在尽它最大的努力行驶着。湖岸边的树尖连成了一条紫色的线，环绕着山脊线。

房船港进入了视野，房船还是停在那儿，那个胖男人站在房船的前甲板上。

“他看上去很生气。”缇蒂说。

他好像在冲他们挥拳头，可是他们不大确定。不一会儿，他们就驶过了最外圈的点，已经看不到他了。

---

① 船的龙骨前端与艏柱连接的部分。

达里恩变得越来越清楚、越来越高大了。

“在达里恩另一边她们就没风了，”约翰说，“在她们驶过里约的小岛之前也没有多少风能抢。就算她们比咱们走得早，咱们还是有机会看见她们的去向。”

燕子号绕过了达里恩峰，所有船员都看向霍利豪农场。他们看到在农场外面有两个人影和一辆婴儿车，那是妈妈、保姆和维吉。她们好像属于另一个遥远的世界。那一边，她们此时正悠闲地晒着太阳，维吉可能睡着了。而这边，维吉的哥哥姐姐正乘着在水中泛起泡沫的燕子号，不到一小时之前，或者是不到半小时之前，他们亲眼看到了一面印着白色骷髅头和两根交叉的骨头的黑色旗帜，这面旗插在一根桅杆顶部，桅杆来自一条陌生的小船，他们觉得那个隐居的海盗曾对这条小船上的人开过炮——这个海盗来自房船港，他有一艘房船，还有一只绿色的鹦鹉。

有一段时间，他们都没有说话。

过了一会儿，苏珊说：“告诉老妈关于海盗的事是没有用的，至少在所有事情结束之前没用。咱们得在航海日志里记下来，以后再跟她说。”

“等她不再是土著人了，我们就告诉她。”缇蒂说，“这种事最好不要给土著人说。”

燕子号继续行驶着。湖岸东侧出现了更多的住房，他们越往前走，房子越多。那里有许多小岛，房子就坐落在一座大点的岛上。小岛尽头是一条长长的沙嘴，岸边停着很多房船。那些房子不是四下分布在树林里，而是集中在比里约小镇更高的一面山坡上，“里约小镇”的居民们还不知道自己住的这个地方有个这样的名字。燕子号在小岛和陆地沙嘴之间的水域行驶着，现在他们能看到里约港和蒸汽船停靠的码头。他们从一排停泊的游艇中缓缓驶过。几艘摩托艇正载着游客来来往往。约翰船长派罗杰去船头侦查，罗杰开心地去了，船长自己则忙着躲开一些桨船和小舟。夏天的里约十分繁忙。蒸汽轮船一声鸣笛，离开了船队，缓缓地驶出港湾。甲板上的乘客们没有一个人知道这条棕帆小船上的四个人是从一座孤岛来的，而且这四个人感兴趣的不是这艘蒸汽轮船，也不是游艇，而是一条和他们的燕子号一样大的小船。对于燕子号的船员来说，不算土著人的这艘笨拙大船的话，水面上除了那条小船就没有其他船了。他们的眼睛只盯着他们正追着的那条海盗船。

那条船并不在里约港。四双眼睛看遍了里约港的每一个小码头，都没有发现那条船。它可能已经停泊了，风帆也已经放了下来，这样就很难发现它。也可能小船已经跑到小岛后面的一个港湾里，那里停泊着许多游艇，是给吵吵闹闹的土著人和他们的桨船的一个好地方。

“咱们穿过港湾，”约翰船长说，“到开阔的水域去，在那儿能一眼看到‘北极’。如果还找不到船，我们就回去，去那些小岛之间找找。”

燕子号穿过港湾，刚一离开小镇前面的狭长小岛，就听到罗杰激动地大喊：“嘿！是那条船！”

“就是那条船。”苏珊也喊道。

在港湾北边的入口处，在那长长的岛屿之外，能看到湖的上游，只见蓝蓝的湖水从长满郁郁葱葱的树木的河南岸开始，一直延伸到北边高耸的山坡。

西边的湖岸上有一座岬角，远在一英里开外，有一面白色风帆快速朝岬角移动着，不一会儿就消失了。

“现在咱们该怎么办？”缇蒂说。

四人的意见出现了分歧。

罗杰想要继续追，约翰却不想。

“现在我们知道她们在哪儿了。”他说，“她们很可能正想引我们离开小岛。如果咱们追上去，她们又出现了，结果可能就是我们得和她们抢着回到小岛去。但是如果咱们在这儿等着，就肯定可以赶在她们之前回去。我觉得咱们最好还是待在这儿，吃掉咱们带的干肉饼，然后再看她们会不会出来。”

苏珊说：“格罗格酒怎么办？”这句话让所有人忽然觉得又渴又饿。

“她们可能会趁着我们去里约买格罗格酒的时候出来，”约翰说，“她们还可能会从那些岛屿后面逃走，我们从里约回到这里的时候，她们可能已经霸占了我们的营地，而我们可能还在这儿干等着呢。”

缇蒂有个想法。里约港前面有许多岛屿，岛屿的尽头还有很多小岛。可以让缇蒂去其中一座小岛上继续盯着，其他人去里约买格罗格酒。这样至少他们能知道那两个海盗是出来了还是没出来。

“缇蒂的建议很好。”约翰船长说。

一百码开外有一座小岛，上面除了石头和石楠什么都没有。他们来到小岛的背风面，接着开船向风中驶去。

“罗杰，看好水下的礁石。”大副说。

燕子号扬帆向前行驶着，慢慢向小岛靠近。

“大副，准备降帆。”约翰说。苏珊赶紧准备好降帆。其实根本不用这么做。这座小岛周围的水很深，足够让燕子号畅通无阻地浮在水面上。接着，船头传来了轻微的刮擦声，缇蒂来到舷边，然后上了岸。

“望远镜。”她说。

“在这儿。”大副说。

“推一下船。”约翰说着，用力向左舷扳动舵柄。

缇蒂推了一下船，燕子号开始后退，不一会儿，帆灌满了风，燕子号顿了一下，倾斜了些，然后才向前行驶。缇蒂向他们挥挥手，爬到小岛最高处坐了下来，把望远镜放在膝盖上。

他们曲折航行了三四次，最后来到里约港湾，在岸边就近选择了一处供桨船停靠的码头。罗杰爬上靠岸码头，拿着缆绳在系缆桩上绕了两圈，接着坐在了上面。安全起见，他们把帆放了下来。接着，约翰和苏珊赶紧跳上码头，来到了一家小商店。在这家小商店里，从捕鼠器到薄荷糖，什么都能买得到。

“请给我们四瓶格罗格酒。”约翰脱口而出。

“姜汁啤酒。”苏珊脸色一沉，纠正道。

约翰看向超市的角落，那里有一卷绳子。

“还有这种绳子，二十码。”他说。

店员量了二十码的绳子，整齐地卷起来。他拿了四瓶姜汁啤酒放在柜台上。约翰给了他五先令，拿走绳子和两瓶姜汁啤酒。苏珊拿着剩下的两瓶。

“今天天气真好。”这位店员找完零钱后说道。

“是呀，天气很好。”约翰说。

他们和里约的土著人总共就说了这两句话。

他们回到靠岸码头的时候，罗杰说：“刚刚有个土著人过来说‘你们这条小船还不错’。”

“然后你对他说了什么？”苏珊严肃地问。

“我说‘是的’。”罗杰说。看来,罗杰什么都没有泄露。

接着，他们返回小岛去接缇蒂。缇蒂看到他们来了，朝他们挥着手。约翰把燕子号开到岸边的时候，她跑到了湖水边缘，准备上船。

“一切正常，”她说，“她们没出来，现在肯定还在那几个岬角后面。”

“好吧，不管怎样，我们能了解这个情况就足够了。”约翰说。

“我可以到缇蒂的小岛上去吗？”罗杰说。

“不如咱们都上去，在上面吃饭。”苏珊说。

于是他们把帆降下来，用锚绳拴住燕子号，让它停在小岛的背风面，然后拿着锚上了岸。小岛的最高处有一块石头，他们把石头当桌子。约翰打开干肉饼罐头，拉着盖子直到所有的干肉饼都能被一股脑儿地倒出来。苏珊先把面包切成片，然后再抹上黄油，确保每片面包上的黄油都一样多。他们在大块的面包和黄油上放了大块的肉饼，大口就着从里约买来的姜汁啤酒吞下去。最后他们还吃了苹果。他们一直密切注视着海盗船的小白帆消失的海角。

“她们可能根本就没看见咱们。”苏珊说。

“我敢肯定她们看到了，不然她们也不会把那面旗升起来。”约翰说。

“也可能，”缇蒂说，“海盗不止她们两个。可能这两个人升旗是为了把咱们引出小岛，而她们剩下的那些同伙趁着我们离开，就登上小岛，占领咱们的营地。”

“我怎么就没想到呢，”约翰说，“她们可能有一帮人，就等着咱们从小岛离开呢。”

“可能他们现在就在咱们的岛上了。”缇蒂说。

“不管怎样，咱们开船吧。”罗杰说。听不到燕子号船头乘风破浪的声音，他就开心不起来。

这次回家之路十分波折。他们先在里约港抢风航行，躲过土著人的一艘艘船；刚离开那些岛屿，西南风便迎面袭来，他们又开始对抗大风。他们想着缩帆航行，但是如果不缩帆也能扛过去的话就不这么做了。狂风一阵一阵地刮过来，苏珊时刻准备松开帆脚索，在必要的时候落帆。罗杰待在船头，被激起的水花浸得浑身湿透，苏珊便把他叫到船后面去，让他坐在船底。在抵达小岛的背风面之前，他们除了专心航行外什么都顾不得。经过房船港的时候，房船上的男人在后甲板上坐着，看到他们靠近，他站了起来，用双筒望远镜看向他们。但是他们四个并没有察觉到。

“日落的时候风就没那么大了。”约翰说，“咱们还在之前的靠岸点停船。燕子号在那儿不会受到风的影响，等风没那么大了我再带它去港湾。”

于是，他们在老地方靠了岸。一上岸，就一同冲上山坡，来到营地检查帐篷。随后他们把小岛又侦察了个遍。所有东西都一如他们刚离开时候的样子。没人来过这儿。看来亚马孙号上的两个海盗没有什么同伙。

之后，他们在篝火堆处升起火，围坐成一圈，一边喝茶一边开始思考。他们都想错了，以为亚马孙号上的两个海盗升起旗是故意升给他们看的。他们甚至开始怀疑，当初房船港有没有传来那声炮响。

“为什么房船上的那个男人对咱们挥拳？”缇蒂说，“他这么做肯定是因为发生了什么事。”

“可能他没对咱们挥拳呢。”约翰说。

“我觉得咱们不会再见到那两个海盗了。”缇蒂悲伤地说。

“如果她们真是海盗的话就好了。”苏珊说。

第九章　绿羽箭

早晨约翰第一个醒来。时间已经不早了，太阳在头顶高高挂着。第一天的时候，清晨第一缕阳光还能唤醒探险家，如今，第一天已经过去了，他们开始习惯在帐篷里睡觉。而且，昨天发生了太多事。约翰醒来的时候不是很开心。昨天似乎成了虚幻的一天，也是徒劳无获的一天。那些海盗，房船港里传来的炮声，在里约的追寻，似乎都变成了梦境。他醒来了，生活平淡无奇。好吧，他心想，没谁能要求这样的事情天天有，早知如此，这件事还不如不发生呢。不过，就算没有海盗，至少这座小岛还是真实的，燕子号也真实存在。没有海盗，他也一样可以过下去。是时候去取牛奶了。

他看了看帐篷另一侧隆起的毯子，决定让罗杰继续睡下去。约翰从自己的毯子里爬出来，穿上沙滩鞋，拿着自己的一堆衣服、一条浴巾，一个人走进阳光里。他拿上牛奶罐跑了下去，直奔靠岸点。到了靠岸点，他跳进水里，奋力游了一两分钟。游泳比洗澡好多了。他把鼻子和嘴巴露出来，沐浴着阳光漂浮了一会儿。不远处，几只海鸥在水面上抓米诺鱼。待会儿可能会有海鸥误以为他是食物而向他俯冲过来。他要是抓住海鸥两条黑色的腿，它能把他从水里拉上来，带他飞到天上去吗？然而，海鸥始终离他远远的，他翻了个身，游回靠岸点。约翰跑过森林，来到秘密港湾，把衣服、浴巾和牛奶罐都放到船上，推船起航。

他奋力地划船，赶往迪克森农场的橡树沙滩。抵达的时候，一路的阳光和温暖的南风都快把他晒干了。他用浴巾擦干身上有些出汗的地方，穿上衣服，匆忙跑向农场。

“今天来得没那么早了啊。”迪克森太太说。

“是呢。”约翰说。

“你们想吃太妃糖吗？”迪克森太太说，“昨天晚上我没事干，就给你们做了点儿。你们有四个人，对吧？”

“谢谢您。”约翰说。

她把牛奶罐子灌满牛奶，又给了他一大袋棕色太妃糖。

“你吃早饭了吗？”她问。

“还没有。”

“那你肯定已经洗过澡了，从你的头发可以看出来。你最好吃点儿东西在这儿等一会儿，我去给你拿一点儿蛋糕。”

游过泳之后，人们总会期待能吃块蛋糕。约翰想着，吃一块也没什么坏处。但是就在他吃蛋糕的时候，迪克森太太说道：“房船上的特纳先生问起过你们。你们没动他的房船吧？”

“没有。”约翰说。

“好吧，他好像觉得你们动过，”迪克森太太说，“你们最好别去招惹特纳先生和他的鹦鹉。”

听完这句话，昨晚发生的事似乎突然又变得真实起来。约翰想起来，他之前觉得他见过那个隐居海盗站在房船上对他们挥舞拳头。顿时他又变成了约翰船长，他要对他的船，还有他的船员负责，而迪克森太太，也就是农场主的妻子，是一个土著，现在还不能完全信任她，尽管她给了他们太妃糖和蛋糕。

他第一时间起航回到了小岛，心想自己应该在取牛奶之前就把大副喊醒的。

在农场下面的草坡上，他可以看到小岛。只见大树之间早已升起了袅袅炊烟。大副醒来了，正在岛上四处奔忙，火也升起来了，一切都正常。他带着牛奶回来之前，水应该就烧好了。

他赶紧把船划到岸边。缇蒂和罗杰正在岸边戏水。他看到这两个白色的人影踩着水，不停地把水泼向对方。他把燕子号带到靠岸点的时候，两人正擦干身子。看到约翰过来，两人跑了过来，帮忙拉船上岸。

“我从土著那儿带来了一些太妃糖，还有牛奶。”约翰船长说。

“真的太妃糖？”罗杰问。

“一些糖浆罢了，”缇蒂说，“太妃糖不过是土著人给起的名字。”

“我还有个很重大的消息要宣布。”约翰船长说，“发生了一些事。吃完早饭我想开个会。”

“遵命，长官。”一等水手说着，戳了戳见习水手，他也连忙说："遵命，长官。"

一等水手和见习水手带着牛奶罐和糖浆跑上营地。船长跟在他们后面，双手插进口袋，思考着什么。

"早饭已经做好了，长官。"大副开心地说。

"谢谢你，大副女士。"约翰说。

"牛奶在这儿。"罗杰说。

"还有一大袋糖浆。"缇蒂说，"你知道怎么做朗姆酒饮料吗？是用糖浆做的，对不对？"

"希望是这样，"大副说，"我从没试过。"

茶准备好了，鸡蛋在煮锅里煮着，大副正用天文钟计算煮的时间。

"三分钟，"她说，"在我开始计数之前，鸡蛋已经在锅里煮了一会儿了。现在应该已经煮好了。"她用勺子把鸡蛋一个一个地捞出来。接下来的几分钟，大家忙着吃鸡蛋、黄油面包，喝茶，没有人说话。后来他们还吃了面包加果酱，在那之后，大副给每人分了一定量的太妃糖。"不管怎么说，糖浆挺好的。"她说，"如果还有多余不想吃的糖浆的话，咱们就做朗姆酒饮料。"

终于，早饭吃完了，约翰船长说："大副女士，我要开个会。"

他们都围着篝火坐着。现在的火烧得没有那么旺，煮锅里装满了水，在快要烧完的炭火上加热，待会儿这些热水要用来刷洗黏糊糊的餐具。

大副苏珊坐下来，环视了一圈。

"燕子号的全体成员都在这儿了，长官。"她说。

“咱们有一个敌人。”约翰船长说。

“谁？”一等水手缇蒂迫不及待地问。

“是亚马孙号上的海盗。”罗杰说。

“安静。”大副说。

“你们知道房船上的那个男人吗？”约翰船长说。

“知道。”大副说。

“他给土著们说，我们乱动了他的房船。”

“可是我们从来都没动过它呀。”

“我知道，咱们根本没动过。但是他确实给他们说我们动过。他正试图让那些土著人成为我们的敌人。我不知道为什么他这么讨厌我们，但是他确实讨厌我们。”

“所以昨天他就对我们挥舞拳头来着。”大副说。

“我就知道，他肯定是一个隐居海盗，”缇蒂说，“他肯定有秘密，海盗们都有秘密。要么是犯了一件见不得人的事，要么是宝藏。他肯定觉得昨天那条船是冲着他的宝藏来的，看他对海盗船开炮的架势就知道。”

“没错，但是，为什么他也敌视我们？”约翰说。

“也许这是他的小岛，”缇蒂说，“你知道，在我们之前这里有人来过，还搭了一个石头灶。”

“但是如果这是他的小岛，他就该住在这里，而不是在房船上。”

“住在这儿的话，鹦鹉就会舒服得多。”缇蒂说。

“不管怎么说，他似乎很想让我们从岛上撤退。”

“咱们不会走的。”罗杰说。

“咱们当然不走，”约翰船长说，“可问题是，咱们应该做些什么呢？”

“咱们把房船沉到水里去。”罗杰和缇蒂异口同声道。

突然，一个东西打中了煮锅，发出很大的声响，篝火里扬出了一些灰烬。一条尾部带着绿色羽毛的长箭扎在炭火中央，颤抖着。

四个探险家顿时站了起来。

“开始了。”缇蒂说。

罗杰抓住箭，把它从火堆里拔出来。

缇蒂立马从他手里夺了过去。“上面可能有毒，”她说，“别动箭头。”

“听！”约翰船长说。

他们聚精会神地听着。周围一片寂静，只有湖水拍打小岛西岸时发出的涛声。

“是他，”缇蒂说，“他从自己的绿色鹦鹉身上扯下来的羽毛。”

“听我说！”约翰船长再次说道。

“安静，先别说话。”大副苏珊说。

小岛中间传来一阵枯枝折断的声音。

“咱们必须进入警备状态。”约翰船长说，“我去一边，大副去另一边。缇蒂和罗杰在中间。大家分散开。只要有一个人看到他，其他人就赶过去帮忙。”

他们在小岛上散开，然后慢慢向前行进。但是他们走了十码还不到，约翰就喊了起来。

“燕子号不见了！”他喊道。他在左侧战线，取奶回来之后，他把燕子号停在了靠岸点，只要一走出营地就能看到。现在燕子号不在那儿。其他人都跑到了靠岸点。岸边连燕子号的影子都没有。它就这么消失了。

“快散开，快散开。”约翰说，“咱们把整座小岛都巡视一遍。大副女士，小心岸边。船不会自己漂走的。是他带走了咱们的船，但是他现在还在小岛上，咱们都听见了。”

“我和罗杰把它拉到岸上了呀，”缇蒂说，“它总不能漂走了吧。”

“咱们先散开。”约翰船长说，“听着，大副一吹口哨你们就前进。一次猫头鹰一样的叫声代表着一切正常，三次叫声就意味着有情况。大副女士，你一准备好就吹。”

大副穿过小岛来到靠近西岸的地方。从树林中望过去，湖面上一艘船都没有。远处有一些清晨运行的蒸汽轮船冒着烟，但是这不是他们要找的船。罗杰和缇蒂两个人在小岛中部，相隔有六码远。约翰船长向小岛里边走了走，但没有走太远，仍然能看到湖岸，这样只要有人出现在岸边，他就会发现。他们仔细听着。没有任何声音。

这时，小岛西边传来了大副的哨声。

四个人再次走进树林，穿过灌木丛，开始行动。

“罗杰，”缇蒂说，“你有武器吗？”

“没有，”罗杰说，“你呢？”

“我找到了两根木棍，我是说，两根长矛。你最好拿着一根。”她把其中一根扔给罗杰。

缇蒂左边突然传来一声猫头鹰叫声。

“肯定是船长。”她说罢，也用猫头鹰的叫声回应。苏珊在右边，也回应了一声。他们继续前进。

“啊，”罗杰喊了一声，“有人来过这儿。”

缇蒂向他跑过去。那儿有一片圆形场地，杂草、蕨类植物都被压平了，好像之前有人在这里躺过似的。

“他把刀落在这儿了。”罗杰说着从草地里捡起来一把折叠刀。

缇蒂学猫头鹰叫了三声。

船长和大副跑了过来。

“他肯定就在附近。”缇蒂说。

“我们找到了他的刀子。”罗杰说。

约翰船长弯下腰，用手感受着草的温度。

“不是温的。”他说。

“嗯……草是不会一直保持温热的。”大副说。

“散开，继续分头行动。”约翰船长说，“咱们不能让他带着燕子号逃掉。他肯定就在不远处，因为我们都听到了。他肯定把燕子号藏了起来，而且就藏在岸边的某个地方。”

突然，他们听到一阵欢呼声：“万岁，万岁！”但是这喊声不是从他们前面传过来的，而是从后面营地的方向传过来的。

“跟上，”约翰船长说，“别掉了队。冲啊！”

所有人转身穿过树林，朝着营地冲了过去。

就在他们即将到达那片空地的时候，突然传来一声大吼，但是不见周围有人。

“举起手来！站住！”

这个声音突然从他们前方传来。

“举起手来！”这声音又响了起来。

“趴下！”约翰船长边喊边趴到了地上。

苏珊、缇蒂和罗杰也赶紧跟着趴下。一支箭从他们头顶上飞了过去，好在他们毫发无伤。

他们看着自己的营地，一开始大家都没发现约翰船长发现的这个东西——营地中间，有一根长杆插在地上，杆顶飘着一面黑色的海盗旗。但是营地里看上去一个人也没有。突然，他们看见帐篷里有两个人影，跪在地上，其中一个人已经拉开弓做好了放箭的准备，另一个人正要把箭搭在弦上。

第十章　和　谈

“原来不是那艘房船上的男人，”缇蒂说，“是海盗船上的两个海盗。”

“而且现在就在我们的帐篷里。”苏珊说。

“把她们抓起来吧。”罗杰说。

“举起手来！”在船长帐篷里的亚马孙号海盗女孩说。

“举起你们自己的手吧！”约翰船长大喊一声，作势要跳过去。两个海盗随即射出了手中的箭。

“冲啊！”约翰喊道，“趁她们还没装上箭。燕子号万岁！”

燕子号的四人一下子便冲到了开阔场地中间。

戴着红帽子的亚马孙号成员从帐篷里跳出来迎战。

但她们的箭头却是朝下的。

“谈判。”看起来像是领头的人喊道。

“停！”约翰船长说。

燕子号的四个探险家停了下来，面对亚马孙号的两个海盗女孩站着。亚马孙号上的人比燕子号大部分人的个子都高。其中有一个比约翰船长都高大，另一个则和约翰差不多。如果他们要打架的话，两边很可能会打个平手。

但是他们没有打架。

“咱们先谈判，然后再战。”亚马孙号的领头人说。

“如果燕子号在房船男人手里，我们和你们谈判有什么意义。”约翰说。

“房船男人？”年龄小一点儿的亚马孙号的女孩说，“他可和这件事一点儿关系都没有。他是个土著，而且特别不友好。”

“他对我们也挺不友好的。”约翰说。

苏珊拽了拽约翰的袖子。“如果房船上的男人和他们不是一伙儿的，”她小声说，“那掳走燕子号的人肯定是她俩，她们唯一能放燕子号的地方就只有秘密港湾。她们自己的船肯定也在那儿。所以既然她们占了我们的帐篷，我们就去占领她们的船。”

“如果他对你们也很不友好，那我们最好立马就谈判。”年龄大一点儿的亚马孙号的女孩说。

“燕子号在哪儿？”

“燕子号是我们的战利品，我们把它放到我们的港湾去了。”

“那是我们的港湾，”约翰说，“不管怎么说，你们这么做对自己一点儿好处都没有。你们和我们对着干，是不可能平安离开小岛的。小岛南端的港湾是我们的，所以要说战利品的话，亚马孙号才是战利品，我们已经获得了两条船。而你们只有我们的帐篷。”

这时缇蒂说话了：“你们的箭尾上为什么有绿色的羽

毛？肯定是房船上的海盗给你们的。你们肯定和他是一伙儿的。”

年龄小一点儿的亚马孙号的女孩有点儿生气，“绿色的羽毛是我们的战利品。是我们自己抢来的。他存着这些羽毛为了清理烟斗，我们到他船上抢了过来。”

年龄大一点儿的亚马孙号的女孩说：“咱们是同一条战线上的，真打起来没有什么好处。”

约翰说：“那你们到我们岛上来干什么？”

“这是我们的岛。”亚马孙号的两个女孩异口同声地说。

“怎么会是你们的小岛呢？这营地是我们的啊！”

“这么多年以来它一直是我们的小岛，”亚马孙号上的两人说，“是谁搭的石头灶？是谁标记了港湾？”

“什么叫标记了港湾？”约翰说，“你们是说在那边的树上画十字吗？谁都能在树上画一个十字。”

亚马孙号上大一点儿的女孩笑道：“那就代表这是我们的小岛。”她说，“你们连港湾是怎么标记的都不知道。”

“我们知道。”罗杰说。

约翰不说话了。他很清楚，他们并不知道。

最后他说：“好吧，我们谈判吧。但是你们必须把武器放下，我们也会放下武器。你们必须把你们的旗放下，我们的旗在燕子号上，我们没办法把它拿过来竖在你们的旗子旁边。”

大一点儿的亚马孙号的人说：“风这么好，把旗放倒可惜了。况且旗子挂着不仅仅是摆设。你们派一个人去港湾，到你们的船上去，把旗子拿过来，我们就可以在谈判的时候竖起各自的旗。这样才像是谈判。”

“我们的人去取旗的时候，你们不会开战？”

“不会。不战。我们现在就放下武器。”

亚马孙号的两人把弓箭放在地上。罗杰和缇蒂放下自己的长矛。约翰和苏珊没有武器可放下。

“大副女士，”约翰说，“你能派一位你的船员去港湾，把我们的旗从燕子号上取过来吗？”

“罗杰，你去吧。”大副苏珊说完转向亚马孙号的两人，“你们能发誓房船上的男人不会在那儿埋伏着，把我的人抓起来吗？”

“当然能，”亚马孙号的两人说道，“但是，你们能保证他不会对我们的船做什么吗？我们对你们的船很小心，而且也没对你们的帐篷做过什么。我们本可以很容易地一把火烧掉帐篷或者将它们夷为平地。”

“我们保证。”约翰船长说。

“我们为什么不把她们的船凿沉，然后把她们抓起来？”缇蒂小声说。

“在谈判结束之前，咱们处于和平时期。”约翰船长说，“罗杰，你跑过去吧，把燕子号的旗拿过来，但是别碰她们的东西。”

罗杰跑开了。“反正我拿着她们的刀子呢。”他喊道。

年龄大一点儿的亚马孙号的女孩看向另一个女孩。

“佩吉，你个呆瓜，”她说，“咱们船上的刀子呢？”

佩吉，也就是年龄小一些的亚马孙号的女孩，摸了摸自己裤子后面的口袋。

"没有了，"她说，"肯定是咱们藏在灌木丛里的时候弄丢了。"

"我们才不想要她们的刀子。"苏珊轻声对约翰说。

"我们会把刀子还给你们的。"约翰对亚马孙号的人说，"我们的人一从港湾回来我就让他把刀子和其他武器都放下。我们不是想要你们的刀。我们船上已经有三把了。"

"一把用来开干肉饼罐头，一把给面包抹黄油，除此之外还有一把。"苏珊说。

"这把刀子是去年吉姆舅舅送给我们清洁房船上的大炮用的。"年长一点儿的亚马孙号的人说道。

"房船上的人是你们的舅舅？"缇蒂问，"我记得你们之前好像说过他是你们的敌人来着。"

"他只是有时候是舅舅。"年龄小一点儿的亚马孙号的人说，"他去年还是，但是今年他和土著人成一伙儿的了，那些土著人特别不友好。"

"我们认识的土著人还挺友好的。"缇蒂说，"所有人都很好,除了那个房船上的男人……还有你们。"她补充说，"如果他是你们舅舅，那你们肯定和他是一伙儿的。"

"我们真不是。"年龄大一点儿的亚马孙号的人说。

"缇蒂，别说了，乖乖等着谈判吧。"约翰船长说。

罗杰拿着缇蒂做的那面旗从燕子号那儿回来了。

"她们的船很漂亮。"他悄悄对大副苏珊说。

"把那把刀给我。"约翰说。

罗杰把它递过去，约翰从空地旁的榛树上砍下来一根长树枝。他把树枝一头削尖，好插在地上。然后他把缇蒂的旗帜紧紧固定在树枝顶上，插在了海盗旗旁边的一块柔软地面上。接着，他又在草丛里擦了擦刀，折起来，放在了弓和矛旁边。

“现在开始谈判。”约翰说。他走向亚马孙号的两人，伸出手。

“我的名字是约翰·沃克，”他说，“是燕子号船的船长。这是苏珊·沃克，燕子号的大副。这是缇蒂，一等水手。这是罗杰，帆船见习水手。你们是？”

亚马孙号年龄大一点儿的人和他握了握手。

“我是南希·布莱克特，亚马孙号的船长和主人，‘海上恶霸’。这是佩吉·布莱克特大副，也是亚马孙号的主人。”

“她的真名不叫南希，”佩吉说，“她叫露丝，但是吉姆舅舅说亚马孙战士都冷漠无情，因为我们的船叫亚马孙号，我们就是来自亚马孙河的海盗，所以必须给她换个名字。吉姆舅舅是去年把这条船给我们的，在那之前，我们就只有一条桨船。”

南希·布莱克特恶狠狠地吼道：“佩吉，再不住嘴我就给你点儿颜色瞧瞧。”

“她们肯定和房船上的海盗是一伙儿的，”缇蒂说，“你们听见她们刚刚是怎么说的没？她们的船是他给的。”

“那是去年，”南希说，“去年的时候他还很好。今年他的态度比那些土著人还恶劣。”

“我们坐下说会更好吧？”苏珊说，“我往篝火里加两根柴火，把水烧一下，好吧？水壶里还有点儿茶。”

“谢谢，我们不想喝茶。”南希说，“但是你要是想的话，可以用我们的石头灶。”

“这里是我们的营地。”罗杰强调。

“我们坐下说吧。”大副苏珊说。

两帮人坐在地上，挨着石头灶，里面的柴火不紧不慢地燃烧着。和站起来相比，坐下想发生激战会更困难一些。

“首先，”南希·布莱克特说，“你们什么时候来到这片海域的？”

“我们一个月以前就发现这片海了。”

“什么时候第一次到这座小岛上的？”

“我们在这座小岛上待了好几天了。”

“嗯，”南希·布莱克特说，“我是在亚马孙河畔出生的，亚马孙河最后就会流入这片海洋。我们到这座岛上来已经有好几年了。”

“之前我们都是乘着桨船来这里，直到吉姆舅舅把亚马孙号送给我们。”佩吉说，“我们还常在我们发现你们船的地方靠岸，直到有一天我们发现了那个港湾。每一年我们都会在这里扎营。”

“我问你，”南希·布莱克特说，“这座小岛叫什么名字？”

“我们还没给它起名呢。”约翰说。

“这座小岛叫野猫岛。吉姆舅舅给它起的名字，因为这座岛是我们的。这个名字就告诉了你们这座小岛的主人是谁。”

“但是现在这是我们的小岛。”约翰说，“我们来到这里支起帐篷的时候，这里还是无人居住的小岛，你不能赶我们走。”

缇蒂插嘴了一句。

“你的舅舅吉姆是一个隐居海盗吗？”她问，“我们一看到他，我就说过他一定是。”

南希·布莱克特想了一下，最后说了一句：“如果他是的话就好了。”

“可是，”缇蒂说，“你们也是海盗啊。”

“所以他才讨厌我们的。要是的话他也是弗林特船长[①]。他很了解海盗。他知道，总有一天我们会虏获他的船，让他自己乖乖放下木板，从甲板上走过去跳海。”

“我们可以帮忙。”罗杰说。

“他讨厌我们。”约翰船长说，“他煽动那些土著人，让他们也站在我们的敌对面。”

“那我们结盟吧。”南希·布莱克特说，“这样的话，这座岛是谁的就不重要了。我们结盟，一起对抗弗林特船长，对抗世界上所有的土著人。”

“除了对我们好的那些土著人。”缇蒂说。

“我们结盟吧，”佩吉说，“昨天我们看到小岛上升起炊烟的时候就想和你们结盟了。我们真是恨死土著人了。要不是保证过要回家吃午饭，我们恨不得立马去和你们结成同盟。所以我们才绕着小岛航行了一圈，升起我们的旗挑衅你们。当时时间真的不允许我们再做其他的事情。最后我们就回家了。”

“我们在里约的大型岛屿后面看到过你们。”苏珊说。

---

① 弗林特船长是英国作家罗伯特·路易斯·史蒂文森所著小说《金银岛》中的海盗头子。

“里约？”南希说，“里约？哦，好吧，如果你们同意继续称呼这座小岛为野猫岛，我们也会同意里约这个名字。这名字还不错。”

“野猫岛也是个不错的名字。”约翰礼貌性地回应了一下。

“对了，我们从这里离开后，你们是怎么在里约的岛屿后面看到我们的？”佩吉问。

“我们乘着燕子号追过去了。”约翰说。

“风驰电掣啊。”南希·布莱克特感叹道，“多好的一个机会让我们给错过了。要是我们知道的话，我们肯定和你们追着玩，追上了就互相撞船，直到我们之间有一条船沉没为止。就算赶不上吃中午饭也没关系。”

佩吉·布莱克特接着说：“我们今天来，是想再看看你们。我们天一亮就起来了，乘船到小岛附近，一看岛上没有烟升起来，就以为你们走了，可能你们当时都还没醒。然后我们就在靠岸点看到了你们的船。接着我们去了茶港，在那儿吃了第二顿早餐，那才是真的有茶喝的早餐，我们的第一顿早餐就只有昨晚从烧饭阿姨那儿拿的凉粥和凉三明治。然后，我们沿着湖岸爬过去，看到你们有个人乘船从某个地方回来了，其他人在洗澡。我们看着你们都走掉，才爬着回到我们的船上，马上把船开到了港湾。那儿一个人都没有。在那之后，我们穿过灌木丛侦察敌情，就看到你们都围坐在篝火旁边。于是我们带走了你们的船，把它开进港湾里。接着我们回来，给你们搞了那次突袭。你们发现自己的船没了的时候全跑到了靠岸点，我们就偷偷溜过去占领了你们的营地。南希还说从某种程度上来说，我们结盟可能会有点困难……”

“打住打住，佩吉，真是个咩咩羊。”南希·布莱克特说道。“原谅我这个大副，”她对约翰船长说，“她有时候很唠叨。”

“嗯……反正，南希当时说，我们的突袭出人意料地有点完美，所以你们可能还会继续拿我们当敌人。然后我就说我讨厌我们到处树敌，就像今年，我们和那些土著人，还有吉姆舅舅成了敌人，最后没落到一点好处……”

“他不是舅舅，是弗林特船长。”南希说。

“反正，如果她想不起来谈判，你们现在还是土著人呢，而且永远，永远都将会是土著人。”佩吉说。

“我们才不是。”缇蒂说。

“你们当然不是。”南希·布莱克特说，“做航海高手和凿船狂魔可比当土著人有意思多了。”

“就是嘛。”约翰船长说。

“我想的是，”南希·布莱克特说，“我们联合起来，一起对抗我们共同的敌人，尤其是吉姆舅舅……我是说，弗林特船长。不过我想要的是只要双方都同意，我们随时可以为敌的那种联盟。”

“那就不叫联盟了，”缇蒂说，“应该叫作‘缔约方’，约定进攻与防御条约。历史书里写了很多这种东西。”

“没错，”南希·布莱克特说，“面对我们的敌人的时候一起防御，我们双方想对立的时候也可以进行各种激烈的战斗。”

“可以。”约翰船长说。

“你有纸笔吗？”南希问。

“我有。”缇蒂说完跑到大副的帐篷里，从她的日志本里撕了一页纸，并带了一支笔出来。

南希拿过纸笔，写道：

“我——燕子号的约翰船长，还有我——亚马孙号的南希船长，于此代表我们的船以及船员们，制定进攻与防御条约。1929 年 8 月，于野猫岛签订此条约，并密封。”

她把纸给其他人递过去。

“看起来没问题。”约翰船长说。

“应该写‘此 8 月’，”缇蒂说，“而且你没写纬度，还有经度。他们都会在地名下面标注经纬度。”

南希·布莱克特拿过纸来，在“8 月”前面加上“此”，然后在“野猫岛”后面加上“纬度 7 度，经度 200 度”。

“我们应该用自己的血签字的，”她说，“不过铅笔也行。”

约翰拿过纸，签上“船长约翰 · 沃克”。

南希签上“亚马孙海盗：南希 · 布莱克特”。

两位船长握了握手。

佩吉说：“啊，今天真是和平的一天。”

苏珊说：“你们想不想吃点儿我们的太妃糖？”

“是糖浆。”缇蒂说。

佩吉说：“我们占领你们的营地的时候确实看到了，不过我们不想偷拿。如果你们想给我们的话，我们是不会拒绝的。”

南希说："咱们开一瓶牙买加朗姆酒吧。我们找到了一瓶好东西，现在就放在亚马孙号里面。我们去港湾吧，把它拿过来。那个东西真的很不错。有时候我们的土著烧饭阿姨还挺友好的，她说那是柠檬汽水。"

第十一章　结　盟

燕子号和亚马孙号的人一起去了小岛南部的港湾。虽然他们还是需要俯身穿过树枝，跨过荆棘，推开挡道的树枝，但是脚下的路已经基本被踩平了。在那个小港湾里，两条船的船头并排靠在沙滩上。亚马孙号是一条很不错的小船，用松木制成，表面涂着漆。它比燕子号更新一些，长度和燕子号差不多，但是空间没那么大。靠近桅杆底部的地方，也就是桅杆和稳向板槽之间，有一只上好的橡木小桶。

船里的稳向板槽让罗杰很是不解。

“这是什么东西，竖在船中间的这个？”他问。

“这个是稳向板槽。”佩吉说。

“什么叫稳向板？”

“就是一个铁龙骨，船逆风的时候可以放到水下。顺风的时候，或者在浅水区的时候，就可以把龙骨拉到那个槽里去。”南希说，“你们没有这个，船遇到逆风的情况都怎么办的？”

“燕子号逆风的时候航行得非常好。”约翰船长说，“它的龙骨有六英尺深，只是这个龙骨一直固定在那儿，所以船里不需要什么稳向板槽。”

“吉姆舅舅……弗林特船长说，如果船没有稳向板是不能逆风行驶的。”

“那只能说他还不知道燕子号。”约翰船长说。

“那只桶是用来干吗的？”罗杰说。

“它原来是只饮水桶，因为土著觉得湖泊里的水不能喝。”佩吉说，“可是我们经常喝啊，不是直接喝湖水，而是煮开后泡茶。我们用这个饮水桶来装饮料。我们刚刚还往里装了些好东西。”

“我们一会儿把它搬到营地去。”南希·布莱克特说。

“这个很沉吧？”苏珊问。

“我们不用真的搬，”南希说，“而是把它放在桨上抬。这个方法才对。佩吉，过来，帮我一把。”

亚马孙号的两个人爬到船里。南希从船尾拿出一截绳子，在一端系了个活扣。随后和佩吉一起抬起木桶，放在船头的船舷边缘。她们两个人拿着绳子和一根木桨上岸，约翰和苏珊帮忙稳住木桶。南希在木桶一端系紧带着活扣的绳子，这样就不会滑下去。然后，她把绳子在木桨上绕了两圈，拿下绳子，把它穿过活扣，在木桶顶端把绳子绕了几圈，另一端系了另一个活扣，在木桨上又绕了两圈，再系紧。

“佩吉，准备好了吗？”她说。

“好了。”佩吉说。

“使劲儿。”南希船长说。她们用肩膀扛起了木桨，每人抬着一端，木桶稳稳地挂在木桨上。

“前进！”南希一声令下。两个亚马孙海盗从港湾出发，沿着穿过树林的小路前进。

“像这样抬着就一点也不沉。”佩吉说，“所有海盗都这么抬他们的木桶、他们的金银财宝，以及他们从其他船上缴获的东西。”

苏珊、缇蒂和罗杰跟着她们。约翰船长还待在港湾那儿。他还在想，亚马孙号的人说这个港湾以一种特殊的方式被标记了，那个特殊的方式到底是什么？他在岸边看到过树干上画的十字，但是当他告诉南希他觉得随便什么人都能往树桩上画十字的时候，南希说那就证明他根本不知道港湾是怎么被标记的。好吧，那她们到底是怎么标记的港湾？他看向周围，树桩上有一个白色的十字。但是除了这个，就再也看不见其他像标记物的东西了。石头上没有什么标记，树上也没有其他的标记。他对这些亚马孙人的敬意油然而生。她们好像什么都知道，除了不知道怎么成为一个好水手。他应该向她们问个明白的，然而作为一位船长，他不愿意开口问这种问题。约翰最后看了一圈，然后跟了上去。

约翰赶上的时候，众人刚走进营地。亚马孙号的两个人把木桶放在两面旗子旁边，在桶底垫了几块石头，好让出水口离开地面。

“我们忘带杯子了。”佩吉说。

“我们有很多杯子。”苏珊说。她和缇蒂从帐篷里拿出马克杯。

“我们从家里来的时候带了六个杯子，”缇蒂说，“以防我们不小心打碎。好在我们没打碎。”

“我们船里有一些酒壶，”佩吉说，“和这些一样。”

她打开木桶的水龙头，把所有杯子都倒满。这时，南希·布莱克特坐下来思考起来。罗杰递给她一个杯子，她接了过来；缇蒂从包里拿出一大块糖浆递给她，她也接了过来。只不过，有片刻的工夫她好像处于放空状态。

终于，她说话了：“本来我们应该是敬海盗旗，敬头骨和交叉的骨头，敬死亡、荣耀，还有无穷无尽的里亚尔[①]。但你们不是海盗，所以我们不能一起敬这些。那就敬我们张皇失措的敌人……”

“那个有鹦鹉的海盗。”缇蒂说。

“房船上的男人。”约翰船长说。

“没错。”南希说，“我知道了。燕子号和亚马孙号万岁，消灭弗林特船长！”

“燕子号和亚马孙号万岁！”佩吉重复着，“消灭吉姆舅舅！”

“是弗林特船长，你个榆木脑袋。”南希船长说。

其他人都说对了，连罗杰都说对了。

“干杯！”南希船长说。

这绝对是几位海盗和探索家喝过的最好的柠檬汽水。

“我从来没喝过这么好喝的朗姆酒。”一等水手缇蒂说。

“确实不错。”南希船长说，“你们的糖浆也不错。”

---

① 一种银币。

然而太妃糖无法让聊天氛围变得热烈，有一段时间，大家都忙着嚼嘴里的糖，谁都没说话。

终于，缇蒂打破了沉默："弗林特船长的鹦鹉是从哪儿弄到的？"

佩吉·布莱克特吞下一块糖浆回答道："他从桑给巴尔岛[①]上带过来的。全世界没有他没去过的地方。妈妈说他年轻的时候是个败家子儿，所以被送到了南美洲。然而他没在那儿久留，而是到处乱跑。去年他回到家，说他已经赚够了钱，想安定下来。对，我妈妈是他的姐姐。他喜欢待在海上，就买了一艘房船。去年我们经常去那里玩。那时候他还和我们一起玩，我们三个经常乘亚马孙号航行。去年冬天快到的时候，他把亚马孙号送给我们，自己又出发了。今年他回来了，说是有个合约，还说要写书，他整个夏天都住在房船上，可是再也没跟我们一起航过海，而是跟土著们搅和在了一起。我们想尽了办法让他清醒过来，但是都没用。他甚至给妈妈说让我们离他远点儿。妈妈就给我们说，他需要写书，必须单独待着，让我们别去打扰他。我们就想啊，写书不是错，我们想告诉他，我们不会因为他要去写书而觉得他是个叛徒。我们甚至主动提出到房船上去和他住在一起，谁知道他一点儿也不高兴。最后反而不准我们接近他。"

"所以我们才等待时机，趁他到岸上去的空儿，溜上船拿走绿色羽毛做箭的尾饰。"南希说，"为的就是让他知

① 坦桑尼亚的岛屿。

道我们的厉害。他收集了很多绿色羽毛，都装在一个罐子里，留着清洁烟管用。”

“更遗憾的是，”佩吉说，“我们当时还教给鹦鹉说‘八个里亚尔’，这样它才能成为一只优秀的鹦鹉，才有资格让我们带到野猫岛上去。然而它就会说‘漂亮的波莉’，这句话什么用都没有。不过人们常说绿色鹦鹉学舌不如灰色鹦鹉好。”

“你说你觉得他是个隐居的海盗，是吧？”南希对缇蒂说。

“嗯。”缇蒂回答。

“那他有一只只会说‘漂亮的波莉’的鹦鹉是对的。要是鹦鹉会说别的话，他的身份恐怕就暴露了。”

“他昨天真对你们开火了吗？”约翰船长问，“我们看到烟雾，还听到了很响的炮声。”

“不是他开的火，是我们。”南希船长说，“当时，我们来到港湾，绕着船屋透过船舱的窗户向里看。舅舅……弗林特船长当时在睡觉。我们看见他在睡觉，于是就点燃了一个手持烟火筒，趁它的引子嘶嘶响的时候放在船舱顶上，然后抓紧离开。后来就听得船上嘭地响了一声。响的时候我们刚离开那儿。烟火筒是我们从去年十一月五日盖伊·福克斯之夜[①]留到现在的，竟然还能用。那声响前所未有地好。”

“我们在这边也听到了。”罗杰说，“那响声真是太震

① 盖伊·福克斯之夜（也被称为烟火之夜），这是英国的传统节日，时间为每年的 11 月 5 日。

撼了。”

“我敢打赌他气坏了。”南希说。

“我们追着你们去里约的时候，他还对我们挥拳头来着。”约翰说，“那是你们弄出响声很久之后的事了。”

“嗯，现在我们都与他为敌了，”南希说，“总有一天我们会虏获房船。我们一起合作就很轻松了。到时候燕子号在船的一边，亚马孙号在另一边。他不可能同时在甲板两边防御。到那时候，我们就给他两个选择：要么就像去年夏天一样和我们结盟，要么就走跳板。”

“他要是走跳板那是最好的了，”一等水手缇蒂说，“这样我们就能拿走他的宝藏，买一艘大船，一辈子都住在里面，环游世界去。”

“我们就能到中国的海域去找老爸了。”苏珊说。

“我们还可以发现新大陆，”缇蒂说，“美洲总不能装下所有东西。地球上肯定还有很多我们没有发现的地方。”

“我们去桑给巴尔，再带回来一船的鹦鹉，灰色的那种，让它们说话逗我们乐。”佩吉说。

“还有猴子。”罗杰说。

“我还是最喜欢绿鹦鹉。”缇蒂说。

“跑题了，跑题了，”南希·布莱克特说，“都快把谈判的事给忘了。我们不能一直和弗林特船长作战。不过我们可以练习练习。不能互相击沉对方的船……”

“没有人能把燕子号击沉。”罗杰怒气冲冲地说。

“好好好，”南希说，“谁都击不沉。但是我们还挺乐意试着俘获燕子号的，你们最好也试试俘获亚马孙号。谁赢了谁就是旗舰。船队里面都会有个旗舰。如果你降服了亚马孙号，燕子号就是旗舰，约翰船长就是舰队司令官。如果我们降服了燕子号，那亚马孙号就是旗舰，我就是舰队司令官。战斗从明天开始。”

“那就这么定了，等战斗结束后，我们去拿下房船。”缇蒂说。

“可是，”约翰说，“你知道我们把燕子号停放在哪儿，因为你知道我们的营地在这里。你们完全可以趁我们不备轻松把船掳走。但是我们不知道你们把亚马孙号停在哪儿呀。”

“你昨天看见我们去哪儿了。”

“我们也就看到你们跑到西岸的岬角后面。”

“好吧，你往岬角后面走，会发现一个河口。那就是亚马孙河的河口。河口不远处，在右岸，也就是你从湖泊那儿航行过来时候的左岸，有一间船库。那是个石头砌成的船库，前面有个用木头做成的特别大的骷髅头。那儿有一艘汽艇，你们可别碰它，那是土著人的东西，还有一条桨船。如果亚马孙号没有出去的话，就会再多一条亚马孙号。好了，现在你该知道了吧。”

“等一下，”约翰说，“我这里有一张航海图。”

他拿出旅游指南手册，打开那张展示了整个湖泊的地图。南希·布莱克特把亚马孙河指给她看。在地图上这条河有另外一个名字。约翰把铅笔递给她。

“你标一下船库的位置。”他说。

南希船长用铅笔在正确的位置上标了一下。

“这只是一次突袭。”她说，“我们可要先说好，无论谁赢，我们都必须像对待自己的船一样好好对待对方的船。”

“我们肯定会这么做的。”佩吉说，“南希一直都说到做到。”

“那我们得好好考察一番了。”约翰船长说。

“明天开战！”南希船长说。

“听我说，”苏珊说，“在柠檬汽水被喝光之前，不如我们先吃饭？”

“那是牙买加朗姆酒。”缇蒂不乐意了。

“我们那儿有很多三明治。”佩吉说。

“我们有干肉饼。”苏珊说，“还有沙丁鱼罐头。我们刚把肉馅饼吃完，明天才会送过来新的。”

“只可惜我们最近没钓鱼，”缇蒂说，“不然就能请你们吃油炸鲨鱼了。”

“沙丁鱼罐头也可以，我们都喜欢。”佩吉说。

营地里顿时热闹起来。佩吉，也就是亚马孙号的大副，和燕子号的大副苏珊一起为船员们准备食物。缇蒂和罗杰在一旁帮忙，准备各种食材。他们点燃刚捡来的柴火，吹旺柴火上的余火，开始烧水。大家一致认为应该烧些开水，待会儿好清洗餐具，或者到时候木桶里的饮料喝完了，还能用开水冲茶喝。随后他们打开了沙丁鱼和干肉饼罐头，拿出亚马孙号上的三明治和面包。

一开始两位船长没干活，只是在旁边看着自己的船员忙来忙去。

终于，约翰说话了："咳，南希船长，你能不能告诉我港湾的标记是怎么回事？"

"约翰船长，其实特别简单，"南希说，"跟我来，我告诉你怎么回事。先让水手们为晚饭忙活着。"

他俩走着去了港湾，半路刚好遇上佩吉拿着一个装满蛋糕和三明治的篮子走过来。不过让约翰舒了一口气的是，到了港湾就只有南希和他了。他径直走向那个画着十字的树干。

"我第一时间发现了这个。"他说。

"却没发现其他的。"南希船长说，"那是因为我们是亚马孙海盗，我们的标记一直都是秘密标记。任何一个标记，如果没有其他标记相关联都毫无意义，而其他的标记还没标。"

"那怎么能算是标记呢？"约翰说。

南希船长在沙滩上蹲下来，画了一个半圆。

"假设这是我们的港湾，"她说，"这些是外圈的石头。"她按照港湾外圈岩石的位置，在半圆外放了一些大石头。"你想进这个港湾。然后呢，进入港湾的路上沿着这条直线走可以让你完美避开礁石。把这条线画长一些，穿过港湾到沙滩上。你的标记物必须在这条线上。把这个作为你的第一个标志吧。"她在沙滩上插了一根小树枝，"这就是那个画着十字的树桩。然后，在这条直线上，你可以找任何一个在树桩后面的东西，把它当作你的第二个标记物。如果你知道是什么，就没必要标记。如果你想从外面到港湾里，你要做的就只有，保持第二个标记物一直被第一个挡住。只要这么做，你就肯定可以沿着直线，躲过石头顺利进入港湾。就算湖水——海水——涨得很高，一些石头被隐藏在水下，只要你保持第二个标记物一直在第一个的后面，你就不用盯着水下，一样可以安全抵达。”

“啊……”约翰船长有些不解。

“跳到亚马孙号上去，我驾船给你演示一遍。”

约翰跳上亚马孙号。南希·布莱克特把船从岸边推开，带它来到了岩石圈外面。现在他们处身于开阔的“海洋”中了。然后，南希用一支短桨在船尾划，让船掉头，朝小岛的方向行驶。

“然后，”她说，“看到那个用十字标记的树桩了吗？”

“看到了。”约翰说，“我能看见那个十字。树桩和沙滩的颜色一样，有沙滩做背景很难看到树干。”

“所以我们才画上十字。”南希说，“现在你往右上方看，那里有一棵树，树杈下面的树皮有一块剥落了。看到没？”

“嗯。”

“那就是另一个标记。现在，我们和港湾之间有很多礁石。但是，如果我把船驶过去一点儿，你会发现那棵树的树杈越来越接近做了标记的树桩，直到与它重合。这个时候我们直接把船开进去。等那两个标记在一条直线上的时候大声喊我。”

“现在在一条直线上了。”约翰说。

“好，”南希船长说，“现在我什么都不会再看了，只专心在船尾划船，我眼睛会一直看着船底。你负责盯着那两个标记，等它们不在一条直线上的时候立刻告诉我。”

她在船尾用船桨快速划船，亚马孙号向岩石堆快速行驶着。

“树杈在树桩右边了。”约翰喊了出来。

南希划了一下船，稍稍调整了一下船的方向。“现在呢？”她问。

“一条直线了。”

她继续划桨。

“树杈在左边了……一条直线了……又在左边了……在直线上了……树杈在右边了……好了，在一条线上了。”

南希自始至终都没有抬头，只是在约翰说标记不在一条直线上的时候微调一下船前进的方向。亚马孙号穿过礁石，最后进入了港湾。

“我们过来了。”约翰说，“这真是个好方法。”

“这很简单，”南希船长说，“是弗林特船长教给我们的。去年的时候他还没有叛变，还是我们的吉姆舅舅。这就是我们标记港湾的办法，两个标志物就可以指引你进入港湾。当然，上面应该分别挂一盏灯，好让船在晚上也能从外边进入港湾。标记物上分别挂一盏灯的话，就算外面一片漆黑你也可以循着标记进来。”

“这就是航海手册里写的导航灯吗？”约翰问。

“航海手册是什么？”南希问。南希船长竟然也有不知道的东西，这让约翰心里高兴了些。

他们把亚马孙号拉上岸，回到营地，准备一起享用晚上的这顿大餐。这顿大餐真是很不错。三明治、沙丁鱼、干肉饼和柠檬饮料搭配得很完美。等他们吃完饭，水烧开了，声音大得不行，而吃蛋糕时不配上茶就太遗憾了。

六位水手围坐一圈制定航海计划，时间过得飞快。最后，南希船长抬眼看了看太阳。

“我们最好现在就起航回去，”她说，“不然那些土著人又该找我们的麻烦了。这周的晚饭我们已经去晚了两次。这里的风常常会在日落的时候变小，到时候划船的话要用很长时间。佩吉，活动一下你的腿。”

“我的腿有一条睡着了。”佩吉不情愿地说。

“你把它们都摇晃一下不就醒了。”南希船长说，“过来，帮忙抬木桶。”

空酒桶很好搬，不过为了保险起见，她们还是和之前一样，把它挂在了木桨上。缇蒂帮她们拿着海盗旗。罗杰拿着篮子。燕子号的所有成员都来到港湾，为亚马孙号上的两个人送行。

亚马孙号的两个人升起帆，顺风驶离了港湾，不一会儿就消失在了小岛北边。燕子号全体人员跑到瞭望台那里，跟他们挥手告别。

“明天开战！”南希船长喊道。

“好。”约翰船长大声回应道。

第十二章　引航灯

那天晚上，燕子号上所有人都到了很晚才上床睡觉。亚马孙号的小白帆消失在达里恩峰顶后面之后不久，约翰船长便拿上一把锤子、一些钉子和两盏烛灯走向了港湾。大副去给他帮忙。一等水手和见习水手负责饭后的清洗和擦拭工作。

“你还记得她们说过港湾被一种特殊的方式标记了吧？”约翰说着，给苏珊看那个树桩上的白色十字，“这只是其中的一个标记，看那边那棵树，它的树杈下面有一块树皮不见了，那是另一个标记。这两个亚马孙人根本不用担心水下的礁石，她们要做的只是让这两个标记物在一条线上，就能轻松进入港湾。南希船长亲自给我演示了一遍。一旦知道是怎么回事的时候就会发现这还挺简单的。但是在真正的港湾里，标记物上是有导航灯的，这样船只就能在黑暗里找到方向。我打算把这两个标记物变成两盏导航灯，这样等咱们夜袭亚马孙号回来的时候，不管天多黑都能找到回来的路。”

约翰在树桩上的白色十字中心钉了一颗钉子，在钉子上挂了一盏灯。随后他和苏珊来到那棵分叉的树下。树杈太高了，他们够不着。

“你要爬到树枝上去挂烛灯吗？”苏珊问。

“这么做肯定不行，大副先生，不然到时候就只有你和我才能爬上去点燃灯盏。咱们得找个地方，让所有人都能够得着……”

“除了罗杰，”大副说，“老妈不允许他用火柴。”

“对，”约翰说，“那咱们就找个缇蒂能正好够得着的地方。但是如果把它挂得太低就没用了。咱们必须保证能在灌木丛之上看见它。你去港湾，站在那个树桩后面，离湖水越近越好。”

树桩离湖水边缘大概有十码远。苏珊回去，在树桩后面走，一直到湖水边缘才停下脚步。

“看得到分叉的树吗？”约翰对她喊。

“看得到。”苏珊说。

他把手放在那棵分叉的树的树干上，尽可能高地伸出去。

“看得到我的手吗？”

“可以。”

“现在呢？”他沿着树干向下缓缓移动自己的手。

“现在我看不见了。”苏珊说。

他又向上移动了一些。

“现在能看到了。”苏珊说。

“你吹一下哨，把缇蒂叫过来。”约翰船长说罢，大副苏珊吹了一声哨子。缇蒂和罗杰跑了过来。在他们过来之前，约翰一直保持着自己手的位置。等他们来了之后，他让缇蒂试试能不能够得到他的手。缇蒂够到了。

“很好。”约翰船长说。

“这是干什么？”缇蒂问。

约翰船长没有回答。他往自己的手刚刚在的地方钉了一颗钉子，然后把第二盏灯挂在了上去。

“现在看你能不能打开这盏灯。”

一等水手缇蒂踮起脚，打开了烛灯。

“这又是干什么？”她问。

“等天黑了你就知道了。”约翰船长说。

“我够不到。”罗杰试了试说道。

“你不用够到它。”约翰船长说。

“在你被允许使用火柴之前是不用的。”大副说，“等你可以用火柴了，你就足够高了。”

天色一黑，燕子号的所有船员再次来到了港湾。约翰把火柴递给一等水手，她点燃了两盏灯，见习水手在一旁观看。随后，四个人都登上了船。

“罗杰应该去睡觉。”大副说。

“我们不会花很长时间的，”约翰船长说，“再说了，我们也不能把他单独留在那儿。”

“我一点也不困。”罗杰说。

他们把船划进湖泊里。夜幕很快降了下来，星星在天空闪烁，猫头鹰发出呜呜的叫声。湖泊边缘与山丘融为一体，消失在黑暗中。他们只能看到山丘的轮廓，这块庞大的黑色剪影朝着星空不断上升。一团团薄云遮住繁星，他们甚至看不清山丘止于何处，天空始于何方。

突然，黑暗处的高地闪烁起微微火光。一下又一下，火焰亮起来，接着冒出一团烟雾，火光暗了下去。他们抬头看着，仿佛在眼前的是一堵黑色的墙，上面开了一扇小窗户。突然，他们看到一个人影跳到烟雾里去了，这影子黑漆漆的，正一下一下地扑灭火苗。火渐渐熄灭，小窗户上仿佛被人涂上了黑色。很快，一簇新火苗又迸发出光亮，那个人影再次出现，接着新火苗同之前一样又灭了，周围陷入了一片漆黑。

“那是野人吧。”缇蒂说，“这些林子里肯定有几个野人。”

“那是烧炭人。”约翰说，“之前农场那些土著人还问我们有没有看到过烧炭人。如果之前咱们也这样航行，就早该看到了。”

“他们看着像野人，”缇蒂说，“咱们过去看看吧。”

“不管怎么样，咱们现在不能去。”大副苏珊说道。

“咱们怎么回家啊？”罗杰说，“什么都看不见。”

约翰船长也在思考同样的问题。他不确定他们现在的位置，也看不见港湾后面挂的两盏灯。不过这是正常的，除非燕子号正对着港湾入口，否则周围高耸的岩石会一直挡住他们的视线。当然了，就算是看到了光，他也没有十足的把握能进去。哪怕他知道自己本应该可以进去的，但是，毕竟之前没试过。白天是一码事，晚上就是另一码事了。白天还能划着船，利用标记物进入港湾，出了什么状况还能看看周围，确定一下自己的位置。而一到晚上，周围伸手不见五指，除了导航灯，其他什么都指望不上。不管怎样，当前第一要务就是找到那两盏灯。他看着山坡上的烧炭人，多多少少能确定自己的位置和船头的朝向，可惜连天上的星星都躲起来不帮他们。不过还好，约翰把指南针带来了。

他擦燃一根火柴，举起来，看着这小小的指南针，然后转动表盘，直到表盘一端的标记和指针的深色一端处于相反方向。这就告诉了他北方在哪儿。还好，方向和他一开始想的一样。他转了一下燕子号的方向，擦燃另一根火柴，再看一眼指南针确认一下方向。然后他开始划船，带着燕子号向湖泊北面驶去。

“这不是指南针导航的正确方法，”他说，“咱们应该固定好指南针，而且一直要有光照着。我们真正需要的是手电筒。真希望我之前想过把它作为生日礼物。不管怎样，所有人都看好了，所有人，一旦看到我们的灯就大声喊出来。”

一两分钟之后，缇蒂看到了。两盏灯在树木之间发出点点光亮。他们被小岛南部的巨石挡住的时候，光亮便消失了。

约翰缓缓划船前进。

“又出现了。”苏珊说。

“它们靠得很近。”缇蒂说。

约翰回过头来，仔细观察这两处在水面上闪烁的光点。

“好。”他说，这时，他想起来南希船长说过的话，便又说道，“现在我什么都不会再看了，就只专心在船尾划船，你们要一直盯着灯光。”

“除了灯光我们也看不见其他的东西。”缇蒂说。

“它们还靠在一起吗？”约翰问。

“挺近的。”苏珊说。

“哪个光在哪个光的哪边？”约翰说。

“什么？”苏珊说。

“上面的灯光在哪儿？”约翰船长问。

“在低一些的灯光稍微偏左的地方。”苏珊说。

约翰划了几下，右手稍微加了点力：“等它在另一盏的正上方的时候告诉我。”

“现在在正上方，又有点偏右了。”

约翰在右侧划着。

“现在在正上方。”

“等它偏向一侧的时候再告诉我。”

他继续划着。大副苏珊、一等水手缇蒂，还有见习水手罗杰看着灯光，一等上面的光跑到下面的左侧或右侧的时候就大喊。有这么多人帮他看着，约翰应该很放心啦。不过他还是抬头看了一次，发现两处灯光一个在另一个上面，很像一个冒号。他心想：我就要写好这个冒号了，看，就是这样“:”。终于，约翰右舷那边的桨碰到了一处礁石。

“咱们现在应该离礁石带很近了，”他说，“我要去船尾划船了。”

“现在光亮刚好一个在另一个上面。”苏珊说。

约翰放下双桨，跑到了船尾，用短桨划着船。苏珊和缇蒂给他挪出了一条路。船在黑暗中移动着。

“我们离光很近了。”罗杰说着，一声轻柔的刮擦声传来，燕子号的船头碰触到了港湾柔软的鹅卵石沙滩。

约翰船长是第一次利用他的这两盏导航灯，在一片漆黑中成功进入了港湾。

“咱们战胜亚马孙号上的两个人就靠它了。”他欣喜若狂地说，“她们以为我们做不到，现在我们做到了。她们俩还以为晚上的时候自己很安全呢。”

他们纷纷上岸，从钉子上取下两盏灯，借着灯的光亮停好燕子号，然后穿过荆棘丛生的灌木丛，回到营地。十分钟之后，帐篷里的灯一盏接一盏被吹灭，又过了不到一分钟，整个营地的人都进入了梦乡。

第十三章　烧炭人

第二天一点风都没有，不适合对战。约翰在干草垫子上翻了个身，看了一下气压计，指针很稳定。他爬出帐篷，看着天上，一片云都没有。他跑到瞭望台上，看向湖面。水面倒映着山丘、森林以及坐落在远处山坡上的农场，如果弯腰从两腿之间倒着看湖面，很难分清到底哪个是真实的世界，哪个是湖水倒映而成的。他回到营地，看到其他人也起床了。

“打起精神，缇蒂。”罗杰说，“还记得吗？对战已经开始了，亚马孙号上的人随时都可能来到这里。”

“一点儿风都没有，”约翰船长说，“感觉一整天都有可能是这个样了。没有风她们怎么都不会来的。咱们也做不了其他的。划船过去太远了。今天不用担心对战的事。没有风，就没有战斗。真是可惜呀。”

“我和缇蒂可以一起划船去岸上取牛奶吗？”罗杰问，“你说过等没风的时候我们就能去。”就算今天没有对战，好在还有很多其他的事情可以做。

“行，”约翰船长说，“但是你们靠岸的时候要当心，别让船撞到石头。”

“一定会小心的。”一等水手说道。

于是，一等水手和见习水手划着燕子号离开港湾，向对岸驶去。两人并排坐在船中间的坐板上，一人拿着一把桨划着。后来，罗杰拿过双桨划船，缇蒂掌舵。再后来，缇蒂用双桨划船，罗杰掌舵。约翰船长有点担心他的船，一边在洗澡的地方游泳，一边看着他们。他们的航线不是很直，但最后约翰船长还是看见他们俩带着牛奶罐，走进了农场。

两人回来的时候，一等水手一路上奋力划着船，罗杰则负责掌舵。缇蒂慌里慌张的，攒了一肚子的话。

“我们昨天晚上看到的就是烧炭人。”她说，“我问迪克森太太他们是不是野人，她说有人会这么叫他们。她说他们住在自己用杆子支起来的棚屋里。她说他们在一个盒子里养了一条蛇，还说如果咱们去森林里看他们，他们就会展示给咱们看。”

“迪克森太太说他们不会一直在一个地方待着。在那儿他们都快做完自己该做的事了，”罗杰说，“咱们最好今天就去。”

“我敢肯定他们是好野人，比其他土著人都好。”缇蒂说。

苏珊正生着火，听见这话抬起了头。“咱们为什么不去呢，”她说，“亚马孙号的两个人不会来。而且，再怎么说，咱们还能把燕子号带在身边。”

“说得好，大副先生，”约翰船长说，“如果起了风咱们就立马回来，而像现在这样一点儿风也没有，咱们不用担心对战。接下来，不如一起变成探险家吧。”

吃过早饭后，他们取下桅杆和船帆，划着燕子号起航了。罗杰在船头自己选的风水宝地放哨。约翰船长划着船，苏珊和缇蒂坐在船尾的坐板上。他们带着水壶和背包，背包装满了食物放在船底。因为如果天气一直这么好，他们打算白天大部分时间都在外面度过，顺便还能捡些新柴火。小岛上可以用的干柴越来越少了，而沿着湖岸的高水位线能捡到很多。在没风的天气里，他们可以随便在哪儿停船去捡柴火。

他们沿着湖泊划船来到了小岛南部。昨晚他们就是在这里陷入一片黑暗，而白天的时候，这里看起来很不一样。郁郁葱葱的森林爬过湖泊东岸的山坡。远远地，他们可以看到树林上方有烟雾打着旋缓缓升起，还有一小股青烟直直地升了起来。他们知道，昨天晚上大家看到的那些野人，那些在烟雾中昂首阔步、扑灭火苗的野人肯定就在那儿。现在，他们在明亮的阳光下看不见火焰，只看到一缕缕青烟升起，升到树林上方的一小朵云里去。他们听到远处传来一阵伐木的声音。但也只是这些罢了。

他们找到了一个停靠燕子号的好地方，让船头冲上岸，把船拉到岸上，在岸边一棵橡树上系紧缆绳。

“咱们不带水壶和背包了，”大副苏珊说，“在岸边生火还是比在森林里生火好一些。咱们回来的时候就在这儿生火，吃完饭再去拾柴火，这样咱们在装船的时候就不用一直想着还要回去拿水壶和其他东西了。”

“咱们不应该留谁在这里守着吗？”一等水手缇蒂说。

“你要是想的话可以留在这儿，”约翰船长说，“但是等咱们到山上的时候应该就能直接看到湖泊。如果咱们看到亚马孙号的人来了，就可以抓紧赶回去，比她们划船到这里的速度更快。”

缇蒂想到自己来这儿是要看那些野人的，立马双手赞成了不需要留人看守的建议。

于是，所有人穿过树林向上攀爬。他们走了没多远，就看见了一条路。穿过这条路，森林里的地势就开始变得更加陡峭。有时候让人怀疑小树苗是怎么自己在这些岩石之间扎根的。在这里，树木的种类数不胜数，处处可见高大的松树，不过最多的还是橡树、山毛榉、榛树和花楸。这里没有路，地上遍布荆棘，金银花藤蔓纵横交错地盘在树枝上，这给他们在低矮的灌木丛中前进增加了难度。

“咱们最好别走散了。”大副苏珊说，当时缇蒂正想选条路线自己走。

“这片树林可真大。”罗杰说。

“几乎算是丛林了。”缇蒂说。

“咱们应该拿一把斧子在树上砍出记号，这样就能确保可以找到回去的路。”约翰说，“不过如果咱们在回来的路上径直向下走，应该是不会走得太偏的。不管怎样，径直向下走就能到湖岸上。一旦我们到了湖岸，一切就都容易了。”

“如果我们没找到烧炭人呢？”缇蒂问。

“听！”约翰船长说罢，他们用心听着，远远地，从他们头顶上传来阵阵沉稳的砰砰声，那是斧子砍树的声音。“只要他们一直发出这样的声音，我们就不会错过。”

他们穿过树林，继续向上爬。约翰船长打头，然后是罗杰和缇蒂，最后是苏珊，以确保没有人落在后面。几只兔子露出白色的尾巴，在灌木丛里蹦跳着远去。一只松鼠在松树上对他们叽叽喳喳说着什么，罗杰也吱吱叫着应和它。

“就跟猴子一样好玩，”缇蒂说，“要是这里有几只鹦鹉就好了。”

就在这时，他们前面传来了一阵刺耳的嘎嘎声，有什么东西拍打着翅膀掠过树梢，原来是一对松鸦。顿时，他们看到了松鸦翅膀上白色、黑色、粉灰色和亮蓝色的条纹。

“就当它们是鹦鹉了，”罗杰说，“会说话的那种。听，它们在说‘漂亮的波莉’，只不过说的是野人语，不是我们的语言。”

终于，他们来到了一条林间小路上。这条路似乎就指向砍伐木材的声音所在的地方。

“现在，我们必须做个记号，”约翰船长说，“好记下来我们是从哪儿来到这条小路上的。这样回来的时候就知道从哪儿开始拐弯了。”

缇蒂拿出她的刀子，在一棵榛树上刻了一道不太大的记号。

“这个记号很容易就会被我们忽略掉，”船长说道，“咱们得找点儿醒目的东西。”说罢，他掰弯两根榛树枝，把顶端系在树干上，这样一来，小路旁边就有了两个用树枝做成的环。

“我们肯定能看到这个。”罗杰说。

“我们还要做一个路标，”约翰船长说。

“路标是什么？”缇蒂问道。

“就是吉卜赛人做的指路标记，用来提示同伴自己去了哪个方向。拿一根长木棍和一条短木棍，在路上摆成十字，长木棍指示的就是前进的方向。”

说完，他砍下两根树枝，把长的那根放在路中间，指向榛子树上那两个弯曲的弧。短的那根放在长的上面，两根木棍就搭成了十字形状。

“这就是路标了。”他说。

“可是万一有人把它们一脚踢开了怎么办？”罗杰问。

“没人会故意这么做的。”苏珊说。

“就算有人这么做了，约翰的圆圈还有我的划痕仍然在。”缇蒂说。

这条小路蜿蜒曲折，一直通向山坡的另一侧。他们沿着小路走，比之前在灌木丛和树木里攀爬的速度快了很多。不一会儿，小路进入了一片空旷的平地，平地中央有一块圆形区域土壤被烧得黑乎乎的。

“这里就是野人狂欢的地方。”缇蒂说，“他们会把自己的阶下囚放在火上烤，还会围着他们跳舞。”

“还发疯似的吼叫。”罗杰说。

在空地的另一头，小路再次出现了。

现在伐木的声音就在耳边。一股浓烈的烟熏木头的味道刺激着他们的鼻腔。忽然，他们又从树林中走了出来，到了一片开阔的山坡上。这里还是有很多大型树木，但是小树和灌木丛都被砍没了。几堆树枝排成长长的一排，全都被砍成同样的长度，整整齐齐地叠放着，为生火做准备。其中一堆树枝转着圈排成一个圆，中间留出一个洞来。四五十码开外的地方，有一个小土堆从里面时不时地冒出来一股股木头燃烧形成的青烟。有个人拿着铲子正拍打着那堆土，哪里有烟冒出来，就把土盖上去。有的时候他会踩到土堆上，把土堆顶部的烟压灭。他刚堵住其中一个孔，另一股烟就又从其他地方冒出来。就在探险家们来到这片开阔地之后，伐木的声音停了下来。

“看，看啊！”缇蒂喊道。

在森林边上，离冒烟的土堆不远的地方，有一个圆顶帐篷似的小房子，不过这房子不是用帆布制成，而是用松树的枝干搭起来的，所有枝干都倾斜着围成一圈，长一些的松枝在顶端呈交叉状。靠近土堆的一端有一道卷帘门，用旧麻袋制成。卷帘门从里面打开，走出来一个小个子的驼背老人，脸像核桃一样皱巴巴的，他的皮肤是棕色的，裸露的手臂很长，满是肌肉。在阳光下，他向探险家们眨了眨眼睛。

罗杰拉住了缇蒂的手。

“你们好！”小老头说道，“过来看看吧，很高兴见到你们。”

“早上好。”约翰船长说。

“确实很好，”小老头说道，“今天天气很不错。”

“早上好。”燕子号剩下的成员一齐说道。

“你们也是。”老人说。看来他是一个特别友好的野人。罗杰松开了缇蒂的手。

燕子号的所有人都盯着小房子。

“那是印第安人的棚屋。”缇蒂说。

“想去里面看看吗？”老人说道，“一般人们都想进去瞅一眼。”他补充道，几乎是自言自语。

“我们可以吗？”缇蒂这句话不仅是说给这位老人听，也是说给大副苏珊听。

“可以啊。”老人说道。而对于苏珊来说，她的心情和缇蒂一样，急切地想去里面看看。

老人撩起麻袋门的一个角，把它挂在棚屋外面的钉子上。

“进来吧，”他说，“这里很黑，不过你们很快就能适应。”

由于门太低了，约翰船长不得不弯下腰。棚屋的门实在是太低了，所以就算外面阳光灿烂，里面也是漆黑一片。燕子号的人一个接一个地钻进去，站在门里面。老人先走进去的，不过他们几乎看不见他。他们听见他轻轻一笑。

“很快你们就会比蝙蝠看得还清楚。坐在那张床上吧。”

渐渐地，他们的眼睛适应了黑暗。他们看到棚屋两侧有两根粗大的木头，划分出了睡觉的地方，那儿放着一些毯子。两根木头之间有一片开阔的地方，之前似乎有人在这里生过火。这里唯一的光线是从门缝里透进来的。没有一丝光亮能透过棚屋的那些枝干，因为每一处缝隙都长满了苔藓。在他们头顶上方挂着一盏灯，和他们自己营地里的灯一样，也是挂在铁丝制成的钩子上。不过这盏灯没点亮。再高一点儿，是那些松木枝干在棚屋顶端相聚的地方，那里一片漆黑。老人蹲在一根划分睡觉地方用的木头上。燕子号全体成员在另一根木头上坐成一排。

“你们一直住在这儿吗？”苏珊问。

“我们烧火的时候就住在这儿。”老人说道。

“你说的是烧木炭的时候吧？”苏珊说。

“是的。”老人说，“火堆需要有人日夜在旁边守着。”

“你真的有一条蛇吗？”缇蒂问。

“蝰蛇吗？有。”老人说道，“想看看吗？”

“想呀，拜托了。”所有燕子号成员说道。

“哈哈，你们现在就坐在它上面呢。”老人说。

燕子号的所有人，包括约翰船长，都像屁股下有根针似的弹了起来。老人哈哈大笑。他走到棚屋另一头，在毯子下面翻找着，拿出了一只老旧的雪茄盒。

“这是小比利养的蝰蛇，”他说，“待会儿我们出去把这个拿给他。哎，比利，”他从门缝里喊，“让他们看看你的蝰蛇。”

老人拿着小盒子走出棚屋，燕子号一行人跟在后面。小比利最后给了冒烟的土堆一两铲，然后走了过来。他也上了年纪，只是没有第一个老人那么老。

“老爹带着你们打圈看过了？”他对燕子号的人说。

“他是您儿子吗？”罗杰问第一位老人。

“他是我儿子，他自己也有儿子和孙子。你肯定想不到我已经这么老了吧。我是老比利，他是小比利。”

“他看起来不像是谁的儿子。”罗杰说。

小比利笑了。“老爹，我们把盒子打开吧。”他说。老比利把雪茄盒递给他。小比利把盒子放在地上，跪在一旁。他扳开盒扣，打开盖子。里面什么都没有，只有一块苔藓。他拿起一根树枝，轻轻戳动苔藓。里面发出一阵响亮的嘶嘶声，一条棕色的蛇从苔藓里蹿了出来，立在盒子边上。它那条分叉的舌头在嘴里一进一出。小比利用树枝轻轻碰了一下它，它再次嘶嘶地叫了起来，突然，它像一股棕色水流似的，从盒子边缘一泻而出。小比利赶紧扔下小树枝，拿起一根木棍从地上挑起它。蛇的尾巴在木棍一边，脑袋挂在另一边。它的脑袋左右摆动着，舌头在嘴巴里一进一出，发出嘶嘶的声音。燕子号所有人连忙后退了几步，但是眼睛却始终没有离开它。突然，它滑落了下来。不过小比利早就做好了准备，在它掉到地上之前用另一根木棍接住了它。

“摸它的话安全吗？”苏珊问。

“看。”小比利说。他把蛇放到地上，把木棍在它面前晃了晃。这条蛇瞬间张开大嘴，咬住了木棍。

“永远都不要靠近任何蝰蛇。”小比利说，“这周围还有很多，你们进入树林里或者爬山的时候一定要小心。它们一看到你们就会躲开，但是如果你们不小心踩到一条，它就会像刚刚咬那根木棍一样咬你。它咬人是可以致命的。许多人因此而丧命。”

“那你养它干什么？”约翰问。

“他能带来好运。”小比利说，“自打我记事起，我们就总会在棚屋里养一条。老爹，就是站在那儿的老比利，自打他记事起也有。”

“是的，我们总会养一条蝰蛇，”老比利说，“我的老爹烧炭的时候也养了一条。他在这些小山上烧炭已经是一百年前的事了。”

年轻的比利灵巧地把蛇扔进了盒子里，他扣上盒子上的扣子，把盒子放在孩子们的耳边。他们听到里面仍在嘶嘶地响。然后，他把盒子递给老比利，老比利拿着盒子走进了棚屋。

这时，一大股烟从炽热的土堆上喷出。

“看这儿。”小比利说，“刚离开一分钟火就喷出来了。火就像这蝰蛇一样，只要有一个小孔就会钻出来。”他拿起铲子回到了土堆旁，里面的一股火花正舔舐着土堆上的小孔。他往小孔上铲了一锹土，拍了拍。

“你明明在烧炭，为什么不让火燃烧呢？”缇蒂说，“我们就总想让我们的火烧起来，但是有时候它就是烧不起来。”

“我们想让火好好地、缓慢地烧。”小比利说，“如果烧得太旺，剩下的就只有灰烬。火越小，烧出的木炭就越好。”

苏珊仔细地观察着。

“为什么火不会灭呢？”她问。

“因为火候掌握得刚刚好。”小比利说，“一旦它的火候好了，就可以把火封起来了，火封得越好，里面温度就越高，燃烧的速度就越慢。但是如果让它接触了足够多的空气，火候就控制不好了。”

“小火堆也可以这么做吗？”苏珊问道，“要是我也用土盖住我们营地的火，它会不会也可以烧一整晚？”

“可以，”小比利说，“你们要想让火一直烧，就往上盖一堆土，再浇点水打湿土堆。这样第二天早晨的时候它还是会燃着，到时把土块拿掉，你们就能在上面烧水了。”

“今晚我们就试一试。”苏珊说。

“让我用用望远镜。”罗杰说。

约翰船长正拿着望远镜看向远处山脚下的湖面。这片树林地势很高，从这里看去，湖泊尽收眼底。里约和那几座岛屿之外很远的地方，湛蓝色的湖泊在明净的天空下向高大的山丘伸展着。越往南，湖泊就越窄，到最后变成了一条蜿蜒的河流，两岸的低地郁郁葱葱。湖泊与河流的分界处有一小股白色蒸汽，那是一艘蒸汽轮船，正在码头边休息调整。另一艘蒸汽轮船正从达里恩沿湖泊航行过去。这种无风的天气里，水面一点儿波浪都没有。而在这艘轮船尾部划出两条长长的波纹，像一个巨大的“V”字，缓缓地向两岸散开来。

“让我用用望远镜，”罗杰又说了一次，“我想看咱们的小岛。”

“等会儿，”约翰说，“有一条船驶到小岛附近了。”

“不是亚马孙号的人吧？”缇蒂说，“她们来搞突袭了？”

“不是，”约翰船长说，“上面只有一个男人。可能是一个土著人，他在钓鱼。但是我们还是应该下去。我们把燕子号单独丢下了。”

他把望远镜递给罗杰。

“你看不到我们小岛的全部，”他说，“有一部分被下面的树林挡住了。但是你可以留意那个男人去了哪里。”

“你们就是在小岛下面野营的小孩吗？”小比利问，“我一猜你们就是。昨天你们和布莱克特的两个小女儿在一起，对不对？我们看到过她的小船。嗨，老爹！”

老比利从棚屋里走回来。

“老爹，”小比利说，“他们就是那群在小岛上扎营的小孩儿，布莱克特的两个女儿昨天和他们待在一起。”

“哦，”老比利说，“我还记得布莱克特太太——当时她还是特纳小姐——跑过来看我的火和房子，当时她可能还没你大呢，小姑娘。”他打量着苏珊，“她，还有吉姆船长。哎呀呀！现在她都是两个女儿的妈啦。”

“我在想吉姆船长，”小比利说，“他能听到大伙儿说的话就好了。”

“确实。”老比利说。

小比利看向约翰和苏珊。“你们还会再见到那两位小姐吗？”他问。

“会的，”约翰说，“只要起了风，可以扬帆起航的时候就可以见到她们。但是像这种无风的天气，我们什么都做不了。”

“嗯，你让她们告诉她们的吉姆舅舅……”

“她们不能，”缇蒂插嘴进来，“她们正和他作对呢。”

“没关系，她们肯定会立马给他说的。”小比利说。“你告诉她们，让她们给吉姆舅舅说，小比利，也就是我，给他捎信说，如果他晚上离开房船的话，别忘了给房船上一把挂锁。在比格兰的酒馆里，不知有多少人在谈论他那艘房船和里面的东西。住在这附近的人不会惦记这个，但是等事情传到了像比格兰那么远的地方，你就永远不会知道有什么人会把它听进耳朵里。那儿有很多年轻的毛头小子，他们做事之前从来不会思考的。”

“也许他们不会冲着他来，”他继续说道，“但是一旦发生了什么事，我可不想因为我们没告诉他而自责。我本来是要亲自下去见他的，但是还有火烧着，我一时半会儿抽不开身。要是你们能转告那两位小姐，也是一样的。”

“我们会告诉她们的。”约翰说。

“你不会忘了吧？”小比利说。

“不会的，”苏珊说着，拿出她的手帕，“有这个就不会忘。”她边说边在手帕一角打了一个结。

“我看不到那条船了，也看不到里面的人了，都怪这片树林。”罗杰说。

约翰拿过望远镜。“不管怎样，我们都应该下山了。”他说。

苏珊礼貌地看向两位老人说：“谢谢你们让我们来参观。我们都很开心。”

“还有，谢谢你们给我们看那条蛇。”缇蒂说。

他们跟烧炭人告别，两个比利，也就是这两位老人——一个已经特别老了，另一个更老——说道：“再见，孩子们。”

燕子号所有人在险峻的山林中开始了返回之旅。

“别忘了给那些小姐们说她们吉姆舅舅的事。”小比利在他们身后喊道。

“我们不会忘的！”苏珊一边大喊，一边挥舞着那条系了一个结的手帕。

第十四章　弗林特船长的信

还没等燕子号成员离开烧炭人的视线，他们就已经回到了现实生活中。

“他们是我见过的最好的野人。”缇蒂说，“我觉得那条毒蛇是用于某种巫术。我猜他们应该是巫师。他们那么老，应该是来自山那头的流浪部落里的巫师。”

有那么一会儿她静静地一声不吭。忽然，她喊道：“亚马孙号上的人太讨厌了！”

“为什么？”苏珊问。

“因为亚马孙号上的人也发现了烧炭人。她们发现了我们的小岛，这下已经没有什么东西留给我们自己去发现了。”

“不过，我们确实自己发现了烧炭人，”苏珊说，“他们也给我们看了他们的蝰蛇。”

缇蒂受到了这句话的鼓舞：“他们可能从没给亚马孙号的人透露过他们的部落秘密。亚马孙号的人可能从来没见过他们的蛇。一切可能都很好，我们真的是最棒的探索家。只见到了人，不代表她们有多厉害。”

“咱们跳着跑吧。”罗杰说。

“来吧。”缇蒂说。

跳着跑，也就是一边跳一边跑，是一种快速冲下山坡的好办法。

他们下坡下得实在是太快了，以至于一等水手缇蒂和见习水手罗杰从路标和弯曲的榛树枝旁跑过去却没有看见。约翰船长也错过了它们。他一心想着，如果要提醒那位隐居的老海盗给房船上一把挂锁，他该做什么。亚马孙号上的人又会怎么看这件事呢？如果南希船长想趁那个海盗在岸上某个地方的时候对房船搞次突袭，她肯定巴不得房船不上锁。约翰船长心不在焉地跳着往前跑。他在想当初是不是应该告诉比利父子，他们说话的对象是房船上那个男人的敌人，而不是他的友人。房船上的男人已经不是那两位小姐的吉姆舅舅了——至少现在不是——而是弗林特船长。亚马孙号和燕子号已经正式结成了同盟，要一起对抗他。他心不在焉地跑着。跳着跑很容易就会让人头晕眼花，注意不到周围的东西，也会让人下山的速度变得很快，几乎没办法自己停下来。但是就算他没有全心全意地跑，也没注意到自己设置的路标。但是苏珊看见了。她一踏上树林里的小路就开始寻找，因此她的跳着跑根本不能称作是跳着跑。

她跑在队伍的最后，发现前面几个人跑的时候把路标踢到了一边。要不是她看到了那两个榛树枝条弯成的圈和缇蒂在一棵榛树上划的刀痕，她就不会这么确定了。

“约翰！”她喊道。

没有人回应她，只听见蜿蜒小路的远处一阵跑跳的脚步声渐行渐远。

她拿出自己的哨子，用尽全力吹了一声。

跑跳的声音停了下来。她又吹了一次。

然后她听到约翰大喊：“喂！缇蒂！罗杰！”

她又吹了一次哨子，这是第三次了。

约翰吃力地顺着小路爬上来，身后跟着一等水手和见习水手，三个人都气喘吁吁。

“你错过了你自己设的路标，”苏珊说，“它在这儿呢。”

“我确实错过了，”约翰船长说，“当时我在想别的事。还好你看见了。”

“这条小路不知道会把我们带到什么地方去。”缇蒂说。

“路标呢？”罗杰说，“有人把它踢到一边去了。也许是我。咱们把它摆好吧。”

“不不，不行。”约翰船长说，“当初我们把它放在这里是为了让我们能找到回去的路。如果现在我们把它留下来，那不就相当于告诉野人我们的去向了吗？我看这些枝条也得解开。”他切断绳子，枝条弹了回去。“现在除了划痕什么都没有了，而这划痕也只是很小的一个。没人会知道我们走的是哪条路。”

“如果跟踪者足够优秀，”缇蒂说，“他们就会跟着我们的脚印走。”

“这么说我们跑过了路标还是件好事呢，”苏珊说，“我们的脚印会迷惑他们的。他们肯定会一直沿着小路走啊走。”

"走啊走。"罗杰说。

"直到世界尽头。"缇蒂说。

"我们离开这条小路的时候一定不能留下任何痕迹,"苏珊说,"不然就暴露了。"

"比较合适的做法就是跳。"约翰说。他从小路上纵身一跃,跳进了树林。"现在,你们三个,从不同的地方跳进来。"

他们都跳了进来。就这样,他们排除了一切被潜在敌人跟踪的可能性,顺着地势险峻的山林走了下去。他们一路磕磕绊绊地走着,快滑下去的时候就抓住树枝。

罗杰悄悄对缇蒂说。

"那些烧炭人是不是我们的敌人呢?"他说。

"不是。刚刚看着不像,"缇蒂说,"不过,当然,他们也可能是。"

"我喜欢他们。"罗杰说。

"我也喜欢,"缇蒂说,"尤其是那条蛇。但他们仍然是野人,那条蛇就能证明。另外,如果他们不是野人的话就没意思了。"

"可是他们不会真的吃人。"罗杰说。

"他们可能早就吃过成百上千的人了。"缇蒂说。

他们抵达了那条大路,然后穿了过去。

"我看到水了。"约翰说。

"是海。"缇蒂喊道。

不一会儿,他们从树林里走了出来,来到了湖岸上。他们四处寻找燕子号,发现燕子号还停在原地,离他们大概有一百码远。

“也许，”约翰船长说，“我们应该在上山的整条路上做上标记，这样我们就能刚好从老地方出来。不过这次我们离它还挺近的。”

“啊，”苏珊说，“有一条土著人的船停在我们小岛附近。”

约翰掏出望远镜，透过镜筒看过去。

“没关系，”他说，“他是往另一个方向去的。也许是个渔夫。像这种风平浪静的天气，他们就会在岸边划船，放出旋式鱼饵，钓狗鱼。”

“是鲨鱼。”罗杰说。

“我们要做的第一件事，”大副苏珊说，“就是在岸边生火做饭。然后我们再去拾一些柴火放在燕子号里。”

“说得没错，大副先生。”约翰船长说，“所有人都去捡柴火。我们先捡够生火用的柴火，然后在大副烧水的时候继续捡。”

在燕子号旁边，大副苏珊往沙滩上摆了几块石头作为柴火灶。其他人去高水位线那儿捡了一些干树枝。苏珊抓了一把干叶子和干苔藓，放在石头灶中间，用去年的干芦苇秆在上面搭了一个小型圆顶棚屋，像烧炭人的房子的小型复制品。然后她点燃干苔藓，芦苇秆也燃烧了起来。与此同时她在芦苇秆上面又搭了一个棚屋，这次用的是小树枝。所有东西都在火焰上“熔化”开来。等柴火上面的火烧起来，发出噼里啪啦的响声的时候，她往小树枝上面堆了一圈更大的树枝。不一会儿，火烧得旺了起来。她搬了两块大石头放在石头灶两侧，在石头中间架上水壶，让壶悬在火苗上方。她守在火堆旁边，不断往里加树枝，尽量让火焰保持在水壶下面。而此时其他人在沙滩上分散着，尽可能多地捡干柴，能带多少就捡多少。柴火就在地上，等着人去捡，根本不需要费劲儿找。不一会儿，柴火堆积的速度就超过了苏珊用柴的速度。

天气十分炎热，烧火冒出的烟笔直地升上天空。就算是这样也有一些烟跑进了她的眼睛，刺鼻的味道也窜进了她的鼻子和嘴巴。不过和捡柴火比起来，烧水这项工作还不算太热。不久后，罗杰说："现在水肯定已经开了。"缇蒂往越积越高的柴火堆上扔了一把干柴。"开了吗？"她说，"我热得不行了，捡不动了。"

"一会儿它就变调了。"大副说。

"怎么像布谷鸟似的，"缇蒂说，"只不过这水壶里的水一开它就变调，而不是等到六月才变。"

就在这时，水壶确实改变了声调。苏珊吹响哨子，告诉约翰船长他们的食物已经准备好了。"坐下吧，两位水手舱的小兵。"她对一等水手和见习水手说。他们坐下来。约翰船长回来了，大汗淋漓，背上背着一大捆柴火。他把一条长绳对折起来，好把树枝捆在一起。

吃过午饭后，他们继续去捡柴火。船长、一等水手和见习水手负责捡，苏珊负责把它们分类，装到燕子号上。一般都是大副来看管船上的货物。现在他们已经把那片沙滩上的好柴火都捡完了，于是他们上了船，沿着湖岸划着桨，再次将燕子号带到一处港湾。这里的湖岸上一片棕色，遍地都是枯树枝。不一会儿，燕子号里就装满了柴火，给船员留的地方都几乎要没有了。

“这船不能再装了。”大副说。

“它已经到载重水线了。”船长说。

“那就这样吧。”大副说。然而就在这时，缇蒂拉着一整棵小枯树走了过来。这棵小树是在去年冬天的风暴里被吹倒的。它很干，特别适合做柴火，大家也都不想把它丢在这儿。

“我们只能把它当甲板货物运了。”约翰船长说。

燕子号装得实在太满了，以至于他们很难把它推动。大副让缇蒂和罗杰上船，告诉他们去船尾待着。她和船长脱掉鞋袜，一边一个，把燕子号拉进水里，直到它能在水上浮起来为止。不穿鞋袜走在石头上十分惹人讨厌，但是接触到水的时候就很惬意了。

“我也想脱鞋脱袜子。”罗杰说。

“现在不行。”大副说。

“等我们回到野猫岛，”船长一边说，一边踩着水去岸边拖回缇蒂的树，“你就可以把鞋袜都脱掉，帮忙卸货了。然后我们去洗澡，洗完澡再吃夜宵。”

此时此刻，缇蒂和罗杰正爬过他们的货物，去船头找地方安身。约翰把树拖了过来，在苏珊的帮助下把它放在船中间找到平衡，树枝从船两边伸出来。然后他和苏珊也上了船。因为有一件甲板货物，所以正常划船不可能行得通。于是，约翰船长小心翼翼地抽出一只桨，在船尾划着。

“还好没有风。”大副看着水面说道。水面已经离船舷顶部很近了。

在船尾用短桨划船比正常划船慢一些，但是在这种风平浪静的天气，燕子号轻松地前进着。尽管货物很重，水好几次差一点就漫进船里，但最终都没有进去，只是在罗杰突然改变心意换到自己最喜欢的一侧时，湖面有了一些波澜。

“我们还去老地方靠岸。”约翰船长说，“那地方很适合卸货，再说我们也想让柴火离营地近一些。”

“从秘密港湾那儿把柴火一路运回去确实很累人。”大副说。

于是，他们小心翼翼划着燕子号抵达了小岛，在老地方靠了岸。缇蒂和罗杰在他们到达之前就脱掉了鞋袜，一等船接触到沙滩，两人就把两双鞋和两双卷好的袜子扔到了岸上。过了一会儿，燕子号所有人都站在了水里，他们往岸上拉船的拉船，卸货的卸货。大副开始将干柴整整齐齐地排成一堆，像烧炭人棚屋旁边的那一长排木材一样。缇蒂的小树被放在了一边，待会儿再处理。等所有大点儿的树枝被抬出来之后，约翰船长上船，捡起底层船板上的小树枝、碎屑、折断的小枝和干枯的树叶。一艘船装过货物之后，脏乱程度是会让人很吃惊的，而小柴火就是船能装载的货物里最脏乱的一种。让燕子号恢复到像当天早晨出发的时候一样干净整洁，花了他们很长时间。终于，当燕子号里再也没有枯叶或是像火柴似的小树枝了，约翰才把船推到水里，用短桨划着来到了港湾。之后，他拿出藏在灌木丛里的桅杆，安在船上。他把帆放进船里，试了试升降索，看看桅杆上的活环是否还好用。因为只要一起风，燕子号必须能马上起航。之后，他走进树林，去和远在小岛另一端的船员们会合。

他们早已堆好了柴火，苏珊还在火灶旁边堆了许多草皮。

“那是干吗的？”

“这个可以保存火苗，像烧炭人做的那样。”苏珊说，“我今天晚上要试试。”

约翰走向他的帐篷。

突然，他停了下来。

“有人来过这儿。”

在他的帐篷门口，一根树枝插在地上，树枝顶端的裂缝里夹着一张折起来的纸条。

其他人都跑了过来，约翰打开那张纸条。

上面清晰地写着几个大字：

我来是要跟你们说，你们最好离我的房船远一点儿。一次已经足够了，下不为例。我不是开玩笑！

詹姆斯·特纳

“但是我们从来都没碰过他的房船。”苏珊说。

“我们当然没有。”约翰说。

“他真讨厌！”罗杰说。

“我们刚才看到的肯定是他的船。”约翰说，“当时我以为是渔夫的船。他先是跟土著人说我们打扰到了他，现在又趁我们不在溜进我们的营地……”

“我们当初就该和亚马孙号的人一起去，第一时间弄沉他的船。”缇蒂说，“只有这样做才解气。把宝藏带出来，凿沉他停在岸边的船，烧了也行。说不定我们还能把鹦鹉救下来。”

“我们现在该怎么办呢？”苏珊问。

“我们必须和亚马孙号的海盗们开个会。”约翰船长说，“她们了解他。他是她们的敌人，也是我们的敌人。”

“那咱们现在就走吧，到时候包围他，然后大喊‘杀死弗林特船长’，”缇蒂说，“这样就能让他知道我们对他的看法。”

“我们现在什么也做不了，”约翰说，“我们还要为烧炭人捎信儿给他……他们拜托我们告诉亚马孙号的人的口信。真希望来点儿风啊。我们不能去找她们，她们也不能来找我们。我不知道我们该做什么。”

他又读了一遍信。接着苏珊和缇蒂也读了一遍。

“他连自己的真名都没签。”缇蒂说，“这就说明他来这儿根本没有什么好意。”她跑进另一顶帐篷，拿了一支铅笔出来。“咱们把他的真名写上吧。”她说。苏珊把信递给她，缇蒂把“弗林特船长”用更大的字体写在“詹姆斯·特纳”的后面。

“现在我们还什么都做不了。”约翰船长阴沉着脸说，“去洗澡吧。”

两分钟之后，燕子号的所有人在靠岸点旁边玩起水来。

在水里，弗林特船长的信被忘得一干二净。但是约翰擦干身体前一直都记得。吃晚饭的时候，其他人都在谈论蛇和烧炭人的事，他一点儿也没听进去。他在睡觉前干的最后一件事就是去了一次瞭望台。太阳此时已经落到了西边山丘的后面，天空十分干净。星星出来倒映在静谧的水面上，一点儿要起风的迹象都没有。他走下去，回到营地，脱掉衣服，蠕动着钻进干草垫子上的毯子里。罗杰在另一边的干草垫上，已经裹着毯子睡着了。约翰听到苏珊说："给我半分钟时间再关灯，我去把盖在火上的土堆打湿。"随后，帐篷外传来一阵水浇在热炭上发出的嘶嘶声。他听到苏珊回到她的帐篷里。"好啦。"她喊。"好的，晚安！熄灯！"约翰说着吹灭了他的灯。一开始他久久不能入睡，等他终于睡着了之后，弗林特船长又追到了他的梦里捣乱，让他心烦意乱。

第十五章　约翰船长拜访弗林特船长

约翰醒来第一件事就是竖起耳朵听。他听见旁边干草垫子上的罗杰裹在毯子里呼吸，听见岛上一只鸊鹈和其他鸟在争吵，但是他听不到任何叶子的摩挲声，听不到任何水花拍打湖岸的声音。今天又是没有风的一天。他翻个身，朝气压计看了一眼。气压计根本就没动。糟糕，今天又是风平浪静。他们和亚马孙号上的人被这又宽又广又没用的水给分隔开了。他能对弗林特船长做些什么呢？就在这时，外面传来了一阵让他疑惑的声音，这声音很小，让人惊讶之余有些不敢确定。那是火堆里发出的噼啪声。他嗅着，感觉也能闻到火的味道。这种味道很浓烈，但是让人很舒心，和萦绕在烧炭人营地里的味道一模一样。他从毯子里爬出来，走出帐篷，揉着惺忪的双眼。地上那堆盖在大副的篝火上的土现在正冒着烟。顶上一些土块掉了进去，一些土块儿被熏黑了。但是土堆中间火光还在闪烁着，发出噼啪的响声，像叽叽喳喳的鸟儿一样。

“你好，大副先生，”约翰船长说，“你的火还烧着呢。”

“什么？”苏珊的帐篷里传来迷迷糊糊的两个字。

“醒醒，过来看看你的火。它烧了一个晚上。”

“真的？太好啦！”苏珊说，“我还害怕我往土里浸水浸得太多了呢。”

“出来看看嘛！”

“马上。”大副说，“你去灌一下水壶好不好？我昨天晚上为了打湿火堆，把所有的水都用光了。”

约翰提起水壶走下山坡，来到了靠岸点。他把壶嘴浸到水下，这样水就可以从壶嘴进来，而不是从壶盖口进来。如果他只是简单地把整个水壶浸到水里，水和水面上漂的浮渣就会一股脑儿灌进来。而如果把壶嘴浸到水下，就可以从水面下取水。他提着一整壶水回来的时候，苏珊已经在忙着生火了。她把剩下的土块扒出来放到一边，向火里投入新的树枝。

缇蒂正从她帐篷里向外看。

“就让它永远这样烧下去吧，”她说，“我们以后就让它一直燃烧，直到我们过完这一辈子，然后让我们的孩子，我们的孩子的孩子……接着守护下去。就像野人神殿里的圣火一样，永远都不熄灭。”

“人家神殿里用的是油灯。”苏珊说，“一些教堂用的也是油灯。但是我们这个是真的火。”

“哦，它还没灭呀。”缇蒂半睡半醒地说道。

火烧得正旺，苏珊把水壶挂在上面。

“我觉得去洗澡的时候把它留在这儿就好了。”她说。

“走啰，罗杰，”约翰船长说着，钻进帐篷里掀开见习水手身上的毯子，“让我们瞧瞧你是怎么双脚着地游泳的。”

“单脚，”罗杰说，“而且我也没有老是这样。”

两分钟以后，所有燕子号成员都来到了水里。

“你试试仰泳。”约翰说。

“不会。”罗杰说。

“很简单的，你就像这样站在水里，向后仰，耳朵在水下。”

罗杰向后仰了过去。

“耳朵在水下。”约翰说。

“已经在水下了。”罗杰说。

就在他说这句话的时候，湖面溅起水花，然后罗杰不见了。不过他立马又甩着水花从水里冒了出来。

“我的脚着不了地，”他说，“它们会自己跑上去。”

“我知道它们会自己跑上去，”约翰说，“要不是你弯起了身子，你早就浮起来了。”

缇蒂在他俩旁边像小狗似的，手脚并用地划着水，她的双手和双脚不是一起划，而是交替着划。“再试一次，罗杰。”她说。

“到时候我把手放在你脖子后面，这样你的嘴巴就不会沉到水里去了。”约翰说。

罗杰再次向后仰去，他的头枕在了约翰手上。他让两只耳朵沉入水下，双脚再次浮了起来。

“蹬腿，”约翰说，“像青蛙一样蹬腿。再蹬。你游起来了！好样的！”

“你真的会仰泳了哇。”缇蒂说，罗杰此时正挣扎着站起来。

“我知道。”罗杰说，“看着。”他朝岸边游了过去，耳朵放在水下，用力蹬腿。他成功蹬了三次，之后双脚才着地。他至少游了三码远。

然而大副苏珊没看见他仰泳。她刚刚只是奋力游了几下，就立马跑上去，回到营地，一边擦干身子穿上衣服，一边看着她的火和水壶。有几个鸡蛋需要煮，还有黄油面包要切。有几个饥肠辘辘的船员等着被喂饱，大副的工作一点都不简单。罗杰扫视周围，想找到苏珊，他踩着水花上了岸，蹦蹦跳跳来到营地告诉她自己刚刚学会仰泳了。

“你真的会游了？”大副说。

“没错，长官！”见习水手说，“我蹬了三下腿，没碰任何东西。下来吧，我再给你演示一遍。”

“现在不行。”大副说，“你先把身子擦干，帮忙准备早饭。我们在中午的时候再洗一次澡，到时候你再给我看就是了。现在快去把船长的气压计从他的帐篷里拿出来。”罗杰拿来了气压计。“喂！”在他开心地跳着走开的时候，她喊道，“把牛奶罐带到燕子号上去。现在该有人去农场取奶了。”

约翰和缇蒂一起去迪克森太太的农场取牛奶。罗杰和大副在他们回来之前做好了早饭。

早饭过后，约翰再次召开了会议。

“还是关于弗林特船长的事。”他说。

“咱们去把他的船弄沉了吧。”缇蒂说。

“别说话，你个小水手。”大副说。

“并不是完全关于他的来信，”约翰船长说，“而是关于烧炭人说的话。看到没，现在没有风，我们今天看不到亚马孙号的人，所以我们也没办法给她们捎消息。这就意味着那个房船上的男人……”

“是弗林特船长……”缇蒂说。

“一等水手缇蒂，你闭上嘴行不行？”大副说。

“这就意味着他不会知道烧炭人想让他知道的事。你们不觉得我们应该直接告诉他，而不是等着亚马孙号上的人吗？要知道，”他继续道，“这是土著人之间的事，和我们没什么关系，即使他很令人讨厌，还觉得我们碰了他的船。我们没做过这种事。我们和亚马孙号结成了联盟要对抗他，但是一码归一码，这件土著人之间的事情不告诉他不太好。我们本来应该告诉亚马孙号的人，但是她们现在不在这儿，所以我觉得我们最好自己去告诉他。”

“亚马孙号的人会告诉他吗？”苏珊问。

“我敢肯定她们会的。她们肯定不希望在自己想要闯入房船的时候有其他人也闯进去。在她们抢绿色羽毛的时候就已经去过一次了。我想过了，我很确定她们不会希望有其他土著人闯到房船里。我要去告诉他。”

“也可以同时向他宣战。”

约翰船长一下子来了精神。“没错，”他说，“我就要这样做。这样亚马孙号的人也肯定会情不自禁地高兴的。嗯，我要把烧炭人的口信捎给他。这和我们没关系，而是土著人之间的事情。然后我要告诉他我们从来都没靠近过他的船。我还要告诉他，我们要不惜一切代价和他开战。”

“让他小心着点儿，”缇蒂说，“这样说比较合适。”

“不管怎么样，我们都要把口信捎过去。”苏珊说，“我保证过，我还在手帕上挽了一个结给烧炭人看。这是双重承诺。我们都去吗？”

“我自己去就行，”约翰船长说，“这样他就不会觉得我们是去攻打他。他会知道这只是一次谈判。”

于是，在这个风平浪静的日子里，约翰船长再次取下燕子号里的桅杆和风帆，划船出门。只是这次他不再向南边划，而是向北边，而且还是他一个人在划船。他不想去，因为不知道亚马孙号的人会怎么想，毕竟这本该是她们传达的口信。他也不想给一个敌人捎口信，因为那人不仁不义，搅和了他们和土著人的关系，让土著人和他们对着干。约翰想起了迪克森太太说的话。此外，约翰对房船上的男人充满了敌意，觉得他坏透了，因为之前这个男人在燕子号全体成员都不在家的时候擅自闯入他们的营地。不过，约翰身上带着一个口信，土著人的口信。他总觉得捎过去比不捎过去更心安一点儿。反正，这件事很快就能做完。约翰船长驶过营地的时候向大家挥了挥手，坐回船里开始划船。他稳稳地划着桨，像海军划船一样，从水里提起船桨的时候猛地用一下力。

约翰没用多长时间就到了房船港湾的南端。他绕过这里，然后转身向后看，以确保船正朝着房船的方向前进，然后再回过头来看着朝向对面湖岸的燕子号船尾。远远地，约翰看到船尾正对着的湖岸上有一栋白色小屋。小屋上面的山坡上有一大片高高的松林。他选了一棵似乎刚好在小屋烟囱上方的松树。小屋和那棵树就像是野猫岛的港湾里的标志一样。只要这棵树一直在小屋和船尾的正上方，他就能知道自己正径直朝着房船的方向行驶。不用观察四周就能确定好方向，他觉得很是骄傲。

约翰再次把桨放到水里，用海军划船的方式划桨，他不急不慌，把自己的节奏控制得像钟表一样精准。让他觉得很骄傲的另一件事就是，他的桨入水之后不会带起一点浪花。是的，他划船技术很好。不过现在他正发愁要怎么和房船上的人说。这个口信是土著人之间的事情，当然不是真的土著人，所以他不好直呼房船上的男人为弗林特船长。等到宣战的时候再叫他弗林特船长。于是约翰打算先喊他“特纳先生”。还有一件事,就是他那张讨人厌的纸条。他和弗林特船长说话的时候也要提一提这个。没错，第一件事是告诉他烧炭人的口信，解决了土著人的事情之后，他再说说那张纸条的事，最后再向他宣战。

突然他在不远处听到鹦鹉的尖叫声，还有人大喊一声。

“看着点儿！你想干什么？”

约翰船长猛地倒着划了一下船，看向周围。他离房船只有十几码远。他右桨顺着划，左桨倒着划，好让燕子号转过头来。然后他用双桨轻柔地倒着划，燕子号的船尾徐徐靠近房船。

房船上的男人正在甲板上，把一个大箱子降到船边停着的一条桨船里。桨船里面有一个笼子，笼子里面关着那只绿色的鹦鹉。那个男人穿着十分正式，正往船尾放他的箱子。一辆汽车在小港湾出口处岸边的路上等着。很明显，这只鹦鹉和房船上的男人正打算出远门。

约翰正打算说“早上好”或者之类的话，房船上的男人却先说话了。

“听着，”他说，“你看到我昨天留在你们营地里的纸条了吗？”

“看到了。”约翰说。

“你识字吧？”

“识字。”

“你看到里面写的什么了吗？”

“嗯。”

“嗯，我就是那个意思。我给你们说过了，离房船远一点儿，想不到第二天早晨你就过来了。来一次就已经够了。划着你的桨，走得远远的。马上离开，再也别回来了。”

“但是……”约翰说。

“而且你要是手里还有那些烟花爆竹，最好把它们都扔到湖里去。如果你非要点燃它们不可，那就到田地里去点。”

“但是我没有啊。”约翰说。

“那是最后一个了，是吧？好啊，它造成的损坏已经够大了。换作是你的话，有人上了你的船，离开的时候在里面放了一个烟花，引燃了你的帆，你会有什么感受？看看你对我的船舱顶干的好事。”

变了形的船舱顶上有一大块烧焦的痕迹。房船上的男人气冲冲地指着那里。

“但是我从来都没有碰过任何一支烟花。”约翰说，“至少去年十一月之后我就没再碰过了。”

“打住，”房船上的男人说，“你这么说没用。”

“我之前也从来没有靠近过你的房船，从来没有比我现在的位置更近过。”

“听着，”房船上的男人说，“上次你过来引燃那个可恶的东西，搞坏了我的船舱顶，然后绕过岬角逃掉了。我出来把火扑灭，一下就猜到了你们干了什么。但是你们也许没想到吧，大概半小时之后我就又来到了甲板上，看到你们架着帆船驶过了港湾的出口。你以为我不会认出来是哪条船吗？今天你把桅杆拿下来了，但是之前我看到过很多次，而你当时就在船里面。”

“那天我们也看见你了，你向我们挥拳头来着。”

“哟，你们看见了啊？”

“但是我没有对你的船纵火。我从来都没碰过你的船。这是我第一次离它这么近，上次是我们驾船去里约，你在甲板上坐着，也看到了我们。”

“那是谁在船上放的炮呢？”房船上的男人说道。

约翰什么都没说。他决不会把亚马孙号的人供出来。

“你们船上有四个人，”房船上的男人说，“而你是里边最大的。就算你没自己动手，你肯定也该知道，这种事你也不能让其他人去干。”

“我们什么都没干！”约翰说。

“走远点儿，”房船上的男人说，“我和你没什么好说的了。”

“但是我是来告诉你……”

“走远点儿，”房船上的男人说，“我不想和一个骗子说话。”

“但是……”

“走开，再也别到房船这儿来了。”

约翰气得说不出话来。他满脸通红，从船上站了起来。

“给我快点儿消失！”房船上的男人说，“我现在忙着呢。”

约翰坐了下来，划着船离开了港湾。他比之前划得更加用力了，划船的节奏也不再那么规律。他甚至忘掉了海军划船的方法。当他驾着燕子号回到野猫岛的靠岸点时，他大口喘着气，觉得浑身滚烫。

其他人都在那儿迎接他。

“你看到那只鹦鹉了吗？”缇蒂问。

“你给他捎信的时候他都说了什么？”苏珊问。

“你到房船上去了吗？”罗杰问

“我没给他捎信，”约翰说，“他根本不让我说。”

“那你对他宣战了吗？”缇蒂问。

“没有。”约翰说。他把燕子号拉上沙滩，“他说我是骗子。”

约翰说罢，一人离开去了瞭望台。其他人你看看我，我看看你，但是都没跟上去。

“我之前就一直说，咱们早该去弄沉那艘房船的。”缇蒂说。

第十六章　生日派对

在瞭望台待了大概半个小时之后，约翰船长感觉好多了。毕竟，没有亚马孙号的帮助，是解决不了弗林特船长的问题的。他是她们的舅舅，不是燕子号船员的。如果燕子号船员有叔叔或舅舅的话，那一定跟弗林特船长不同。约翰想过给房船上的人写封信，但他并不擅长写信。苏珊还不如他。这事应该缇蒂来做的，但她写不出他需要的那种信。这令人苦恼的平静。要是有风，有机会见到亚马孙号的话，他就不用自己去给弗林特船长送信了，今天的事也就不会发生了。不过望着湖上远处的大山，他又觉得船屋主人的事不那么重要了。在弗林特船长出现之前大山就在那儿了，并且会一直存在下去。这么想让人觉得舒服多了。约翰缓过神来，觉得这天气真适合围着小岛游泳。

他朝着营地向下走。

“苏珊，”他说，“这么好的天气多适合围着小岛游泳啊。”

“你确定你能行吗？”苏珊问道。

“我要试试，”约翰说，“如果我觉得太累了就上岸。”

大家都走向靠岸点看着他下水。

他一开始是侧泳，游得又快又好看。游到小岛南端的岩石对他来说很容易。

缇蒂和罗杰跑向港口，爬上一块高高的岩石，看着他绕着守卫着通道的岩石外侧游来游去。“太棒了！”他们在他游过去的时候大喊着。然后他们又跑到小岛的西侧，那里的岩石直上直下就像立在深水中的一面墙。约翰游了过来，换了蛙泳的姿势，不慌不忙地向前游。他开始感觉游到西侧的距离有点长。

“坚持住！”缇蒂喊道。

“加油啊！”罗杰喊道。

苏珊从营地爬到小岛北边的那棵大松树下，从高耸的岩石墙往下看。约翰已经差不多游到了瞭望台，但他游得非常慢。

“如果你累了可以在这里上岸，”她说，“休息一下然后再继续。”

约翰努力挥挥手，但呛了一大口水。他转个身仰面漂浮着，像鲸鱼一样呼吸。

“你快到了。”缇蒂喊道，她也跑向了瞭望台，跟苏珊会合。

约翰重振精神，一边蹬腿，一边用胳膊轻轻地划水。他靠近小岛的北端了，继续仰面游着。然后他翻了个身，抬起头，一瞬间他看到了靠岸点，燕子号停靠在沙滩上。他低下头，更多的水涌进了他的嘴里，他连忙抬头向往吐水。上岸点真的不远了。他侧过身继续往前游。但不知怎么回事，他的胳膊抬不动了，腿也使不上劲。

“你快做到了！”缇蒂喊道。

“加油！”罗杰喊道。

约翰又看了一眼靠岸点。就是现在了。突然他觉得重新充满了力量，朝着沙滩游去。他是从燕子号的这边出发的，要游到另一边才算结束。他又游了两下，抓住燕子号的左舷，脚也触到水底。他爬上了岸，咳嗽着把水吐出来，颤抖着，但他满心是胜利的喜悦。缇蒂和罗杰欢呼着。约翰喘得说不上话来。

“给你毛巾，”苏珊说，“我用火烘干了。”

他把毛巾搭在肩上，擦了擦两条胳膊，觉得好多了。

“嗯，我就知道我能做到。”他最后说。除了弗林特船长的事之外，今天算是不错的一天。

苏珊正想准备晚饭，这时缇蒂喊了一声。缇蒂把望远镜拿到瞭望台，来观察鸬鹚、海盗或是任何值得观察的东西。

“一艘土著人的船，”她喊道，“是妈妈，是女土著，她带着宝宝和保姆一起来了。”

燕子号的船员们都跑向了瞭望台。女土著正自己划着船，此刻她已经过了房船港。维吉和保姆正坐在小船的船尾处。燕子号的船员们看了一眼，然后就冲回去整理他们的帐篷，收拾营地。他们把毯子整整齐齐地铺在草包上，把毯子的顶部翻下来，苏珊往火里添了新柴。除了这些也没有什么别的事可做了。然后他们又跑回了瞭望台，发现女土著已经离他们很近了。他们挥了挥手。保姆和维吉也朝他们挥了挥手。女土著不能挥手，因为她正划着船呢。她经过了岛的最北端，不一会儿就要靠岸了。大家都在岸边等着她们。

“坐好了，保姆，等我靠岸你再起身。”女土著说。

船员们已经抓住了船，把它拖上岸。小船的前面有一个大大的食篮，女土著挎着它下了船。

“欢迎来到野猫岛。”缇蒂说。

“欢迎，欢迎！”其他人喊着。

大家都乱作一团，妈妈虽然是土著，但还是可以亲吻她的。

在亲吻过他们之后，女土著数了数燕子号的船员。“一、二、三、四。”她说，“至今还没有人溺水。这是件好事，因为今天是某人的生日。”

“谁啊？谁啊？”他们喊着，“不可能是约翰的，他刚刚才过了生日。”

“不，不是约翰。”

“是我吗？”罗杰说。

“不是。”妈妈说。

“是我吗？”缇蒂说。

“不是。”

“不可能是我，”苏珊说，“因为我的生日在新年，现在是夏天。”

“那到底是谁呀？”他们问道。

“是维吉，”女土著说，“她今天两岁了。她还太小不适合过生日，所以我给你们每个人都带了一份礼物。”

“那维吉呢？”苏珊说。

“维吉有她的小羊和小象玩具了。我带她去商店，她自己挑的。快帮我拿一下食篮，我好接保姆和维吉下来。”

“好沉呀。”缇蒂说。

“礼物不大，”女土著说，“都很小。”

“那食篮里面是什么？”罗杰问。

“当然是生日宴了。”女土著说。

“哇，太好啦，不用做饭了。”苏珊说。

“哈哈！”女土著笑了，“我觉得你可能已经厌倦了做饭。但我不得不说你做得真的非常好。营地里没有人生病吧？”

“一个都没有，”苏珊说，“其实我不讨厌做饭，但偶尔一次不用做饭是件令人开心的事。”

“当然有啦！我们得过鼠疫、黄热病、黑杰克和其他所有荒岛上会得的疾病。”缇蒂说，“但是我们马上就治好了。”

“很好，”女土著说，“生了病绝不能拖着。”

他们提着食篮走到营地。保姆把维吉带上岸，所有的人都祝她生日快乐。维吉怀里抱着小象，她的小羊落在了船上，需要过会儿拿回来。比起小羊，维吉更喜欢小象，因为它更小一些。小羊有点太大了，所以经常被落下或是忘记拿。

女土著打开了食篮。食篮的最上层是一个薄纸包裹着的生日蛋糕。大大的蛋糕裹着白色的糖衣，上面用粉红色的糖浆写着“维多利亚”①，中间放着两颗大樱桃，代表

① “维多利亚”是本名，“维吉”是家人对小女孩的昵称。

维吉两岁了。篮子下层放着一只白切鸡，再往下的布丁盆里放着一份沙拉，还有一个巨大的醋栗馅饼、一个甜瓜、一大串香蕉。女士著把香蕉绑在树上，好像它就长在那儿一样。“你们想吃的时候就摘。”她说。

再就是相对日常些的东西了——一瓶金色的糖浆、两大罐果酱和一大罐夹心饼干。夹心饼干是一种夹着葡萄干的薄饼干，正适合探险家们。还有三个小甜圆面包和六瓶姜汁啤酒。

“为格罗格酒欢呼！”缇蒂说。

“可礼物在哪里呀？”罗杰说，

“我说了礼物不大。”女士著说，“在这儿呢。”

她把手伸进食篮底部，拿出四个棕色的小纸包，每个都有普通信封那么大，火柴盒那么厚。

“现在夜晚越来越黑了，”她说，“没有月亮，所以我觉得你们也许可以用手电筒。你们不能一次让它们亮太久，否则它们会很快没电的。你们可以在发信号，或者在黑暗中找东西的时候用。”

“妈妈，”约翰船长大声叫道，“你怎么知道我们需要手电筒的？它们来得正是时候。”

其他人都立刻打开了他们的手电筒，但在阳光下它们并不是很亮。于是罗杰和缇蒂跑进了大副的帐篷，爬到防潮布下，想找个暗点儿的地方试试。

试完回来，他们搓着膝盖上的泥，因为防潮布下又湿又黏。这时，女士著说：“爸爸来信了，他提醒了我一件事。罗杰现在会游泳了吗？”

“他今天第一次仰泳，”约翰说，“居然划了三下。不过一旦他做到了，就能很容易地学会蛙泳了。”

“我能游给你看吗？”罗杰说着就朝靠岸点跑去。

“在我们回家之前吧，”女土著说，“现在不用。爸爸说只要罗杰学会游泳，就能拥有自己的佩刀。我今天把它带来了，心想万一罗杰会游了呢。”

说完，她最后一次把手伸进食篮，拿出一把锋利的小刀，罗杰立马拿着它在树上试了试。“现在我可以像缇蒂一样刻记号啦！”他喊道。

“如果你可以成功地仰泳和蛙泳三次，你就可以拿到它了。”女土著说，“如果不能的话，我今晚会把它带走，下一次再拿来。”

“我一定可以的。”罗杰边在灯笼裤上擦着刀刃边说。

“你要游给我看。”女土著说，“你知道的，脚不能触到水底。”

“一个脚趾都不会。”罗杰说。

接着生日宴开始了。不用说，这顿生日宴太好了，食物的味道太好了，以至于大家都没有时间说话。宴会快要结束的时候，罗杰被派去到香蕉树上摘香蕉。

“我听说一些人来你们这儿做客了。”妈妈说。

燕子号的船员们都睁大眼睛看着她。消息是怎么在土著人之间传开的，真是令人吃惊。

“布莱克特太太昨天打电话给我，说她的女儿们在小岛上见到了你们。她好像挺开心的。你们和她们相处得怎么样？”

“非常融洽，”苏珊说，“她们一个叫南希，一个叫佩吉。”

“真的吗？”妈妈说，“我记得姐姐叫露丝来着。”

“那是她跟土著人在一块儿时候的名字。”缇蒂说，“她是亚马孙海盗号的船长，在她是海盗的时候名字叫南希，所以我们才叫她南希的。”

“我懂了。”妈妈说，“布莱克特太太说她们是两个假小子，害怕她们太野，对你们做太粗鲁的事。”

“她们不会比我们还野的。”缇蒂说。

“但愿不会。”妈妈笑着说，然后问道，“他们的舅舅夏天住在我们见过的那艘房船上，你们没有乱动它吧？”

“没有。”约翰沮丧地说，“但是他觉得我们动了他的船。”

“我知道。”妈妈说，“迪克森太太告诉我了，我说我敢肯定你们没有动。”

“但是他觉得我们动了。他一直在那儿，他在我们离开的时候来过这里，还留下了这个。”约翰拿出了纸条，递给妈妈。

妈妈看了看。“弗林特船长是谁？”她问道。

“就是他。”缇蒂说。

“哦。”妈妈说。

然后约翰告诉她烧炭者对他们说的话，还有他是怎么自己去给弗林特船长送信的。他还告诉妈妈，因为没有风所以他没办法通知亚马孙号的伙伴。

“你做得很对。”妈妈说，“但是迪克森太太说他要离开几天。”

“我今天早晨见到他的时候，他正准备走。”约翰说。

“他收到你给他的消息很不开心吗？”妈妈问。

“他根本不听我讲，”约翰说，“还说我是骗子。”整个上午的麻烦事再次出现在他的脑海里。

“如果他了解你的话就不会这么说了。”妈妈说，“如果人们不了解你，那就不用在意他们是怎么认为或者怎么说的，谁知道他们怎么想呢。那你后来是怎么做的呢？”

“我走开了。”约翰说。

“布莱克特太太说他一直在忙着写作，不想被打扰。她说她担心家里的两个假小子会给弗林特船长惹麻烦。”

大家都沉默了。跟妈妈谈谈他们自己的事没关系的，妈妈是很友善的土著人，但是亚马孙号船员的事就不一样了。妈妈注意到了大家的沉默，于是说起了别的事。她真的是很好的土著人。

生日宴又变得令人高兴起来。女土著讲起以前的故事，那时孩子们都还没出生。她聊到了马耳他和直布罗陀海峡，还有她小时候在悉尼港驾驶帆船航行的事。

下午晚些时候，他们游了泳。妈妈来到靠岸点看罗杰游泳。他蛙泳了三次，仰泳了足足六次。

“既然你做到了，”女土著说，“我想你可以拿着这把刀。接下来你需要的是练习。”

约翰想再绕着岛游一圈来向妈妈证明自己，但她说一天游一圈就够了。缇蒂在潜水。苏珊和约翰比了场短距离游泳赛，约翰险胜。

然后大家开始喝下午茶。

最后到了该带维吉回家的时候了。

大家拿着空食篮走到了靠岸点。

“还要多久你们会厌倦你们的小岛？”女土著问道。

“永远不会，永远不会。”燕子号船员们说。

“你们很幸运，到现在为止天气一直不错，”她说，“而且你们好像也没有受伤。但是离我们去南方只有一个星期了。如果天气很好的话，你们可以在这里待到我们要走的时候。如果天气变糟了，我的意思是如果雨季来临，你们就必须离开小岛。在雨季，即便是最好的荒岛也不适合居住。”

燕子号船员面面相觑。

“一个星期的时间够长了。”妈妈说。

“但是我们想永远待在这里。”罗杰说。

“我相信这是你们的真心话。”女土著说道。

她亲吻了他们每一个人，他们每个人也都亲吻了胖嘟嘟的维吉。然后，保姆和维吉上了船，坐在了船尾。

缇蒂说：“妈妈，你不介意自己是土著人吧？”

“一点儿也不介意。”妈妈说。

“那我也要当一次土著人。蹭蹭鼻子怎么样？就像你告诉过我们的澳大利亚丛林里的土著人一样。”

缇蒂和女土著互相蹭了蹭鼻子，当然了，罗杰也和妈妈蹭了蹭。

女土著吻别了所有的燕子号船员后，上了船。空食篮被递了上去。约翰和苏珊推了船一把，然后妈妈就划开了。

“我们护送她们走吧。”约翰船长说。

不一会儿，燕子号就浮了起来，船员们都上了船，约翰船长拼命划着。女土著倚着桨等他们赶上来，这样他们就可以并排前行。燕子号比霍利豪农场的船难划多了，因为燕子号吃水更深，是为扬帆航行而造，并不适合用木桨划。好在女土著并不着急划。最后，就在他们来到房船港之前，约翰船长停了下来。

今天他不想再看到那艘房船了，于是就将燕子号掉了个头。

“再见，土著人！”缇蒂喊道。

“再见，白人们！”女土著喊道，“用你们的话是‘嘟噜噜’，是这个词吗？嘟噜噜。”

“让我划吧！”罗杰说。

“让我来！”缇蒂说。

约翰给了他们俩一人一支桨，他和苏珊坐在船尾。罗杰在船首划桨，缇蒂在船尾划，苏珊掌舵。

苏珊拽出了她的手帕跟土著人乘的船挥别，渐渐地船消失不见了。她看见了手帕上打的那个结，她把它解开，什么也没说。

他们再一次在野猫岛上岸，约翰说：“缇蒂和罗杰赶快吹口哨，好引来些风，我们得抓紧时间解决战斗的事了。”

第十七章　顺　风

那天晚上，他们围着营火制定计划。他们相信第二天早上一定会有风的，但谁知道它会往哪个方向吹呢。南风采取一种计划，北风就是另一种计划，而且，假如吹的是罕见的让他们既能到达湖的上游又能到达下游的风，那这两种计划就都不太好了。但这样的风不会偏袒任何一方，制定计划没有什么大用处。此外，这样的风非常罕见。无论云彩以何种方式移动，湖面两侧的高山都会把这种风变成南风或北风。所以他们只制定了两个计划，一个是为刮南风准备的，另一个是为刮北风准备的。北风能让亚马孙号很容易航行到野猫岛。南风则可以使燕子号很容易航行到亚马孙河。怎么回来就不那么重要了，要花多长时间也不重要。

于是，他们制定好了两套计划。

“在海战中，”约翰说，他想起了一本著名的书，“有两件事很重要：一是明确你想做什么，二是以你的敌人最意想不到的方式去做。”

“嗯，”缇蒂说，“我们想做什么呢？”

“我们想在亚马孙号船员不在船上的时候占领亚马孙号，而且我们必须记住，她们也会用同样的方式来俘获燕子号。谁控制了对方的船，谁就赢了。这是我们在这里约定好的。总之，不能再浪费时间了。她们也会抓紧时间的，所以如果明天是从北方来风，她们就会袭击我们；如果是从南方来风，她们就会知道我们会袭击他们。”

“我不明白如果她们乘着亚马孙号来的话，我们该怎么俘获它？”苏珊说。

“计划是这样的，”约翰船长说，“如果刮北风的话，我们中的一个就把燕子号开出来，把它藏在我们钓过鱼的芦苇丛里。另外三个藏在岛上，埋伏在港口附近。亚马孙号船员会驾船驶进港口，进入我们的营地。当她们到营地的时候，我们去占领亚马孙号，她们就会变得孤立无援。这样我们就胜利了，简单得很。”

“那如果是南风呢？”缇蒂说。

“那就有点难了，因为那样她们就掌握主动权了，她们可能已经想出好办法对付我们了。”

“我不明白我们怎么做才能出乎她们的意料。”苏珊说。

“虽然这很难，”约翰船长说，“但是我们是能做到的。有件事她们一定猜不到，那就是我们返航时可以在夜里找到野猫岛，把船开进港口。虽然她们知道那些标记，但她们不知道我们已经把它们变成了导航灯。所以她们肯定认为我们会尽早发动袭击，好在天黑之前赶回家。但，我们不会。在白天发动没有退路的进攻只会失败。说不定海盗的港口就在她们家附近。”

“她们的大本营。”缇蒂说。

“附近的土著们可能会给她们报信。我们必须趁她们在岸上大吃大喝，或者喝得酩酊大醉、酣然入睡的时候俘获她们的船。”

“他们在船上有一大桶朗姆酒，岸上肯定有好多桶。”

所以，如果刮南风，计划就是这样的。燕子号需要尽快驶到里约附近的岛中间去，这样他们就可以在远处观察她们，看亚马孙号什么时候驶出亚马孙河。亚马孙号在岛屿中间肯定藏不住，因此，当亚马孙号上的人来到河上的时候，燕子号就会看到她们。如果他们没有看到亚马孙号，就会在黄昏继续航行，找到房船，截获亚马孙号，让优秀的船员（苏珊）把它开回去，然后在夜里回到野猫岛。在野猫岛上要有座灯塔，而且我们要点亮导航灯，保证在夜里能够安全地把船开进港口。蜡烛不能燃一整天，所以必须有人留在岛上守卫灯塔，在最后时刻点燃蜡烛。这个任务会交给缇蒂。一方面，罗杰不能留下，约翰和苏珊需要驾驶这两艘船。另外，缇蒂一直渴望一个人待在野猫岛，做一个孤独的灯塔守护者，像鲁滨孙·克鲁索一样，感受一下真正的荒岛是怎样的。她可以用毛毯代替鲁滨孙披的山羊皮。

就这么定了。建灯塔的事只能等到早晨了。现在唯一的问题就是，会有风吗？风会往哪儿吹呢？晚上他们吹了一会儿口哨，但没有奏效。约翰走到瞭望台，点燃一根火柴，举到空中。但火焰连一丝晃动都没有，无法判断风到底会从哪里来。

早晨，湖面上起了雾。他们从岛上看不到陆地。约翰划着船去拿牛奶、鸡蛋和黄油，和他同去的罗杰模仿雾笛的声音叫着，悠长又空洞，一遍又一遍地重复着，像是一艘大船在英吉利海峡的浓雾中喧嚣而过。缇蒂很想独享这座小岛。她走到眺望台，一遍又一遍地用口哨吹着《西班牙女郎》的小调。眼前那片柔软的白雾几乎遮住了一切，只有一小部分水域还能看到。约翰和罗杰在回去的路上差点错过了小岛。“如果继续这样下去，”约翰说，“我们的任何一个计划都用不上了。”

但早餐过后，雾中的水面上出现了一丝涟漪。雾飘过树林，开始从湖上消散。一座座小山和岸边一片片黑黝黝的树林在雾中忽隐忽现。现在刮的是南风，同时伴着一点儿小雨。小雨过后，雾彻底消失了，风刮得更大了，阳光照耀着大地。

“真是一场不错的风！”约翰船长说。

“太好了！”缇蒂说。

“我们必须抓紧时间了，”约翰船长说，“我们必须赶在亚马孙号到达里约附近的岛屿之前到达。要带三个人的口粮，大副先生。午餐和晚餐都要准备。来吧，一等水手缇蒂，还有你，罗杰，帮着建造灯塔吧。”

大副苏珊开始为这一天准备口粮。她腾出一个大饼干盒子，因为把所有的食物都装在那个盒子里是最好的，这样放在船上就不会碍事了。船中部的座板下放一个饼干盒刚刚好。

约翰船长走进帐篷，拿出他们在里约买的那卷绳子。然后，他带着一等水手和见习水手上了瞭望台。

瞭望台上的那棵树是一棵很高的松树，所有的低枝都没有了，露出长长的、光秃秃的树干，而且最下面的一根大树枝位于离地面很高的地方。

约翰试着用双臂抱住它。它的底端并不是太粗，所以往上爬应该比较容易。

“问题是，我手里拿着东西不好爬。”

他把绳子的一头系在腰间，把其余部分递给缇蒂。

“现在，”他说，“你来放绳子，注意不要让它缠住任何东西。”

“是，长官！”缇蒂说。

约翰船长往手上啐了一口唾沫，搓搓手。这对爬上像松树这样树皮粗糙的树没有多大帮助，但大家觉得似乎是有用的，所以是值得这么做的。

然后他开始爬了。过程真的没有看起来那么难。

他爬得越高就越容易爬，因为树干不那么粗了。而且每次他想把手往上挪的时候，都更容易用腿牢牢地盘住树干。

“不要站在我正下方！”他向下喊道，于是缇蒂往旁边挪了一两码。

“罗杰，别踩在绳子上！”她说。在约翰爬的时候，她把那卷放在地上的绳子一点点放开了。

这中间他必须要爬过一处之前长有树枝的地方，这里是最困难的。曾经长有树枝的地方好像总是会有尖锐的东西伸出。胳膊绕过它们没什么难的，但腿就不那么容易了。它们坚硬到硌得人生疼，但作为立足点又不够结实。

最后他来到了大树枝旁。他把脑袋平放在上面休息了一会儿。然后他牢牢抓住大树枝，把腿从树上松开，荡到了空中。

“小心啊！”缇蒂喊道。

但她在喊的时候约翰就已经完成了一系列动作。他用胳膊的力量将身体向上拉，将腿踢起，一条腿伸向大树枝的另一边，然后他身体一纵再一挺，就两腿跨开坐在上面了。

“这真是个瞭望的好地方，”约翰船长说，“我之前怎么没来这儿看看。但把提灯挂这么高可不好，因为它会被从上面垂下来的树枝遮住。还是挂在下面一点儿好一些。把绳子挂在大树枝上不错。再放些绳子吧，缇蒂。”

他把很长一段绳子拽上来，解开系在腰间的一端，朝大树枝另一侧的地上扔下去。

缇蒂抓住它。

“抓住两头！”约翰船长喊道，“当我下来的时候，把它们放在离树远点儿的地方。让罗杰把大提灯拿来。”

罗杰跑去拿来提灯。缇蒂把绳子的两端都拖到瞭望台的边上，这样绳子就不会挂在树的附近，否则约翰下来的时可能会被干扰。约翰两腿跨在大树枝上，不停地向树干移动身体。等到接近树干的时候，他把两条腿移到大树枝的同一边，用手臂紧紧地抱住树干。然后他身体滑离大树枝，用腿盘住树干。做完这些，剩下的就很容易了。他知道应该一点一点地往下滑，先移动胳膊，然后移动腿，这比一滑到底更安全些。

还没等他下来，罗杰就拿着提灯回来了。约翰船长把绳子的一端系在提灯顶端的把手上。另一端缠在提灯底部的油盒上。然后他把提灯吊起来，到了离大树枝的距离大约为整个高度的四分之一的地方的时候，他看了看四周。“现在，”他说，“如果我们把垂下来的绳子系在这丛灌木上，它就不会挨着灯了，就不会有烧毁它的危险。那么，一等水手，你是灯塔看守人。让我们看看你是怎么把灯降下来，点亮后再升上去固定住的。这是一盒火柴。你可以用绳子的另一头把灯固定住。”

缇蒂拿住绳子的两端，放一端，拉另一端，把提灯松降下来。绳子很容易就滑过了大树枝。然后她打开提灯，点燃它并把它升上去。

“在这里行吗？”她问道。

“再升高大约一英尺。”约翰说。

“这里呢？”

“好极了，现在我看看你是怎么固定它的。”

缇蒂把那根绕过大树枝的绳子系紧，系在瞭望台旁边的一丛小灌木上，这样绳子就完全不碍事了。然后她把绑在提灯底部的绳子绕树干绑紧，这样提灯就竖直固定好了。多余的绳子留在了树和灌木之间的地上。

“很好。”约翰船长说，“现在把它放下来，吹灭吧。”

“是，长官！”

“就这样。”约翰船长说，“天一黑就在灯塔点燃提灯，把它升起来。但是，在我们还没接近小岛的时候去点燃港湾标记处的那两盏烛灯是没有用的。而且，还会把她们引到营地来。在听到我们发出像猫头鹰一样的叫声之前，你最好不要点亮那两盏烛灯和把它们放到标志上去。你听到了就知道是我们，而不是敌人。我说，缇蒂，你一个人真的行吗？”

“当然行。不过，你们可得抓紧时间，不然她们可能会在岛上从你们身边溜走，我一个人可对付不了两个亚马孙号船员。”

“如果逆风的话，他们是不会那么快的。”约翰说，“但我们的确应该立即出发了。”

“出发吧。”罗杰说。

他们回到了营地。

“口粮都准备好了，长官。”大副苏珊说，“我还会拿上一大瓶牛奶，放在舱底保鲜。给一等水手留一个小瓶子。到时候她好自己沏杯茶。当心别让火灭了，缇蒂。”她接着说，“如果你想去睡觉，就用土把火盖上，像烧炭人那样。晚上会很冷的，当心别着凉。”

“我不会睡觉的，”缇蒂说，“我会披着斗篷守在营火旁。”

“罗杰，”大副苏珊说，“去帐篷把每种衣服都穿两件。”

“每种衣服吗？”罗杰问。

“对，”大副说，“两件背心，两条内裤，两件衬衫，两条灯笼裤，两双长袜。”

“我不能穿两双鞋呀。”罗杰说。

“你也不用穿两双鞋。快去！别的都要穿两件，就像要去北极一样。”

“两条领带吗？”罗杰说着走进了帐篷。

“打起精神来，”船长说，“不能再浪费时间了。”说完，他和缇蒂去拉桅杆，把帆准备好。随后，苏珊也带着东西来到了靠岸点。

她边把饼干盒放在坐板下面边说：“我们没有像亚马孙号那样的稳向板也是件好事呀。”

“稳向板只有在狭窄处逆风航行时才会起作用。”船长说，“但是燕子号在没有稳向板的情况下也能航行得很好，稳向板确实占了很大的空间。”

苏珊跑回去拿来牛奶。她把大瓶的和小瓶的都拿上了。

“看这儿，缇蒂，”她说，“我把你的瓶子放在了这儿的水里保鲜。不要忘记它在这儿放着。”

这时，见习水手罗杰昂首阔步地走到了靠岸点。他穿得像足球一样圆滚滚的，胳膊僵硬地从两侧伸出来。

船长和一等水手都笑了，但大副严肃地看着他。

“他就应该穿得这么暖和，”她说，“但是我们也会带着些毯子，以防万一。”

她最后一次跑进帐篷，抱着毯子回来了。

“所有东西我们都带齐了吗？”约翰船长问，“我带了指南针，你们的手电筒带了吗？我的已经带上了。”

“我的在口袋里。”苏珊说。

“我的也带了。”罗杰说，“但我现在拿不出来，它在我里面那件衬衫的口袋里。”

“没事，”约翰船长说，“等需要的时候再拿。再就是望远镜。”

“望远镜不是应该留给我放哨用吗？”缇蒂说。

约翰想了想。

“嗯，”他说，“我想确实应该留给你。”他把望远镜递给了缇蒂。他检查了最后一遍说：“上船吧！”大副和见习水手爬了上去，走向船尾。船长一推，在燕子号浮起来的一瞬间他纵身跃上船头，开始忙着扬帆起航。“别忘了点灯，缇蒂。”他喊道，“天黑下来之后一切都靠它们了。黄昏之后你就要到灯塔去点灯，等你听到我们发出猫头鹰一样的叫声的时候，就点亮港湾那两个标志上的两盏烛灯。”

“是，长官！”缇蒂说，“燕子号万岁！”

不一会儿约翰把帆升起来，系紧了帆索。等到帆上横着的皱褶变成了竖着的时候，他把帆桁拉了下来固定住。不一会儿，他们驶出了岛的背风面。风大了起来。他们顺风行驶。燕子号的船员一起坐在船尾，大副正在掌舵。帆桁在右舷伸出来了，那条扬着棕色帆的小船在阳光的照耀下迅速地漂远了。

“万岁！”缇蒂喊道，跑向瞭望点，站在现在已经是灯塔的大树下。

“万岁！万岁！”从水面上的燕子号传来回应声。

一等水手用望远镜观察着他们，直到棕色的帆消失在达里恩山峰后。她现在就是鲁滨孙·克鲁索。她走向营地去看守她的小岛。

第十八章　鲁滨孙·克鲁索和星期五

缇蒂环视了一下营地，觉得哪里有点不对劲。营地里有两顶帐篷，而一个因船只失事而流落荒岛的水手应该只有一顶帐篷。有那么一会儿，她想拆掉船长的帐篷，但接着她想到，她不只是一名遇险的水手，还有一部分时间她要负责管理探险家的营地，而此时，探险家中的主要成员正在进行一场孤注一掷的探险。在那段时间里，还是帐篷多了好。所以她决定不拆掉船长的帐篷了。“这是星期五[①]的帐篷，”她对自己说，“虽然我至今还没有发现他。但等他来的时候，一切都已经准备好了。”

然后她走进她和大副住的帐篷。这仍是一个非常苏珊式的帐篷。苏珊拿走了她的毯子，却把草包落下了。一看这就是一顶两个人住的帐篷，而不是一个孤独的遇险水手的。于是一等水手拿起苏珊的草包，放在自己的草包上，又把毯子盖在了上面。帐篷立刻就变成她一个人的了。等到出去看守营地的时候，她就把大副的草包放回原处，容

① 《鲁滨孙漂流记》中的人物，鲁滨孙的仆人。

易得很。

她躺在两个草包上。阳光透过帐篷的白色帆布照了进来，透过帐篷口，她能看到烟从焖烧的火堆里飘起。她开始觉得自己很孤单。帐篷后面石楠丛中蜜蜂的嗡嗡声，也让她觉得岛上再没有其他人了。她竖起耳朵听还有没有别的声音。除了附近一只鹬在叽叽啾啾地叫，林子里没有过多的鸟叫声。湖水拍打着西岸，树叶间不时传来风吹过的沙沙声。但是根本没有人类的声音，也没有罐子的碰撞声。没有洗盘子的声音。在那儿等着要人照顾的罗杰不在，而且负责照顾她和罗杰的苏珊也离开了。约翰不在瞭望台，也不在岛的另一端捻接燕子号上的绳子。岛上没有人在做任何的事。只要她不做事，就什么事都没有，也没有人做，她就像是这个世界上剩下的唯一的人一样。

突然，她听到一艘汽船在湖面上发出哐啷哐啷的声音。平时，除了罗杰，谁也不关心汽船。可是今天，一等水手缇蒂一听到这个声音就跳了起来，她跑出帐篷，跑到了阳光下。透过西岸的树林，她看到汽船正经过距离这儿很远的那座岛。于是她拿出望远镜观察。甲板上有很多人，她能看见一个水手在掌舵。也许船上的人正看着这座岛呢。他们不知道岛上除了一个二十五年前遭遇沉船事故的一等水手以外，什么人也没有。当然，这只是因为她没有挥舞旗子，来表明她在这里等待救援。但是，如果拥有属于自己的荒岛，谁还会挥舞着旗子等待救援呢？《鲁滨孙漂流记》的败笔正是这里。最后鲁滨孙回家了。他是不应该结束荒岛漂流的。

汽船急匆匆地驶过湖面，缇蒂透过小岛西岸上高高的树林观察着它。通往港口的道路正逐渐变得好走。“真的像是我在这儿住了很多年了，”缇蒂说，“但遗憾的是我没有山羊，不然的话山羊会很快啃掉垂在路边的所有树枝。这些树枝太讨厌了，如果你急匆匆地在路上跑，它们会挂住你的头发。”于是她拿出小刀，开始修剪树枝，让小路好走一些。她把每一根横在路上方的以及挡住路的树枝都砍掉切断了，她一直卖力地清理，直到把整条通往港口的路都清理干净了。然后她沿着这条路跑了个来回，跑到营地，又回到港口。现在它才真算得上是条路了，而这之前竟然没有人想到要把它清理一下，真是奇怪。不知道为什么，当你一个人的时候总是有更多的时间去做事情。

到了港口，她伸手去摸那个树杈上的钉子，想看看能不能把灯笼挂上去。她不太能够着，不过没关系，她可以托着提灯的底部，提灯上的环在上边，这样就能够着了。画着白色十字架的那个树桩上的钉子比较低，往那上面挂没什么难的。

她开始想，要过很长一段时间天才黑，燕子号的船员们航行回来也要很久。但如果他们能俘获亚马孙号的话，这一切就都是值得的。这样可以给海盗们一个下马威。到了明天燕子号的船员们回到亚马孙河，告诉海盗们她们输了，然后把南希和佩吉带回野猫岛，而沦为囚犯的南希和佩吉会对他们毕恭毕敬，唯命是从。有那么一会儿，缇蒂希望她正和燕子号的其他人在一起。现在，他们一定在搜索里约的岛屿，等待着黄昏到来好继续去往河口。她想知道那条河是什么样子。但是你不可能什么都享受，如果她没有选择待在营地，点亮灯塔和导航灯，她就不会有机会独享整座岛屿。

她脱下鞋子，涉水走到港口一边的大石头上。她爬到石头上，趴了下来，望向湖底，看着轮船向远处的码头驶去。就在这时，她看见了一只河乌。这只圆鼓鼓、矮墩墩的小鸟，站在离她所在的地方不到十二英尺的一块石头上。它长着像鹪鹩一样的短尾巴，背部的羽毛是棕色的，胸前的羽毛是白色的，像是穿了一件宽大的白色背心。它点点头，像是在鞠躬，又像是在行一种迅速而随意的屈膝礼。

“好有礼貌啊。”缇蒂自言自语地说。她静静地趴在那儿，看着那只棕白相间的小鸟在石头上跳来跳去。

突然，那只河乌一脚跳进了水里。但它并不像鸬鹚那样跳水，而是掉了下去，就像一个不知道怎么跳水的人跳进游泳池的最深处一样。过了一会儿，它又从水里飞了起来，停在石头上，又点起头来，好像在说“谢谢大家的掌声”。

它又一次从石头上掉到水里去了。这一次，它掉进了缇蒂趴着的那块大石头下的静水里。缇蒂往下看，只见它在水下，好像在空中一样扇动翅膀，沿着紧挨着岩石的湖底快速地移动。当它浮上来的时候，不像鸭子那样浮在水面上休息，而是在离开水面和升入空中时都在飞翔，几乎没有区别，只不过它的翅膀在空中扑闪得更快。

“哇，我从来没有见过一只鸟是这样的。”缇蒂自言自语地说，这时河乌正落到她眼前的那块石头上，对她点头，“这是我见过的最聪明，也是最有礼貌的鸟了。我想看它再做一遍。”当河乌向她鞠躬时，她用胳膊肘支撑着自己也向河乌鞠躬。当河乌对你点头时，你也很难不向它点点头。但是，河乌似乎不太喜欢这样，它拂过水面，飞快地飞到其他石头后面，再也看不见了。

缇蒂等了好久，但它并没有回来。也许它回到了它生活的小溪。缇蒂突然想起她还要保卫这座小岛，不让它受到任何侵犯。她应该拿着望远镜在瞭望台观察，而不是在这儿。于是她爬下岩石，走上岸，穿上了鞋子。她想，她应该从另一条路走，而不是从她刚清理过的那条路回去。她要走的这条路很难算是路，是他们有时往返港口和瞭望台走的小道。那里的矮树丛非常茂密，灌木上缠满了忍冬，走在这里像是在原始森林中穿行。缇蒂又一次成了荒岛上的鲁滨孙·克鲁索。

她走近瞭望台，但是突然停了下来。就在她看汽船和礼貌的河乌的时候，一定有什么事发生了。现在岛上除了她一定还有别人。有一条桨船停靠在了沙滩上。很快她反应了过来，知道那是谁的船了——是霍利豪农场的桨船。她跑向营地，妈妈正站在那里朝空帐篷里瞧着。

“你好，星期五！”缇蒂开心地说。

“你好，鲁滨孙·克鲁索！”妈妈说。妈妈最好的就是这一点，她和其他土著人不一样，孩子们心里想什么她都知道。

鲁滨孙·克鲁索和星期五亲吻了彼此，仿佛她们正在假扮缇蒂和妈妈。

“没想到吧，才过了一天就又见到我了，”妈妈说，“我来是想跟约翰说几句话。我想这会儿他和其他船员正在你们的那个秘密港口吧，而可怜的土著人是不允许前往那里的。”

“不，他现在不在岛上。”缇蒂说，“岛上除了我没别人……现在还有你。”

“那你还真的是鲁滨孙·克鲁索呀，”妈妈说，“那么我是真诚的星期五。早知道我就在沙滩上留下一个大大的脚印了①。其他人在哪里呢？”

“他们都好着呢，”缇蒂说，“他们会回来的。他们乘着燕子号去探险了。”再说更多就不好了，因为虽然星期五是妈妈，但妈妈也是个土著人，即便她是世界上最好的土著人，也不能什么都告诉她吧。

“我想他们是去见布莱克特家的孩子了吧？”妈妈说。

“星期五是不应该知道他们的事的。”缇蒂说。

“好吧，那我就不问了。”妈妈说，“但你一个人在这里干吗呢？”

“我负责看守营地，”缇蒂说，“但他们不在这里的时候，如果我把自己当作鲁滨孙·克鲁索，也没有什么问题吧。”

“我同意。”妈妈说，“他们给你留下吃的了吗？”

“我的口粮在帐篷里。”缇蒂说。

“嗯，你也该吃饭了。”妈妈说，“你能让星期五在火上再添些木柴，煮些茶吗？我不能待太久，但也许他们会在我走之前回来。”

---

① 《鲁滨孙漂流记》中讲到，鲁滨孙遇到星期五之前在沙滩上发现了一个大脚印。

"他们应该回不来，"缇蒂说，"他们已经航行过了太平洋。跟他们去的地方比起来，廷巴克图[①]根本不算什么。"

"好吧，不管怎么样，我泡点茶吧。"妈妈说。"让我们看看他们给你留下了什么口粮。"

缇蒂拿出了她的口粮——一大块干肉饼、一些黑面包和饼干，还有一大块奶油蛋糕。

星期五觉得这些口粮不怎么样。"不过，"她说，"我想我们还是能做顿饭的。黄油和土豆有吗？我们做点肉干蛋糕怎么样？"

星期五在储物箱里翻了翻，发现了一些已经很软的黄油。她闻了闻，说不管怎样，总归得把它吃掉了，不然就坏了，明天可以再去找迪克森太太要些来。她找到了一些土豆和盐。鲁滨孙·克鲁索的口粮里有茶叶，卷在了纸里。她还有一个装满糖的烟盒。

星期五点着了火，并往里添了几根新柴，很快火就在大水壶周围烧旺了起来。她削了些土豆，把它们放在火边的平底锅里煮。接着，她把干肉饼切成像肉末一样的小块。等土豆变软了，她把土豆块从水里捞出来，把它们捣碎，和切碎的肉混在一起，用肉干和土豆泥做了半打扁扁的圆饼。然后她在煎锅里放了一些黄油，等黄油化开后把肉干圆饼煎了一下，直到它们发出嗞嗞的响声，上面冒出泡沫。此时，鲁滨孙·克鲁索泡好了茶。

她们吃完这美味的一餐后，鲁滨孙·克鲁索说："嘿，

① 英文中，"廷巴克图"常常用来指代遥远、未知、难以到达的地方。

星期五，你能跟我讲讲你来这座岛之前的一些经历吗？”

星期五于是开始讲她差点被野人吃掉，直到最后一刻才从炖锅里跳了出来的事情。

“你没被烫伤吗？”鲁滨孙·克鲁索问。

“烫得很严重，”星期五说，“但我在伤得最厉害的地方涂了黄油。”

后来星期五忘了自己是星期五，又变成了妈妈，讲起了她在澳大利亚绵羊牧场时候的童年，那里有下的蛋像婴儿头一样大的鸸鹋，有把它们的幼崽装在胸前的口袋里到处乱跑的负鼠，还有能踢死一个大活人的袋鼠，和藏在尘土中的蛇。这时鲁滨孙·克鲁索也忘记了自己是鲁滨孙·克鲁索，又变成了缇蒂，说起了她在烧炭工人棚屋里的雪茄盒里看到的那条蛇。然后，她把河乌的事告诉了妈妈，告诉她它是怎样向她点头的，又是怎样在水里飞的。妈妈又说起了绵羊牧场的那场旱灾，那时不下雨，井里也没有水，只能赶着羊群走很远的路去喝水，结果成千上万的羊都死了。她讲起了她小时候养的那匹小马，接着又讲起了她父亲在灌木丛中捉到的几头小棕熊，每次她把手指浸过蜂蜜之后，它们总是舔她的手指。

时间过得真快，比鲁滨孙·克鲁索独自一人待着的时候过得快多了。但是星期五突然站了起来，说她要回家了。

“我不能再等了，”她说，“我得回去照顾维吉。很遗憾我没有见到约翰。我看到他昨天好像为特纳先生对他说的话焦虑不安，我想问问他是否愿意让我给布莱克特太太写封信，让她转告她兄弟，约翰从来没有碰过他的船。”

缇蒂拿不准该怎么办。她得考虑亚马孙海盗那边。让土著人卷入其中是绝对不行的。所以她说，等约翰一回来，她就把妈妈说的话告诉他。

“他们怎么出去这么久？”妈妈说，“你确定自己一个人在这儿能行吗？要不跟我一起回霍利豪农场吧？你可以在看到他们经过的时候喊他们停下来，或者你可以来我家串门，在我家过夜，第二天早上沿着大路去迪克森太太家，跟其他人一起取回牛奶。我们可以在这儿留个便条给约翰，让他知道你去哪儿了。”

有那么一瞬间缇蒂挺想去的，不过和妈妈一起回去，这座岛就会比她来之前更孤独了。她还想到了导航灯和灯塔的事，她还要守护营地呢。

“不用了，谢谢，”她说，“我更想待在这儿。”

妈妈把煎锅、平底锅、马克杯和盘子都拿到靠岸点清洗，她一边洗，缇蒂一边将它们擦干。洗完之后妈妈把它们拿回营地，整齐地放好。她又把水壶装满水，放在火堆上的一块石头上，水壶一半在火上，一半不在火上。“一会儿会热起来的，”她说，“等他们回来口渴想要喝茶时，水一烧就开了。”

“我觉得他们不会很快回来的。”缇蒂说。

听到这话妈妈看了看她。

“你最好跟我一起走，”她说，“营地不会出事的。”

“不用了，谢谢。”缇蒂坚定地说。

“好吧，”妈妈说，“如果你确定自己可以的话。但不要一直等他们回来喝茶，布莱克特一家可能会留下他们一起喝茶的。”

缇蒂没说话。

妈妈上了船，用桨把船撑离岸边。

“再见，鲁滨孙·克鲁索！”她说。

“再见，星期五！”缇蒂说，“很高兴你来了，希望你会喜欢我的小岛。”

“我非常喜欢。”妈妈说。

她慢慢地划走了。缇蒂跑去瞭望台向妈妈挥手告别。妈妈划过了瞭望台，小岛突然又变得无比寂寞起来。缇蒂改变了主意。

“妈妈！”她喊道。

妈妈停下手里的桨。

“想回去吗？”她问道。

但在那一刻缇蒂又想到，她不仅仅是鲁滨孙·克鲁索，那个可以被途经的船营救的人，她还是一等水手缇蒂，她必须升起身后大树上的提灯，这样其他船员才能在黑暗中找到小岛，点亮领航灯，他们才能将他们的战利品带到港口。.

“不，”她回答道，“只想说声再见。”

“再见！”妈妈喊道。

“再见！”缇蒂也喊道。她靠在瞭望台上，用望远镜望着妈妈。突然她发现妈妈看不到了。她眨眨眼睛，掏出手帕，先擦了擦望远镜的镜片，然后又擦了擦眼睛。

“笨蛋。”她说，“可能这只眼睛太累了，换另外一只试试。”

第十九章　亚马孙河

太阳落到湖西岸的小山后面。照在东边山巅上的光带也随之越来越窄，直到消失不见。风停了。里约外的岛屿映在平静的水面上。

“这样不行啊，”约翰船长说，“等再次起风的时候可能天都黑了。我们最好沿着西岸悄悄划过去。即使她们在观察，只要我们靠近陆地，她们也看不到我们。”

“她们会以为我们是渔夫。”苏珊说。

“但是桅杆会让我们暴露的，”约翰说，“不过我们可以把它拆下来。不管怎样，如果我们沿着湖的那一边划，几乎一路上都会被掩护着。我打赌她们根本不会看到我们。如果风再不来，等我们到河口的时候，就什么都看不见了。”

“快走吧。”苏珊说。

“我能划船吗？”见习水手罗杰问道。

在岛屿中间等待了很久后，终于可以再次动身了，船员们都很高兴。今天早上，他们顺着风很快就从野猫岛到达了里约海湾。他们在岛屿中来回巡航，以确保亚马孙人没有潜伏在他们周围，等待着再次占领该岛的机会。他们已经确定了亚马孙号仍停在亚马孙河上，计划像他们所希望的那样进行着，晚上他们就能驶进去俘获它了。他们在里约以北的一座小岛抛下了锚，一直等到黄昏。在那儿，他们可以俯瞰湖的北部而不会被人发现。他们一整天都严密监视着岬角，因为他们知道岬角后面就是亚马孙河和亚马孙海盗的大本营。但是这个下午过得很慢，中间差点儿发生了兵变。

“我们直接上去吧。”罗杰说。苏珊也跟着说：“那就走吧。”

约翰船长让他们理智些。计划是在黄昏时发动袭击，如果白天将船航行到那里，就根本没有机会俘获亚马孙号。另外，一等水手缇蒂还留在野猫岛上，替他们看着灯塔，确保他们能在黑暗中回家。他们不能把缇蒂撇下，把这一天当作外出野餐。苏珊同意了。罗杰建议大家先去游泳。正如他们在书中读到的那样：兵不血刃，兵变就被镇压下去了。

得到了船长上岸的许可，船员们像是得了奖赏一样。于是，他们在抛锚处附近的小岛上了岸。他们先在岸边游了泳，随后在岸上生了火，不过并不是为了烧水做饭，因为他们没有带水壶，他们只是觉得上岸而不生火是对岛屿的浪费。他们喝了一半牛奶，吃了一半口粮。约翰留在岛上，他派出大副和见习水手航行到里约去买吃的。他们买了一先令的巧克力，里面有杏仁、葡萄干，当然还有巧克力，所以说他们等于花了一份钱吃到了三种东西。他们回来后还参观了其他几座岛屿，还跟其中一座岛上的一些土著人进行了一次不愉快的会面，那些人指着一块牌子说，这座岛是私人的，不允许登陆。

有那么一瞬间，约翰船长觉得他看见了亚马孙号船员中的一个在海角的石楠丛中移动。但是因为没有望远镜，他不能肯定。可能是一只羊吧。整个下午和傍晚他们都在漫长而疲惫的等待中度过。尽管土著人的汽船、摩托艇和桨船有很多值得一看的东西，但除了湖上远处的几艘大型游艇，他们没有看到别的带帆的船。这是他们三个人有生以来第一次希望太阳能赶快下山。

现在，太阳终于落山了。暮色降临，风停了，它跟往常一样随着太阳一起离开了。他们开始担心天会黑得太快。燕子号上一片骚动不安。

桅杆被卸了下来，搁在横木上，两头伸出船外。其实船里的空间完全可以容下它，它比燕子号短几英寸。但是如果把整根桅杆都放在船里，它就只能直直地躺在船的中间，这样划船的人就会很不舒服。

“要我说，干吗不把它斜插在船头呢？”约翰说，“而且，就这么放一小会儿。”

罗杰划船，约翰负责看指南上的图表，苏珊掌舵。

“划的时候用上背部的力量，”苏珊说，“等拉到尽头再弯手臂。”

“我正用全身的力气拉呢，”罗杰说，“但我衣服实在穿得太多了。”

“他划船的动静和和水花都太大了。”船长说。

“不等我们靠近目标，他就会累得划不动了。”大副说。

“不，我不会的。”罗杰说。

他们慢慢顺着西岸划着船。不管谁来划，都没法让燕子号走得更快了。天渐渐暗下来，山里已经一片漆黑，看不见上面的树林了。之前因为天太亮，他们不得不等，可是现在等到天黑，没有一点亮光，他们什么也干不成了。

“听我说，苏珊，”约翰说，“我想最好我来划。”但就在这时，平静的墨绿色的水面上泛起了一丝涟漪。

“太好了！”约翰船长说，“又起风了，而且还是相同方向的风。有时候太阳落山后风向会改变，但现在还是南风。”

水中波纹随着风力增强也变大了。

“我们回家的时候就是逆风了。”大副说。

“那时候就不用着急了。”约翰说。

“我们挂起帆来航行怎么样？”罗杰说，“但我可不累。”

“幸好燕子号的帆不是白色的。”约翰船长说，“在这种光线下，她们看不到咱们棕色的帆，尤其是我们贴着岸边航行。顺着这样的风，我们完全可以贴着岸边走。好吧，大副先生，告诉大家我们要收桨了。”

“小事，”大副说，“把桨收进来。”

罗杰停下了划船，先把一支桨举起来，然后又把另一支桨从桨架上拿下来，把它们放在船上。

“保持航向不变。”约翰船长说。

“遵命，长官！”大副说。没有风的时候，帆船会乖乖听指挥，但是风一来，大家就得打起精神了。

约翰小心翼翼地装上桅杆，尽可能地不出动静。他把帆桁钩在环上，扬起了帆。此时来了一阵西风，帆桁便朝右舷展开。

“它现在航行得非常快。”见习水手说。

“我不想太早到，”约翰说，“我想在天还有一些光亮的时候进入河口，但要等到海盗们放松警惕，回大本营大吃大喝之后。”

“佩吉说过他们七点半吃晚饭。”苏珊说。

“那就没问题，等我们到的时候早就过了那个点了。”约翰说，“我想我们没问题的。”

湖岸上，土著人房子里的灯火一闪一闪的。那几座岛屿后面的里约湾里灯火通明。现在天还没有完全黑下来，但有些星星已经露出来了。

燕子号飞快地航行着，不一会儿，他们就行驶到海岬旁边了，他们可以看到那附近高高隆起的黑影。

“现在我们得降帆了。”船长说。

他亲自把帆降下来，他只相信自己，觉得就连苏珊降帆的时候都会出动静。然后他把桨弄湿，这样桨就不会发出吱吱嘎嘎的声音了。

燕子号漂流过了岬角。它后面是一个宽阔的湖湾，湖湾两侧有茂密的灌木丛。湖湾的尽头有一所房子，窗里透出灯光。灯光反射在水面上，正好照出芦苇丛里河口的位置。过了一会儿，影子不见了，他们就知道自己漂过了。

“现在，大副先生，”约翰悄悄说，“你来划船好吗？

不过尽量别出声。罗杰去前面观察情况。你要是看到了什么，千万不要喊，小声告诉大副就行了。”

“那桅杆呢？”大副说。

“如果她们正在放哨的话，不管怎样她们都会看到并认出咱们的船，”约翰船长说，“如果她们没在放哨的话，桅杆就不要紧。如果她们是在那些灯火通明的房子里，外面的任何东西她们都看不到。我相信只要咱们能找到房船，就能成功。如果她们发现咱们了，早就发起攻击了。”

大副划船划得很慢、很稳。她的桨一点声音也没发出，入水出水时，连水花都没有。燕子号现在在平静的水面上行驶，被岬角上的高地遮住了。约翰掌舵，直到他看到映在河面上的灯光。他知道那是芦苇丛的入口。他将船驶过去。现在他们两侧都是高高的芦苇丛了，他们来到了亚马孙河。

“房船在右岸，”约翰低声说，“等于是咱们的左边，告诉罗杰注意看好左舷的动静。”

突然芦苇丛中溅起一阵水花，紧接着是一阵嘎嘎的叫声。

“是什么？”苏珊害怕地问。

“鸭子。”船长说。

苏珊继续划船。

罗杰在瞭望处小声说：“在那儿！我看到它了！”

“哪儿？”大副悄声说，扭头看去。

“那儿！”见习水手说。

只见在他们前面不远的芦苇丛上方，河的右岸，立着一座黑色的方形建筑。

“就是那儿！”船长低声说。

“船库！”大副说。

“别出声！”

“嘘！”

船库藏在芦苇丛的水湾深处。约翰船长掌好舵，慢慢向它驶去。

“停！”他低声说。燕子号继续朝前漂着，河面静得出奇。房子里亮着灯，还有音乐的嘈杂声。

“南希船长说过船库门上有骷髅标志。”约翰船长小声说。

“我看到了！看到了！”罗杰叫起来。

“闭嘴！安静点儿！”大副嘘声说。

“没错，就是它！”约翰船长小声说。

在大敞着门的船库入口，高高挂着的木板上刻着巨大的骷髅标志，被漆成耀眼的白色，大到让人觉得那一定是大象的骨头。

“你能看见里面吗？”约翰船长问。

“那里有一艘大船。”罗杰说。

“她们说过它会在那儿。应该还有土著人的汽艇。我们的桅杆能从那根横梁下过去吗？现在得轻点，轻轻地。”

苏珊正收桨，燕子号就漂进了又大又黑的船库里。

“这儿有一条桨船。”罗杰压低声音说。

“小心！别碰到了启动装置。”苏珊小声说。

“没什么别的东西了，”罗杰说，“亚马孙号不在这儿。”

约翰正站在燕子号船尾，紧紧抓住汽艇的舷缘。他掏出口袋里的手电筒。“他们在房子里是不会看到手电筒光的。”他说着打开了开关。

随即，一束明亮的光在船库周围摇曳。船库里面有一艘带桨的小艇、一艘大汽艇，远点儿的地方还有一片空地方。很明显，有艘船经常停泊在那儿。沿着船库那面墙有一个木制平台，那里别着一个大信封，在手电筒的照耀下泛着白光。

约翰船长推了一下小艇，让燕子号朝着那面墙漂过去。罗杰拿下了信封。

“给我。”大副说道。见习水手服从地递了过去。

船长和大副借着手电筒的光查看着信封。信封上有一个骷髅的标志，是用红铅笔画的。下面用蓝色铅笔写着“致燕子号船员”。约翰拆开信封，里面有一张纸，上面画着另外一个蓝色骷髅，骷髅的下面用红字写着“哈哈”，字非常大，落款处写着“亚马孙海盗们”，还有两个同样用红字写的名字，“船长南希·布莱克特”和“大副佩吉·布莱克特”。

约翰船长想了想。

“很简单，”他说，“她们把船藏在了河的上游。这是海盗的老伎俩了。我们能知道她们还没有出海，因为我们一整天都在仔细观察。咱们走吧。”他关掉了手电筒。

他们把船划了出去。

在适应了黑暗的大船库之后，他们觉得外面好像更亮了。

“现在，大副先生，用力划桨。”约翰船长说，“如果我们快点儿的话，还能趁有光的时候找到亚马孙号。”

大副苏珊弯下身用力划着，燕子号飞快地向河上游前进。暮色里约翰仔细观察着，好让船避开芦苇。不一会儿，他们就到了河的一个拐弯处。

而此时在他们已经离开的河口处，深深的芦苇丛中又溅起了水花。一只鸭子又嘎嘎叫起来。它叫了两三声之后，一个声音严肃地说：“别叫了，你这只蠢货！不要太过头了。”

这时，芦苇丛中一条船探出头来。船头上的那个人正是南希·布莱克特船长。她观察了一会儿，听着动静。

“解除警报！”她说，“他们已经向河的上游去了。这样我们就有更多时间了。快走吧。”

佩吉·布莱克特在船尾用杆撑着船，芦苇里溅起了更多水花。很快，小船从芦苇丛里出来，进入河口，向着湖面漂去。南希船长拿起桨，使劲划了几分钟。

“现在安全了，”她说，“我去把桅杆立起来。还好我们想到了把它拿下来，不然他们就能透过芦苇丛看到它了。快抓住主帆索，你这个笨蛋。”她高兴又满足地说着，升起了帆。

“现在好了，朋友们。”她边爬上船尾边说，“野猫岛和亚马孙号万岁！咱们把他们打败了。”

第二十章　缇蒂独自守岛

妈妈走了之后，一等水手缇蒂想绕着她的小岛转转。一切都是本该有的样子。那只河乌回到了港湾外面的石头上，一次次地向她点头示意，一等水手缇蒂也点头回应它，不过这次因为距离远，它没有飞走，反而站在石头上晃动身体，大概一分钟点两三次头。看到它扑进水里又飞出来，缇蒂待了一会儿就走了，继续巡逻。最后她回到营地，往火堆里添了些柴火。

然后她想起鲁滨孙·克鲁索会写航行日志，于是她拿来一个练习本也写起来。阳光里，她坐在帐篷门口，在一张纸的最上面写下“航行日志”几个大字。遗憾的是，她没有通过在棍子上刻凹痕的方法来计算日子，但因为只有一天要写在日志里，那就没关系了。于是她写道：

二十五年前的今天，失事的船把我带到了这个荒无人烟的地方。今日是西南风，海面平静，黎明时有薄雾。我遇到了一只礼貌的小鸟。我看到它在水中飞。我在海岸上发现了一条土著人的小船。那位土著人非常友好。她的名字叫星期五。她的国家有袋鼠，还有熊。哪怕她是野人，但在我孤独的时候能听到人类的声音依然很开心。星期五做了晚餐，有干肉饼、蛋糕和茶。后来她乘着小船回到了土著人所在的大陆。她……

一等水手缇蒂想了想，没有什么可说的了。她把到目前为止的事儿都写完了。在别的事情发生之前，没有什么可写的了。她开始翻《鲁滨孙漂流记》那本书，并不是仔细读，而是随意翻看，因为她之前早就读过很多遍了。她一下就翻到了鲁滨孙因为害怕对他垂涎欲滴的野兽而在树上睡觉的那一章。

我爬上树，尽可能躺得稳当些，以免睡熟后从树上跌下来。我事先还从树上砍了一根树枝，做了一根短棍防身。由于疲劳至极，我立即睡着了，真是睡得又熟又香。我想，任何人处在我现在的环境下，决不会睡得像我这么香的。

缇蒂想知道鲁滨孙·克鲁索是不是经常在树上睡，而目前的岛上又是不是有一些适合在上面睡觉的树。不过，这儿肯定没有饥饿的野兽。

然后她开始看关于沙滩上的脚印那个部分，想起来还有一些事她本来应该对星期五说的。接着，她继续翻着书，其中一段话让她想起了弗林特船长。

> 我一边工作，一边和我的鹦鹉聊天，教它说话，以此来消遣；很快，它知道了自己叫什么，最后还能够大声说出来……波尔……这是我在岛上听到的从别的东西的嘴里说出的第一句话……

当然，要是她也有只鹦鹉，这座岛就完美了。她想起了房船栏杆上的绿色鹦鹉，又想起了燕子号船员去找烧炭人的那天，鸟儿在树林里叽叽喳喳地飞来飞去。鸟儿们，跟那只绿色鹦鹉一样，都让她想起了弗林特船长，因为她记得那个老人让他们带给亚马孙海盗的口信。她记得口信的内容，那位老人觉得会有人闯进房船，弗林特船长应该把门锁上。她又想起约翰试图向他转达这个口信，但弗林特船长太生气了，除了说约翰是个骗子之外，什么都听不进去。现在是妈妈想通过亚马孙号船员的妈妈的帮助，给弗林特船长送封信。还有，约翰去了亚马孙河，不是去看亚马孙号上的人，而是要俘获她们的船。所以消息得到明天才能送到亚马孙号那里。

“烦人的弗林特船长！”她叫道，接着把书扔在了一边，拿着望远镜去瞭望点观察了。湖上有很多船，通过望远镜，她能看到鸬鹚岛光秃秃的树上的鸬鹚。尽管有这些景象，时间还是过得很慢。甚至煮点茶，煮两个鸡蛋，加上吃完鸡蛋、小甜圆面包和果酱所花的时间，也不像有急事要做的时候那么长了。好像在营地里做饭、吃饭、洗碗只花了她几分钟时间一样。她回到瞭望点，想象着燕子号会遇到什么情况。她知道在很长一段时间内他们都不会回来，因为他们要等到黄昏才能进入亚马孙河。黄昏好像要过很久才会降临，跟远在里约的船长、见习水手和大副相比，对一等水手缇蒂来说，时间要显得更漫长一些。

太阳终于下山了。最后一艘船，通常罗杰睡觉前的最后一艘汽船，在湖上行驶着。最后一批当地渔民划船驶进黄昏，消失不见了。缇蒂成了一座孤岛上的灯塔守护者。

她点亮了大提灯，把它拉到树上，系紧绳子。提灯在高处发出了耀眼的光，她还想过游到湖里，从水上看一下灯是什么样子。但她最终认为，一个负责守护灯塔的人不应该冒险去做那样的事。她也许会被海浪冲走，如果是这样，等灯里的油烧完了，就没有人往里面添了，而没有灯，在黑暗中行驶的大船就会触礁。

趁着天还没有黑到需要借助手电筒才能看清，缇蒂拿来一盏蜡烛提灯，把它挂在树杈的钉子上。比起先点蜡烛，再摸着钉子往上挂，这样先把灯挂上树，再打开盖子点亮蜡烛更方便。挂完烛灯后，她回到了营地。“这时候他们应该在俘获亚马孙号。”她这样想着，有点待不住了。有几次她走到瞭望台察看灯塔里的提灯是不是还好好地亮着，但其实她不用离开营地，透过树林就能看到提灯的亮光。

最后她终于打定主意，除了等着听猫头鹰一样的叫声响起，其他没有什么可做的了，而这样的叫声会告诉她燕子号回来了，正等着她去点亮导航灯，好指引燕子号和亚马孙号驶进海湾。“如果他们顺顺当当俘获了亚马孙号的话。”她说。

她把火烧得很旺，所有的木棍都指向中央，然后她把苏珊事先准备好的土块覆在上面。但是这样一来，周围变得很黑，所以她又把土块拿开了。不用担心，两天前，他们卸在小岛上的货里还有很多柴火。她点亮了另一盏蜡烛灯，想借着光读会儿书，可是就算有蜡烛灯，读书还是没那么容易，因为火苗在跳跃，在纸上投下的影子也跟着晃动。她又想起提灯里的蜡烛只有一小段，而且还得拿到港口去用，于是她赶紧吹灭了蜡烛。她不敢去床上躺着，害怕万一睡着了就听不到燕子号回来时发出的信号了。所以她把两条毯子从帐篷里拿了出来，用其中一条把自己裹了起来，把另一条用作斗篷和兜帽，坐在火堆前，手电筒和蜡烛灯就放在她的身边。她口袋里装着一盒火柴。她确保自己把火柴装在口袋里了，隔着毯子她能摸索到……

然后她就睡着了。

她是被吹在脸上的风和悠长的猫头鹰叫声唤醒的。“喔呜……喔呜……”

她一下子站了起来。这是在哪儿？火已经熄灭了，只剩下红色的余烬。天特别黑，但她身后的树上还闪着一丝微光。对啦，那是灯塔。她是在多久前听到的猫头鹰叫？是在她睡着之前吗，还是刚听到？难道是在梦中听到的？

她脚一踮想跳起来，但她忘了她把自己裹成木乃伊的事了。一定是猫头鹰的叫声把她叫醒的。约翰、苏珊和罗杰一定正在黑暗中驾驶着两艘船，为灯塔怎么没亮感到奇怪呢。她挣扎着爬起来，支起耳朵听着。起初她什么都没有听到，后来她听到吊杆摇摆的吱嘎声从湖面上传来，像是船靠近了一样。

她摸索着找地上的手电筒，很快就找到了，而且提灯也在手电筒的旁边。她打开手电，踉踉跄跄地跑出营地，赶紧顺着小路跑到了港湾。维吉生日那天妈妈把手电筒当作礼物送给他们简直太棒了。不过即便有手电筒，跑起来还是不容易。幸亏她已经把小路上悬着的树枝清理掉了。

她找到了那棵有树杈的树，从口袋里掏出火柴，她把手电筒装进口袋，这样两只手都能用上。第一根火柴她没划着，第二根在她举起来准备点灯的时候熄灭了。第三根火柴终于成功了。接着她轻松地点亮了另一盏灯，把它挂在了有白色十字的树桩的钉子上。

好了，现在约翰和苏珊就能看到灯了。但要是他们已经等了很久了怎么办？她，缇蒂，一等水手，竟然在应该醒着的关键时刻睡着了。要是他们在黑暗中试着进入海港时撞到了礁石上怎么办？

突然，一只大大的猫头鹰贴着她的头顶从两盏导航灯之间飞了过去，被它们闪烁的光搞得一头雾水。

“喔呜……喔呜……”随着它飞进黑暗中，她听到了这样的叫声。

也许她之前听到的猫头鹰叫不是信号。也许她所有的担心都是多余的，燕子号还在很远的地方。但是，刚才听到的吱嘎声却很像燕子号的吊杆发出的。

但就在这时，在她面前的黑暗中的某个地方，在海港外面，她听到了船帆降到船上的声音，接着是一阵短暂的嘎吱声，就是用船桨划船的时候发出的那种嘎吱声。

她刚准备开心地大喊，迎接燕子号，但她突然听到一个声音，这声音不是约翰的，也不是苏珊和罗杰的。

那个声音说："他们的主意还不错呢，用灯做标志物。"

缇蒂立马想把灯吹灭。但太晚了。船已经靠近了。下一秒钟它就停在了港湾，距离她不到六码。

缇蒂趴在了一块石头后面。她怎么就睡着了呢？原来她听到的是真的猫头鹰叫，不是燕子号发出的信号。如果她醒着一定能分辨出来。现在，没有人守卫了，灯还把亚马孙号引进了海港，燕子号回来就会发现小岛在敌人的手里。他们会原谅她吗？

南希·布莱克特正站在沙滩上。

"让我震惊的是，"她说着，"他们是怎么做到在我们之前到达这里的。我敢肯定我听到他们沿着河流往上走了，肯定是悄悄划船走的。他们不能升帆航行。没想到居然可以划得这么快，即使我们一直抢风航行也追不上。奇怪的是我们既没看到他们，也没听到他们的动静。来吧，佩吉，加把劲，把灯点亮。"

"火柴太潮了。"佩吉说。但没一会儿，船上就有了一束闪光，又过了一阵子，她拿着一盏提灯向岸上走来。

"他们为什么不在这儿呢？"佩吉说。

"他们肯定给我们把灯点亮之后，溜回营地了，"南希船长说，"假装他们已经回来很长时间了。过来，让我拿着提灯。"

亚马孙号海盗们从一等水手缇蒂的身边经过，近得几乎都能碰到她了。她们急匆匆地走上了小路。

缇蒂蜷缩着，不停地发抖。

她听到佩吉说：“等等我。没有提灯我看不到。”

她们的脚步声越来越远了。除了风吹过树叶的声音之外，港湾里一片寂静。亚马孙号上的人已经走进营地了。

缇蒂不知道该怎么办了。他们这是失败了啊，一败涂地。本来应该是苏珊作为荣誉船员，带着俘获的亚马孙号和燕子号一起回来，现在一切都不对劲了。燕子号没能俘获亚马孙号，亚马孙号船员却登陆了野猫岛，她们的海盗船安稳地停靠在海港里。要是她没点灯的话，她们就不可能在黎明之前进港，那时候燕子号船员们肯定就回来了。

就在这时，她听见从小岛的另一头传来的亚马孙号船员的喊声。“燕子号的人！喂！约翰船长！”

声音越来越近了。亚马孙号船员正往回走着。

这时缇蒂有了主意。

毕竟，是哪个燕子号船员俘获了亚马孙号并不重要。现在亚马孙号就在眼前，无人防卫。为什么不行动呢？

缇蒂立即站了起来，走上沙滩，很快她就走到了水里。她抓住亚马孙号的船尾，沿着大石头的边缘把它拖出了港口。然后她拿出手电筒，借着光找到了桨。虽然这副桨跟燕子号的桨不太一样，但她可以驾驭它们。她站在亚马孙号船尾划开了，眼睛看着她自己点亮的那两盏灯。她记得不管怎么样，都一定要让两盏灯在一条直线上，其中一盏在另一盏上面。尽管她很努力，但两盏灯有时还是会偏离直线，不过她已经做得很好了，即使稳向板和放下来的帆，连同吊杆和帆桁都碍手碍脚的。她努力不撞到任何东西，在其中一盏灯里的蜡烛烧尽熄灭的时候，她刚好将海盗船船尾划离了礁石。“这是我在营地用的那盏，”她想，“还好我没再读书。”她继续向后划了划，确认自己已经离开了礁石。她知道风会把船吹回小岛，所以她将亚马孙号掉转头，坐到划手座上，把腿放在稳向板的两侧，用正常方法划了起来，并始终让风从她的右侧吹来。

她看不到另一盏导航灯了。但很快她又看到了，还有一盏提灯，灯光透过了树林。是亚马孙号船员回到营地了。

她松了桨，让船在湖面漂浮着，她想听听有什么动静，但什么也没听到。一会儿她看到另一盏灯，挂在了更高一点的地方。那是灯塔，那灯仍然在瞭望点树上的高处发着光。她知道风正把她吹离小岛，吹向湖泊。她使劲划着左桨，让亚马孙号的船头朝向风的方向，然后平稳地划了起来。

这活一点儿也不好干。她没法一晚上都这样划。她最应该做的就是把船停在一个尽可能安全的地方。她停止了划船，把桨收了进来，打开手电爬向船首。果然，船首放着锚和一些绳子。她记得约翰告诉过苏珊，在不确定锚绳的末端是否系紧的情况下，千万不要松开锚。于是她拿着手电筒低头检查了一下那堆绳子。没问题，绳子紧紧系在带环螺栓上。她把锚放在能轻松够到的地方，然后坐起来接着划桨。她尽自己最大努力朝着湖的西岸划去。现在除了灯塔的光亮，她什么也看不到了。她不想在天亮的时候把船停在离小岛很近的地方。谁知道这些海盗会不会游泳，所以停靠在湖的对岸应该就安全了。

突然她听到了水花溅到岩石上的声音，就在离她很近的地方。不能在黑暗中把亚马孙号靠岸。于是她停止划船，再次爬到船首，将锚从船头降下水，双手交替地把绳子放下去。绳子一寸寸地往下走。毕竟水很深。过了一会儿，她感到锚变轻了，应该是触到了水底。她把剩下的绳子放开。亚马孙号向后漂去，然后被缆绳轻轻一拉就停住了。

“不管怎样，直到明天早晨都不会有什么事发生了。”一等水手缇蒂对自己说，“约翰不会在一个导航灯熄灭的情况下靠岸的。我已经控制了亚马孙号，燕子号肯定会胜利的。什么状况都不会发生的。”

她错了。永远不要说再也不会发生什么事。

既然她的战利品已经安全抛锚了，于是她努力使它有船的样子，即使有小手电筒的帮助，在黑暗里她还是做不了太多，但她还是尽可能地把帆卷好。随后，她找到了一条毛毯，把自己裹在里面，因为水面上太冷了，她又没在划桨。她还发现了一大块巧克力，把它吃了。“人们一定会吃掉他们在俘获船只上发现的所有东西的。”她在犹豫要不要吃的时候这么对自己说。她坐在船舱，就在靠近稳向板的地方，这样能避避风，暖和一点。她已经把所有的巧克力都吃光了，开始想着离天亮还有几个小时。突然她直起了身子，像田野里一只看到人的小白兔一样。

她听到了一些声音。

那是有人划桨的声音，用力地、快速地划桨的声音，听起来是一艘土著船上两对桨发出的声音，还有船首拍打着波浪的声音。这些声音她很熟悉。

那条船离她越来越近了，最后从她身边驶了过去。哗啦，哗啦，她能清楚地听到船桨拨水的声音，她几乎觉得自己能在黑暗中看见那条船。

一等水手缇蒂大气都不敢出。他们既不是燕子号船员，也不是亚马孙号船员，而是土著人。那他们要在所有人——当然是除去海盗和探险家之外的所有人——应该睡觉的半夜做什么呢？

“我们现在肯定快到那里了。”一个男人的声音在黑暗中随着风传来，音量显得很大。

“现在还没有。你看那些孩子在小岛另一侧点的灯。至少还得有一百多码远。”

“我听到了什么动静。我打赌不太远了。稍微慢一点。”

从前面不远的地方传来了碰撞声。

“都告诉你了，你这个笨蛋！你把这条破船撞碎算了。”

“赶紧下船，把它拉过来。”

“把你的帽子从灯上拿下来，给照着点光。”

水花溅了起来，接着是船被他们从石头间拉起来的声音。还有一丝微光和一束自行车灯的光。

“船还好。应该只是掉了点漆。还好没被撞破。”

“搭把手，来搬一下这只箱子。没有人会来这儿找的。”

“如果你一直亮着这盏大灯，他们会找来的。我们把它带走最好了。”

“摩托车带不了它，我们得开车来。”

“他妈的！你干吗不用凿子把它撬开？”

“聪明啊，谁会想到他会把东西放在这里面呢。要打开它光用凿子应该不够。”

“真是个愚蠢的游戏。”

“不管怎么样，咱们已经搞到手了。光凭重量就知道是值得拿走的东西。如果不值钱，他不会把它放在这样的东西里的。来搭把手。”

先是一连串攀上石头的声音，接着是咒骂声，还有沉重的石头撞在木头和金属上的声音。

他们又说起话来。

“我们下次出来拿着鱼竿，钓些好吃的东西。即使他们真的来找，也是找不到的。还有你一直嘟嘟囔囔的，我真希望我是一个人来的。”

“我也希望你是一个人来的。”

“把船推下水吧。确定它没有漏？”

“没有，漏了也是你造成的。”

“推它下水，用浑身的劲去推。我们得在有人来之前赶紧离开。”

于是，划船的声音又响起了，很快就飘远了。

“听起来他们一点儿也不像友好的土著人。”缇蒂这么想着。她竖起耳朵听着，嘴巴也张着，直到她什么都听不到了。其间她的眼睛忍不住闭上了，她只好努力用手指把眼睛撑开。“我又要睡着了，”她说，“我就知道。”

她说对了。

第二十一章　黑暗中的燕子号船员

在渐渐降临的暮色中，大副苏珊划船，罗杰在船首瞭望，约翰船长掌舵，驾驶着燕子号向亚马孙河上游而去。两边的河岸上都是高高的芦苇，还夹杂着小片草地，天色渐黑，他们隐约能看到草地上树的形状，接着就又是芦苇了，像高墙一样把他们围在中间。不一会儿，河流宽阔了，他们进入了一片开阔的水塘，除了小船进出的地方，四周都被高高的芦苇围着。

“这儿一定是她们所说的潟湖①，”约翰船长说，“这是她们唯一藏船的地方。天要是没这么黑就好了。”

他使劲把舵柄转向右舷，燕子号猛地向左一转。

“你转得这么急还怎么划船呀？”苏珊说。

“不好意思，”约翰说，“我想靠近湖边缘。我不想错过它。”

“好像有东西在拉我的桨，”苏珊说，“我撑不住了。”

船停了下来。约翰盯着这边看了看。

① 潟湖，被沙嘴、沙坝或珊瑚礁分割出的水域。

“是睡莲。”他说，“天越来越黑了。”

“它们像章鱼一样把我的桨缠住了。”苏珊说。

“也许它们就是章鱼，”罗杰说，“缇蒂跟我讲过它们是怎么把触角伸长，把人从船上拉下去的。”

罗杰在前甲板上，声音里明显透着惊慌失措。约翰船长立即打断了他。

“全是废话，罗杰，”他说，“绝对不是章鱼，只是花而已。”他歪了歪身子，毫不费力地抓起一朵。“给你，”他说，“把这个给他，苏珊，让他自己看。就是花而已。只不过花茎太硬了。把船划到道中间去吧，大副先生。”

“好吧，的确是花。”罗杰一边说，一边用手摆弄着睡莲，手指顺着又硬又滑的花茎向下摸着，“即使它们是章鱼我也不害怕。”

苏珊尽了最大努力，但桨片还是被又宽又大的睡莲叶困在下面，花茎全都绕在了一起。又长又粗又滑的睡莲花茎全缠在了一起，像绳子一样把桨拴住了。她丢了一只桨。她试着把它捡起来，全凭感觉，因为在黑暗的水里根本看不到燕子号棕色的桨。燕子号像是被什么有弹力的东西钩着一样，先松开一些，前进了没一点儿，就被用力拽了回来。

“这花真烦人！”罗杰说。

“让我来划吧。”约翰说。

船长和大副换了位置。约翰尽量不划顺桨，而是让桨叶斜着往下往前插入水中，这样船桨就不会在水里陷得太深，就不会被困在叶子下面了。这样好多了。现在燕子号成功从睡莲中挣脱出来了。

“我转动不了舵柄了，”苏珊说，“只能转动一点点。”

“肯定有花茎缠在了船舵和船骨中间，”约翰船长说，“让我来。”他脱了外套，撸起袖子，把胳膊伸进船尾处的水中。不只一根花茎，而是五六只睡莲花茎全缠在了一起，把舵缠住了。他把其中一些花茎拽断，从船舵和船骨中间把它们扯出来。

“现在干净了。”他说着重新拿起了桨。他往前划着，告诉苏珊控制住不要太靠近芦苇，因为睡莲就在那儿，也不要离湖边太远。跟睡莲的斗争花了他们一些时间，天变得越来越黑了。

“我说，”苏珊说，“现在太黑了，肯定找不到亚马孙号了。我们最好放弃，回去吧。”

“如果我们等到天亮就肯定能找到它。”约翰船长说。

“那缇蒂呢？”苏珊说，“而且，亚马孙号可能压根不在这儿。”

“它肯定在亚马孙河的某个地方。”约翰说，“但我把缇蒂给忘了。我们回去吧。”

他把燕子号掉转过头，继续划桨。

“我掌不好舵，”苏珊说，“我不知道该往哪儿走。”

约翰用力拉了一下桨。

“又是睡莲。”他说。

他刚把燕子号从睡莲中解救出来，结果船头又冲进了芦苇丛。

“看着点儿路，罗杰。”大副说。

“远了什么都看不到，”罗杰说，“能看到的时候就晚了。”

他们过了很久才找到河湾出口。其实，有一次他们路过了河口，但因为害怕离芦苇太近才没有发现。最后他们觉得，即使在这里有人看到灯光也不会被怀疑，于是他们就用上了手电筒。罗杰的手电在衣服里不好拿，但他可以用约翰的，因为约翰在划船。苏珊自己有。即使有手电筒还是很费劲。微弱的灯光，这里那里，照到的都是一片晃动的芦苇。灯光照到的区域的两边依旧一片漆黑。随着他们移动，灯光照在了更多的芦苇上，赶走了黑暗。最后他们终于找到了一个地方，灯光照亮了两侧的芦苇，但中间一片漆黑。

“这里一定就是河口了。”约翰说。

他朝黑暗中划了两下。燕子号周围的水还是清澈的，但手电筒照到的两边都出现了芦苇。芦苇都弯向同一个方向。即使约翰停止了划桨，燕子号仍然在朝着芦苇弯下的方向漂去。终于，它驶进了河流。

约翰让水流带着燕子号前进，只在它碰到两边芦苇的时候用桨划一划。

“不要在空中乱晃手电筒，苏珊，”他说，“否则会有人看到我们的。我们肯定是在靠近房子。把你的手电筒关掉，罗杰。我们可不想引来土著人。”

有那么一两次他们驶进了河流拐弯处的芦苇丛里，但都毫不费力地出来了。

现在，他们看到了离水面很远的大房子里透出的光亮。

“我们现在肯定靠近船库了。”约翰说。

“对，就是那座房子，”苏珊说。

约翰停了下来。“我们必须再检查一下里面，”他说，“确定一下。”

苏珊将她的手电筒往船库里照去。一只蝙蝠飞了出来，几乎飞到了他们脸上。那艘大汽艇和桨船还是停在老地方。亚马孙号的位置仍然是空的。

“她们肯定把它藏在了河上游的什么地方。”约翰说。

就在这时，大房子里的灯一盏接一盏地熄灭了。

“把手电关了，亲爱的大副。”约翰船长说，“现在如果他们从窗户里往外看，就能看到我们的灯。”

他再一次让燕子号驶进河流，在黑暗里漂浮着。

有很长一段时间他们都没说话。突袭的计划失败了，探险到头来成了一场空。

突然，他们感觉到风变大了。

“我们一定是进入了开阔的区域，”约翰船长说，“你可以打开手电筒了，大副，看看能看见什么。”

苏珊用手电筒照了照四周。看不到芦苇丛了，只有泛着微波的水面。

“嘿，”罗杰叫起来，“我看到了远处的灯。”

“是里约岛的灯，”约翰说，“我们从亚马孙河出来了。我去升起帆。大副，一会儿我缩帆的时候你用手电帮我照一下。爸爸不是说过嘛，‘夜航时，不要羞于为一条小船缩帆’。”

就算有值得信任的大副帮忙举着手电，在夜里缩帆也没有那么容易，但最后他们还是搞定了。约翰将燕子号船头朝向风的方向，升起了帆，苏珊在一旁掌着舵，控制着主帆索。

“让它右舷受风，”燕子号一航行起来约翰就说，“让帆鼓足风。我们要确保我们完全绕开了岬角。”

即使缩起了一部分帆，风还是足够推着燕子号快速地在水面上前进，船下不断地传来潺潺的水声。

“我们正向东走。”约翰一会儿说。

“你怎么知道的？”苏珊问。

“看！”约翰说。

头顶上的天空中一片云都没有，大大的星星闪着光芒。

“看！”约翰说，“那是北斗星，像只平底锅，那是把手，那是锅底。把手的那两颗星星指向北极星。喏，那颗就是北极星，它正对着燕子号的左舷，所以我们肯定是在向东航行。而里约的灯光在南面，右舷的方向。”

“为什么土著人老把平底锅叫大熊星座呢？”苏珊说道。

“我不知道，”约翰说，“一点儿都不像熊，它更像一头长颈鹿，不过它还是最像平底锅。”

“燕子号有点朝向风的方向了。”大副苏珊说。

“把帆整个儿张开，”船长说，“全速航行。但我们现在肯定已经绕过了岬角。我要用一下指南针和航海图了。”

此刻，燕子号船员已经重振精神，因为他们不再在黑暗中布满芦苇和睡莲的地方摸索了，他们又在“海上”了。没有什么比“航海”更能让水手们开心的事情了。

“你冷吗，罗杰？”大副问道。

“冷。”瞭望者回答。

“到船缘下面去，裹上这条毯子。”大副说着经由船长把毯子递了过去。

约翰也缩在船的底部。他拿出指导手册，在手电筒的帮助下找到了里面的航海图。然后他把指南针放在划手坐板中间，让表盘里的黑线指向船头。但并没有什么用，因为燕子号倾斜着前进，指南针也是倾斜的，没办法读数。他只得用手拿着。即使这样刻度盘还是晃得很厉害。他尽最大努力一只手拿稳指南针，另一只手拿着手电筒照着它，看刻度盘上的那条黑线指向哪个刻度。但是指南针没法儿保持稳定，一会儿朝这边摆，一会儿朝那边摆。

“大概是正东方向，”他最后说，“现在让船尽量朝向风的方向。”

大副慢慢回舵，燕子号的船头越来越靠近风吹来的方向了。

“东，东偏南，东，东南，东南偏东，东南。”他快速说着。

“它没法再靠近风来的方向了。”大副说。

“那就保持这样吧，”约翰船长说，“就是东南方向了，或者很接近东南。”他看了看书上的地图，“这样走的话它大概就到这儿了，然后它可能就要往偏西南方向走。但问题是，我们不知道该过多久变换方向。我们只需要换风向走一小段路，尽量保证两端路的长度相同，就不会撞到岸边。等我们靠近小岛的时候，借着里约的灯我们就能看到了。我数到一百就该换方向了，变换方向后，我再数一百，你再变换方向。”

“里约的灯开始熄灭了。”大副苏珊说。

是的，里约湾山丘上的灯光正一一消失。

“一定是太晚了。”苏珊说。

云又一次把星星遮住了。没有任何能看到的亮光了。燕子号小船正在黑暗中穿行，苏珊让船尽量靠近风向。她面朝正前方，在感觉到左边脸颊有冷风的时候把船舵向上转动。

“九十二、九十三、九十四、九十五、九十六、九十七、九十八、九十九、一百！换舷！”约翰说。苏珊立刻拉舵。燕子号龙骨下的水暂时平静了下来，接着，当她加快速度时，那令人愉快的、奔腾的波浪声又一次响起了。

“你掌舵吧，约翰，”大副说，“我想给见习水手拿点巧克力。”

约翰握着舵柄，稳定又缓慢地数着数。他拿着指南针，时不时打开手电筒，用膝盖夹着，用灯照着指南针。虽然他觉得这么做有用，但实际上也起不到多大作用。他所能做的最好的事就是让船继续航行，并确保它在每一个航向上都保持相同的距离。但——如果风向稍稍改变了呢？

大副拿出蛋糕和巧克力。她和船长发现，他们可以像见习水手一样也吃一些。此刻，穿着两套暖和的衣服，盖着毯子的罗杰，正吃得开心呢。

“缇蒂会喜欢这样吗？”他问。

“喜欢什么？”苏珊说。

“像这样在黑暗里航行。”罗杰说。

苏珊没说话。缇蒂一个人留在岛上那么长时间，她一想到这一点就觉得有点对不住她。

约翰也没说话。因为他自己在数数，快数到一百了。此时苏珊在船底借着光切开大蛋糕，掰开巧克力，约翰借着光看指南针，他们的手电筒的光好像使得黑暗的夜比实际上的显得更黑了。虽然这比被困在河里好太多了，但是约翰船长很清楚，他不知道他们离岸边还有多远。他是燕子号的船长，一定不能让他的船失事。爸爸一直相信他不会是个笨蛋，但在这样一片黑暗中航行，他自己都不像白天那样肯定自己不是笨蛋了。没有里约的灯的帮助，一切都是黑色的。他只能继续迎风前进，他不知道当燕子号靠近河湾附近的岛屿时，他该怎么办。而且他如何知道它什么时候靠近岛屿呢？不能让他的船员知道他在担心。所以他什么也没说，只是继续数数。也许他数得比以前更大声了。他数到一百，将燕子号转向另一个方向，然后继续数："一、二、三……"小船便开始了另一个方向的航行。

燕子号在黑暗中来来回回按"之"字形在湖面上行驶。那些岛屿应该不远了。

突然约翰停止了数数。

"听，"他说，"树。我能听到树林里的风声。那是什么？"他用手电筒往旁边照了照。只见岩石上溅起白色的水花。风穿过树林的声音就在前方不远处。

"松开吊索！"约翰说，"放下船帆！等它落下来时抓住帆桁。"

苏珊用上了最快的速度。从约翰的语气里她知道不能浪费时间。船帆猛地降了下来。她尽最大努力收好，然后将手电照向前方的黑暗里。

"前面好像有什么东西。"她说。

燕子号在平稳的水面上漂浮着。约翰拿出了船桨。

"在这儿，"苏珊说，"靠近这边。快划，用左桨划。是栈桥。"

燕子号缓慢地撞上了一根木头。

"不管它是什么，抓住它。"约翰说。他收起桨，往前爬。手电筒的光照到了其中一根土著们用来停靠桨船的栈桥上的黑乎乎而且潮湿的木梁。

"把手电举高一点，苏珊。"他说，"我要上岸。"

苏珊举高了手电筒。约翰一跃就爬上了栈桥。

"现在好了，"他说，"我找到缆绳了。"他打开手电筒，燕子号正往后漂，苏珊看着他站在栈桥上，把缆绳拴在一根柱子上。

"不管怎么样我们到了这里。"他说，"真幸运我们沿途没撞上石头。不知道这是哪座岛。"

他用手电照着路，沿着栈桥走出去，又走了回来。

"这儿有一个告示，上面写着'私人领地，禁止停靠'。"

"那咱们怎么办？"苏珊说。

"就在这儿停靠吧。"约翰船长说，"管他呢。土著人现在都在睡觉，我们可以待到天亮之后再走。天应该很快就亮了。只有笨蛋才会在这么黑的黑夜里设法航行穿过那些岛屿。"

"那缇蒂怎么办？"苏珊说。

"缇蒂在营地，她有帐篷。她不会有事的，就像咱们现在一样。"

约翰船长很开心。现在危险已经过去了，他很清楚他们差点儿就是在黑暗中穿行的笨蛋了。燕子号没有撞上岩石，而且现在被紧紧地绑在了一道栈桥上。他们在哪里并不重要，天一亮就知道了。

苏珊说："罗杰，你最好去睡觉。"

没人回应，罗杰早就睡着了。

约翰回到了船上。

"小心点儿，别吵醒他。"苏珊说。约翰小心翼翼地跨过了睡着的罗杰。

"这儿还有两条毯子。"苏珊说。

"我不睡，"约翰说，在船的底部找了个舒服的位置，"你睡吧。"

"我说，约翰。"苏珊一两分钟后轻声说。

没有回应。

过了没几分钟她也睡着了。

风把云都吹散了，天上的星星发出的光芒照着燕子号和睡着的船员们。墨蓝色的天空开始在东方的山丘上变得苍白。聚集在里约湾周围的岛屿从消散的暮色中慢慢凸显出来。湖水曾经像小山和天空一样黑，而当这些都变白时，湖水也变白了。岛屿变成灰绿色，微波荡漾的湖水颜色像是锡茶壶一样。

约翰醒来时，天还没亮，太阳也还没升起，但对于航行来说，光线足够了。他是被惊醒的，有些惭愧自己怎么睡着了。他很高兴自己是第一个醒来的。他瞬间知道了他们在什么地方。他们停在了里约湾北端的一座小岛上。他想在不惊动其他人的情况下把缆绳解开，升起帆，但当他行动的时候，其他人也醒了。

罗杰打了个哈欠，撑着船缘坐起来向两边看了看。但他只是看了一眼，什么也没说，就又躺下睡着了。

苏珊醒了，像是因为需要为家人准备早餐才醒来似的。

“那个，”她说，“我们是不是早该出发了。天已经很亮了。”

“那就走吧，”约翰说，“你控制帆索，我来挂帆。我是不想吵醒你……但我也是刚刚醒来，真的。今天又是一个好天，风还是一样。”

他解开缆绳，把它绕在栈桥边的柱子上。然后他去升帆，他忘了帆被收起来了。不过没用一分钟他就把帆展开了。这可比在黑暗中缩帆容易得多了。然后他再一次把帆升了起来，燕子号向后漂了几英尺，一鼓足风便起航了。他走向船尾，抓住了舵柄。

苏珊对着写有“禁止停靠”的告示板眨了眨眼。

“严格来说，我们并没有上岸。”她说。

之后，他们在里约湾和岛屿之间迂回行驶着。里约湾空无一人，他们从来没见过这样的景象。人们都还没有起床，房子的窗户都拉着百叶窗。游艇停在停泊点，土著居民的桨船停泊在岸边。一个土著人都看不到。

“距离日出还有一段时间。”约翰抬头望着群山上空微弱的光亮说。

他们把船驶离岛屿，来到开阔的湖面上，朝湖的对岸行驶了一大段距离后，船上响起“准备好转向”的号令，燕子号便掉转船头返回来。他们第二次驶离岛屿的时候，看到了霍利豪农场下面狭窄的湖湾。霍利豪农场就在眼前。那座雪白的房子坐落在山坡上，在红杉树和冬青树的映衬下显得非常醒目。妈妈、维吉和保姆都睡在里面。约翰看了看苏珊，苏珊也看了看约翰。两个人想的一样，但谁也没说什么。因为这并不是一个完全令人安心的想法。不过，他们很快就会回到野猫岛上的营地了。

最后苏珊说：“我真的希望缇蒂也睡了会儿觉。”

“我打赌她没睡，”约翰说，“不管怎样，她应该不想睡觉的。”

他们渐渐驶离了达里恩山峰。约翰看到了房船湾里那艘拴在大浮标上的房船，但这让他想起了那天他跟弗林特船长的会面，于是他将目光转向了一边。

现在他们能看到野猫岛了。苏珊突然说：“缇蒂醒了。她生了很旺的一堆火呢。”

升起的烟柱从岛上飘来。

“看！”约翰说，“那儿有条船。咦，怎么是亚马孙号。”

“在哪儿？”苏珊说。

“就在那儿，右舷船首，在鸬鹚岛旁边，我们去把它开回来。”

“真的是亚马孙号，”苏珊说，“但船上没有人。它肯定是从哪里松脱了，漂到了这里。”

约翰仔细观察着。

“它没有漂浮在水上，”他说，“它已经下了锚。可能亚马孙号船员在船上睡着了。嘘！我们直接俘获它。咱们在不惊动她们的前提下，把船拖到港湾里。等她们醒来就已经成为战俘了。”

“我觉得船上没有人。”苏珊说。

“怎么可能！”约翰说，“它不可能自己驶到这里还自己下了锚。”

“好吧，过会儿我们就知道了。”苏珊说。

约翰一开始没有转变燕子号的航线。这样行驶能到亚马孙号的迎风面。然后，他就可以小心翼翼地划桨向后退，抓住锚索，把船拖在身后，而不会吵醒熟睡的海盗们。后来他改了主意。靠近船尾航行更好一点，这样就能看到船里面了。如果亚马孙人只是假装睡着了，那想拿起她们的锚就太愚蠢了。

“我确定船上没人。”当他们靠近这艘锚被固定的船的时候，苏珊说。

但就在这时，舷缘上出现了一只手。过了一会儿，当他们从亚马孙的船尾经过时，在船的横梁上看到了一等水手缇蒂，她面色苍白，头发乱蓬蓬的。

一等水手缇蒂早就想好了面对此情此景时该说些什么。大概是“报告”“已捕获”“敌人”，还有“战利品”之类的话。虽然这些词从她的脑袋里冒了出来，但最后脱口而出的却是——“我拿下它了。”

第二十二章　白　旗

约翰船长发出一声欢呼，连他自己都吓了一跳。欢呼声惊醒了睡着的罗杰。

“缇蒂，缇蒂，你怎么做到的？”他说。

“好样的！缇蒂！”苏珊说。

罗杰从船底坐了起来。“嗨，缇蒂。”他打了个招呼，然后又蜷起来睡觉了。

约翰将燕子号转了个方向，顺着风驶到亚马孙号的旁边。大副苏珊爬上前去，抓住了亚马孙号的船舷。

“但亚马孙号的船员呢？”约翰说。

“她们在咱们的营地里。她们占领了野猫岛。”缇蒂说，“我阻止不了她们。我睡着了，之后有一只猫头鹰发出了叫声，我以为是你们，然后就点亮了灯，她们就进入了港湾。后来她们去了营地，我上了亚马孙号。”

“谁还在乎营地？”约翰叫起来，“重要的是谁把对方的船俘获了。现在是我们俘获了她们的船。我还以为我们失败了。燕子号终究是一流的。干得好！缇蒂。”

缇蒂想把她的故事告诉他们，比如她是怎么在黑暗里行驶的，她是怎么在这儿抛锚，到了天亮才发现船停在了鸬鹚岛上的，还有猫头鹰、划船的声音、男人的争吵、熄灭的导航灯……这一切似乎都搅在了一起，乱七八糟的。

“重要的是，”约翰船长说，“亚马孙号是我们的战利品。现在我们要作为一整支舰队航行。我们会在敌人面前登陆并夺回小岛。不然就让她们投降，如果她们不投降，我们把她们困在岛上，直到她们饿死。最后她们只能投降。看！她们在干什么？”

苏珊、缇蒂和约翰都直直地望着野猫岛。罗杰也醒了，他睁大眼睛盯着小岛看。

只见一张大毯子正被慢慢地升到灯塔树上，被风吹得鼓了起来。他们看到亚马孙号船员抓着下面的绳子。这是一条又大又结实的毯子，虽然风很大，却没有把它吹起来，它只是缓慢无力地摇摆着。

“那是我们的毯子。”苏珊说。

“算是白旗。”缇蒂说，“他们投降了。”

“但并没有很白啊。”罗杰睡意蒙眬地说。

“就是这个意思，”缇蒂说，“我能肯定那是白旗。”

“过会儿我们就知道了。”约翰船长说，“我说，亲爱的大副，是你驾驶战利品还是我来？”

“你来吧，”苏珊说，“我驾驶不了有稳向板的船。”

“好吧。”船长说，“罗杰和你待在燕子号上。缇蒂留在亚马孙号上掌舵。当心，缇蒂，我要上来啦。”

他从一条船爬上了另一条。

“我把亚马孙号的帆升上去的时候，你抓住燕子号的船绳。”他说。

“是，长官！”缇蒂说。

大副苏珊松开了亚马孙号的船舷，船绳另一头的燕子号向后漂去。

“海盗旗在哪儿？”约翰船长边说边抬头望着桅杆，看看是不是准备好可以起航了。

“她们把它留在桅杆顶上了，”缇蒂说，“天一亮我就看到了，我第一时间就把它降了下来。我之前没这么想过。”

“你做得对极了！”约翰船长说，“它是我们的战利品，不能挂原来的旗，应该挂我们的。但是我们没有多余的旗了。”

亚马孙号的帆是斜桁四角帆，和燕子号的一样，所以约翰毫不费力就把它放下来了。他开始拉起锚绳。

“那么，一等水手，你愿意掌舵把船开过去吗？毕竟她是你的战利品。准备好了吗，大副？燕子号可以出发了吗？”

“准备好了！”苏珊说，“罗杰，你去前面把绳子卷起来。”

罗杰这会儿完全醒了，急忙来到船头。缇蒂放开了燕子号的船绳。罗杰双手把它拖过来，接着卷了起来。燕子号的帆一鼓起来船就开始移动了。约翰用力拉起亚马孙号的锚绳，直到它完全绷直。

“准备好了吗，缇蒂？”

“准备好了。”

“它现在起航了。保持它的帆完全受风。”说完，约翰用最快的速度把锚拉上来。亚马孙号开始了航行，但却向背风面驶去。

“稳向板没放下来，”约翰说，“走一会儿就会好的。它没有像燕子号那样的龙骨。”

他放下稳向板，亚马孙号就不再向侧面滑了，后面的尾波也变长了。

“好了吗，缇蒂？”他问。

“好了。”她说，“我是说，是的，长官。”她嘴巴微张，眼神专注，专心掌舵。她是第一次驾驶亚马孙号，难怪她说错话了。

在清新的晨风中，舰队向野猫岛进发。燕子号在前，亚马孙号在后。

大副苏珊隔着水面喊道：“我直接开去港口吗？这样航行我很容易就能开到那里。”

“不行，”约翰船长说，“我们最好去瞭望台，问问她们挂毯子是什么意思。”

“我确定那是白旗的意思。”缇蒂说，眼神始终没有离开船帆。

“不管怎样，我们一定要确定一下。”约翰船长说，“亚马孙号开过去的时候她们可能会想冲上来把它抢走。”

瞭望台上，昨晚还挂着提灯的灯塔树上现在挂着一张巨大的飘动着的毯子，毯子下面是亚马孙海盗。她们没有呆呆地站着，而是像在跳舞。

“她们在干什么？”约翰船长说。

“那是南希船长，跳上跳下的那个。”缇蒂说，“可能她太生气了吧。”缇蒂只能用余光瞟上一眼。她在驾驶她们的船，而且她想让她们知道她能做到。她想像她们一样留下一道笔直的尾波。

苏珊驾驶的燕子号绕了一圈才到达小岛。亚马孙号从她的船尾超了过去。

“瞭望台正下方水很深，”约翰说，“你可以把船靠过去。这一侧没有风了，但风会从另一侧来。它受的风足够让它前进。”

“是，长官！”缇蒂说。

瞭望台处的亚马孙号船员似乎在向他们招手。“快啊！”她们喊道。

缇蒂渐渐靠近岬角。约翰对亚马孙海盗喊道：“你们投降了吗？”

南希·布莱克特大声回答道：“是的，我们真的投降了。你们快点上来啊。”

“快！”佩吉喊道。

“当真吗？”约翰说。

“千真万确，以海盗的名誉担保。”南希喊道。

“也以印第安人的名誉担保吗？”约翰怀疑地说。

“是的，也以印第安人的名誉担保，”南希喊道，“用什么担保都行。但是你们不要再浪费时间了。快把它驶到瞭望台这里来吧。”

“我们会把船开进港口的。”约翰船长说。

“瞭望台更近些。”

“它是我们的战利品，”约翰说道，“我们要把它开到港口去。”

亚马孙号已经扬帆通过了岬角下面有遮蔽的那片水域。现在它正乘风飞快地穿过小岛和湖东岸之间的海峡。

“迎风转舵，缇蒂！”约翰船长说。

“正在迎风转舵。”一等水手缇蒂说着，让亚马孙号转向上风，“但她们为什么要这么急？”

“我不知道。”约翰船长说，“别松劲儿。我们正和苏珊比赛谁先到港口。她走的是小岛另一边的路线。”

但是燕子号开头比较领先，现在它正航行在开阔的湖面上呢。在缇蒂驾驶她的战利品绕过岛南端岩石的时候，燕子号已经到了。苏珊已经把船帆收了下来，拿着桨在港口入口处等他们。

“没事了，”约翰喊道，“进去吧。她们已经投降了。不过我们不知道为什么她们这么急，或许是有什么事儿。我们一起进去吧。”

苏珊一只桨向前，另一只桨向后，在水中划开了，她把燕子号调转头，划着它向港口驶去。

“让我把亚马孙号划进去吧，”缇蒂说，“昨晚是我在黑暗中把她弄出来的。”

“听着，缇蒂，你能看见那些记号吗？风向正好，所以你可以把它停进去。我会在合适的时候把帆降下来。你什么也不用想，只要保证那两个标记，一个在另一个的后面，连成一条直线就行了。”

“我试试。”缇蒂边说边驾船径直驶入了航道。

“别看我，”约翰说，“让标记连成一条线。”就在他们冲进岩石之间的时候，他放下帆，拉起了稳向板。“眼睛看好那些记号。没错。当心燕子号。做得好！”

就像燕子号在小港湾里的沙滩上停靠一样，亚马孙号平稳地停在了燕子号的旁边。

亚马孙号船员正在沙滩上等他们，看起来很友好。佩吉·布莱克特把燕子号拖上岸，南希·布莱克特也把亚马孙号拖上来。但约翰船长没有放松警惕。

“南希船长，”他说，“哪条船更厉害？”

南希船长没有犹豫地回答道：“燕子号更厉害，你们赢了。但我们得快点了，没有人知道我们在这儿。这会儿我们应该在床上睡觉的。我们得及时回到家，一会儿大人该叫我们起床吃早饭了。”

“你们来不及了。”约翰船长说。

“不，我们可以的。风正变得越来越大，太阳也才刚刚升起。但还是要快点。我们一起把东西搬上来吧。我还有很多话想跟你们说。”

缇蒂爬出了亚马孙号，南希船长跟她握了握手，拍了拍她的背。“真厉害，一等水手！”她说，“我希望你能是我的船员。今天早晨当我知道是你一个人把我们打败的时候，我差点儿就要宣布以后再也不当海盗了。你用的这一招正是我们计划要用的。”

苏珊正忙着把毯子和篮子从燕子号上卸下来。罗杰已经跑到营地去了。其他人都帮忙拿了些东西搬到营地。这时罗杰跑回来了。

“火已经很旺了，”他说，“壶里的水也开了。”

“谁想喝茶？”大副苏珊问道。

“嗯，应该没有时间了。”佩吉说。

“来吧，快点！”南希说，“既然有这么多想说的，我们可以一边喝茶一边说。”

燕子号船员和亚马孙号船员一起沿小路往营地走，一路上几乎都是亚马孙号船员在说话。

“其实，”南希船长说，“我们得到允许了，从后天开始可以来岛上露营几天。”

“现在应该说是明天。”佩吉说。

“妈妈昨晚在家里办了场聚会，今天还会有人来，你知道，我们得为这种人精心打扮一番。所以我们只好昨天晚上和你们打一仗。但是我们又不能在同一个营地打仗。这之前又没有风，没法打仗。所以说如果昨晚不打，可能永远都不会有机会打了。后来我们被一等水手给打败了。对你们这是一次光荣的胜利。”

“在发现亚马孙号不见了之后，我们俩争了好一阵子。”佩吉打断道，“南希船长觉得船是漂走了，但我说船不可能逆着风漂走……”

“你先别说话，佩吉！”南希船长威胁道。

“噢，好吧，”佩吉说，“你就是这么说的。不管怎样，直到天亮我们才明白船是怎么回事。至少我们一开始不知道，甚至我们看到船之前还不明白。直到一等水手缇蒂站起来把我们的旗降下来，我们才懂了。”

“嗯，”南希船长说，“你们的计划真的不错。任何人都有可能上当，尤其是当我们看到你们在船库那里的时候……”

“你们在哪儿看到我们的？”约翰船长问。

“我们在河口的芦苇丛里。”

“这我可真没想到。”约翰船长说。

“当我们看到你们沿河而上的时候，还以为你们全都在船上呢。我知道你们沿河而上肯定什么也找不到，然后我就想，在天黑之前我们还有时间能到野猫岛。我以为你们会立刻返回。但我没想到岛上还留了一个你们的人，你们往河上游走只是为了将我们引到你们的圈套里。这个计划真是棒极了。”

“其实这真的不是我们的计划，”约翰船长说，“至少我也没想到。那你们本来想怎么做的？”

“不管怎样你们成功了。”南希船长说，“我们的计划特别简单。我们想先登陆野猫岛，我的大副把我留在岸上，然后她把船驶出去，等着第二天到来。接着我会藏起来，等你们回到营地的时候，我就去俘获燕子号，驾驶着它去找佩吉。”

“那出什么问题了呢？”苏珊问。

“我们来这儿花的时间比我想象的要长，天黑得太快了，我们很艰难地穿过了岛屿。这时，我们看到了你们的提灯……”

“是灯塔。”缇蒂说。

“我们以为你们已经在我们之前就回到了岛上，然后我们看到有束光在岛上移动。”

“那是我的手电筒。”缇蒂说。

“然后我们就想，我们应该在湖上待到天亮再说。后来我们看到了两束光，于是我就猜是不是你们用灯光来做标记。然后我就想上岸，把明天我们要来岛上住的事告诉你们。可是等我们到达营地之后，发现一个人都没有。我们喊了几声，然后回到港口，发现亚马孙号已经不见了。缇蒂做得太棒了。”

“然后呢，你们做什么了？”苏珊问道。

“我们就吵了几句。”南希说。

“几句？”佩吉说，“吵得可凶了！”

“然后我们看到了一块香饼，就把它吃了。你们不会介意吧？”

“完全不会，”苏珊说，“今天我们还会收到新的。”

“我把你们船上的巧克力都吃了。”缇蒂说。

“那是你应得的。”南希船长大方地说。

等他们到了营地，火苗烧得正旺，蒸汽从水壶里冒了出来。

“能让我来泡茶吗？”佩吉·布莱克特问。

“住手，佩吉！”南希船长说，“我们战败了，约翰船长是胜利者。约翰船长，能劳驾你的大副为我们弄些茶喝吗？”

“亲爱的大副，”约翰船长说，“泡些茶吧，大家都喝一点。”

“但没有牛奶了，”苏珊说，“现在去农场拿又太早了。”

“没时间去拿牛奶了，”南希船长说，“没有牛奶也可以。”

“那就把它当成热的格罗格酒吧。”缇蒂说。

于是装在大玻璃杯里的热“格罗格酒”端了上来，不加牛奶的热茶从来没像现在这样比加牛奶的更好喝。野猫岛上，此刻第一缕阳光正从对面的山顶上洒下。可因为天气太热了，亚马孙号船员又要急着走，所以南希船长就让佩吉到码头去拿一瓶凉水，来给“烈酒”降温。

“战争结束了吗？”南希问，“最好是结束了，如果我们明天要来的话。”

“当然，和平到来了。”约翰船长说。

“去把白旗降下来吧。”南希命令道，于是佩吉把她盛着格罗格酒的杯子放在地上，走上瞭望台，把灯塔树上的毯子降了下来。

“这会儿太阳可是真的出来了，”佩吉回来说，“我们得出发了，要不然赶不回去了。”

“那我们走吧。”南希说，“明天我们会尽早起航，我们会带着帐篷，到时候咱们一起去突袭弗林特船长。”

“那个，”苏珊说，“有个消息差点忘了告诉你们。”

“什么消息？”

“从野人那里得来的消息，”缇蒂说，“我们在森林里见到了他们，他们还给我们看了他们养的蛇。”

“你见过比利一家了？那群烧炭人？”南希说。

“嗯，他们住在一个棚屋里。”缇蒂说。

“他们给了我们一个信息，这个信息应该对你们有用，”苏珊说，“我们想让你们告诉他……”

“谁？”南希船长问。

“弗林特船长。”缇蒂说。

“老比利，还是小比利，我忘了是哪个了，他让弗林特船长在离开他的房船之前务必锁好门。”

“但为什么呢？”南希问。

“因为我们？”佩吉说。

“不，”苏珊说，“因为他从别的土著人那里听到了一些传言。”

约翰一直没说话，现在他开口了。“我们之前没告诉你们这个消息，因为那时候没风，”他说，“我不知道该怎么办。我想告诉他这个消息，但他根本就不听。你们能帮我跟他说说吗？”

“但如果他把房船锁了，我们就没法去偷袭它，为我们的箭找绿色的羽毛了。”佩吉说。

“如果他没锁，可能会被别的人偷袭。”南希说，“我们不应该把机会让给土著人。”

他们正急匆匆地走向港口。每个人都有不同的意见。最后还是南希发话了。

“我们会告诉他的，”她说，“就算他给房船上了锁，就算上了十把锁，我们也会用撬棍把锁弄开。我会告诉他的，就在回家的路上。”

“但你没法告诉他了，”约翰说，“他已经走了，”

“走了？”南希说着，把亚马孙号推到了水里。

“我看到他离开了，带着他的鹦鹉。”

“好吧，但他又回来了。”南希说，“我们昨晚到这儿的路上看到他房船的灯了，木屋的窗户都透着光。”

“我们不能现在告诉他。”佩吉说。

“为什么？”南希问。

“因为我们现在应该在家里的床上。”佩吉回答道。

“真见鬼，是啊，”南希船长说，“我都忘了这事了。开船！再见，船长！”

亚马孙海盗用最快的速度驶出了港口，张开了帆。没时间可以浪费了。阳光几乎照到了湖面远处的边缘。燕子号船员们回到了他们的营地。他们刚到，就听到从水面上传来一阵叫声。约翰和缇蒂赶忙跑到了瞭望台。亚马孙号正经过这里，它乘着清晨的风疾驰而过，船偏向右侧，航行得不错。桅杆上再一次升起了海盗旗。佩吉抓着吊索。突然旗子降了半截，不一会儿又升了上去，像先前那样飘在桅杆顶上。

“燕子号万岁！”南希和佩吉从水面上喊道。

“亚马孙号万岁！”缇蒂和约翰喊着。罗杰也赶紧跑了过来，也跟着喊了一声“万岁”。苏珊正忙着把挂在两顶帐篷间的毯子分开。不一会儿，她也来到瞭望台，跟他们站在一起，望着船越来越远了。

“罗杰,”她说,“你的休班时间到了。现在马上去睡觉。”

“但是现在已经是第二天了。”罗杰说。

“我不管。”苏珊说，“向前走！”

第二十三章　休　息

那天，直到下午一点钟，约翰和罗杰才划船过河去迪克森农场取牛奶、鸡蛋和黄油。而在此前的早晨苏珊催他们回帐篷睡白日觉的时候已经快七点了。闹钟根本没法叫醒他们，而且野猫岛上也没有闹钟。直到下午，整个营地才苏醒过来，罗杰是被饿醒的，嚷嚷着要吃早饭。

“我们没有牛奶没办法做早饭啊。”苏珊醒来之后说，她是被罗杰摇醒的。此刻罗杰正拽着她，央求道：“我想吃东西。”苏珊给了他一块饼干，但远远不够填饱肚子。

罗杰刚出去，缇蒂就被惊醒了。她突然坐了起来，以为自己听到了猫头鹰的叫声，以为自己还在篝火旁守着呢。这时，她发现自己正和苏珊在帐篷里，白色的帆布墙上透过来炽热的阳光，于是她又躺了下来，脑袋里回想着昨晚的冒险经历。

罗杰回到了船长的帐篷。船长的脚高高地蜷曲在毯子下面。罗杰两只手抓住他的脚，连带毯子一起，用力一拉。那只脚一下子就缩回去了，约翰醒了。

“苏珊说‘去取牛奶’。”罗杰说。

“我可没说。我说如果没有牛奶我们就没法吃早饭。”苏珊的声音从另一顶帐篷里传来。

约翰打了个哈欠，说道：“那就走吧。咱们的毛巾在哪儿？”

“咱们回来之后再去游泳吧，”罗杰说，“我太饿了。”

约翰翻了个身，朝帐篷后面看。那儿有个钟表，跟锡罐上的气压计放在一起。等他一看清楚几点，立马掀开毯子跳了起来。

“快点！”他说，“我们这就去拿牛奶。”

“带上篮子好装鸡蛋！”苏珊喊道。

船长和见习水手来到港口，把燕子号推离岸边，用桨划着出发了。风依旧很合适，于是他们决定还是把帆扬起来，这样比划船快一点。

“我们要做点什么才能证明它是旗舰船呢？”见习水手问道。

“没必要，什么都不用做。”船长说。

“什么是旗舰船？”见习水手问。

“是一支舰队里领头的船只。”

“那‘旗’是什么意思？”

“因为舰队的长官，或者叫船队队长（就是我），会把他的旗挂在那艘船上。”

“但你没有旗啊，只有缇蒂做的那面旗。”

“嗯，她做的旗子很好，”船长说，“而且我们的旗跟她们的不一样。这样就够了。”

他们靠岸之后，拿上牛奶罐急匆匆地跑向牧场。

“早上好，你们今天来得也太晚了。”迪克森太太边擦着制奶房的地板边说，“怎么回事，这都已经中午了。我还跟迪克森先生说呢，要不要去看看你们是不是一切正常，或者顺道去霍利豪农场看看你们是不是回家了。”

这些土著人呀！虽然他们很友好，但你永远不知道他们会做出什么出乎你意料的事。就是因为这样，约翰才在看到表时一下子跳了起来。如果迪克森先生去了霍利豪农场，去问发生了什么事，是不是还需要牛奶，那妈妈一定会认为出什么事了。但其实什么事都没有发生，一切都很好。约翰知道，妈妈每天都在关注他们早晨有没有去霍利豪农场拿牛奶，从而了解燕子号船员的消息。妈妈知道，如果他们没有从岛上带着牛奶罐去取牛奶，那迪克森一家一定会通知她的。土著人就是这样，有时对你很有帮助，但有时也很麻烦。他们彼此联系，形成了一个闲聊和侦察的大网，让探险家和海盗都很难逃脱。

“我要是没这么忙的话，就自己跑一趟了。”迪克森太太说。

“还好，”约翰想，“幸亏土著人有这么多事要做。”

“发生什么事了？”迪克森太太问道，说着急忙把牛奶从一个大桶里倒出来，“你们是睡觉睡得都不想吃早饭啦？”

“我是。”罗杰说。

“我们睡过头了，”约翰说，“我们睡得有点儿晚。”

“肯定是这样，”迪克森太太说，“昨晚我们准备睡觉的时候还看到岛上你们亮着的灯，那时候都已经十点了，我们觉得那时候已经不早了。”

“我们睡得比你们晚多了。”罗杰接着就要说他们是怎么俘获亚马孙号，还有他们直到太阳升起来才去睡觉这些事了，但他突然想起来，迪克森太太是土著人，还好想起来够及时。

“晚睡好过不睡。”迪克森太太说，“这是你们的牛奶。我已经把一打鸡蛋放进篮子里了，还放了昨天从霍利豪农场送来的一条长面包和一个圆面包和香饼。希望苏珊女士和缇蒂女士一切都好。”

“苏珊女士和缇蒂女士！”迪克森太太这么称呼大副和一等水手，真是再好不过地说明了土著人和他们之间有着多么巨大的鸿沟。

“她们很好，谢谢！”船长说。

“香饼可以放在篮子里鸡蛋的上面，”迪克森太太说，“它们很轻，不会弄碎鸡蛋的。但我也不知道你们该把长条面包和小圆面包放在哪儿。”

“我来拿着它们。”罗杰说。

他们小心翼翼、如履薄冰地走出了农场。船长一只手拿着牛奶罐，另一只手提着篮子。罗杰两只胳膊抱着面包。他们能看到岛上升起的炊烟。等他们穿过湖面，将燕子号停靠在登陆点时，苏珊已经将水烧开了，煮好了茶，只等着牛奶和鸡蛋了。

他们静静地吃完了早餐，填饱了肚子，直到这顿早餐变成了晚餐他们才开始说话。

“我们继续吃吧。”苏珊提议道，剩下的人也都同意了，不过他们已经吃完了所有的鸡蛋，而且连面包和果酱也吃了，于是约翰打开了盛着干肉饼的锡罐。

“为什么土著人不在吃完面包和果酱之后，再来点干肉饼呢？”罗杰说，“这东西很好吃。我能在干肉饼上涂点果酱吗？”

“不行。”苏珊说。

“为什么不行？”罗杰问。

“你会生病的，你忘了你去年生日时候的事了。”

罗杰想了想，说：“我觉得不会。”

“好吧，你最好不要去尝试。”苏珊说。

就像一等水手缇蒂感觉到的一样，今天苏珊的语气特别像一个土著人，也许昨晚的冒险对她的影响比对其他燕子号船员更大吧，又或者她需要睡觉了。她的语气让人觉得，她不想让罗杰和缇蒂吃完饭就去游泳。他们已经吃完了早餐和晚餐，他们吃了葡萄、坚果、鸡蛋、果酱面包、面包夹干肉饼、长条面包夹果酱、从树上摘下来的新鲜的香蕉（亚马孙号船员只吃了两根，还剩下很多），还有香饼和茶。此外，洗碗这事儿也要马上去做，这一点跟土著人一样。洗完了餐具之后，她又去把纽扣缝好。

“你是怎么做到掉了这么多扣子的，我不理解。”她对罗杰说。

“嗯，是你让我每一种衣服都穿两件的。”罗杰说，“根本穿不下。”

从一大早船长、大副和见习水手驾船在鸬鹚岛发现一等水手缇蒂和她的战利品，到把亚马孙号停泊在野猫岛上，再到匆匆忙忙地赶回来，这期间大家一直没有机会说会儿话。现在，缇蒂当然想听亚马孙河上发生的事，罗杰也有好多想说的，关于全是章鱼的潟湖的故事，他说他们本来以为的章鱼，在抓起来之后才发现其实是花。缇蒂一定想听听他们是如何在漆黑的夜里进行冒险般的航行的，还有他们是怎么安全绕出里约岛的，还有他们是怎么一直在那儿等到天亮的。约翰也想知道缇蒂在岛上看守营地的故事，还有一等水手是怎么俘获敌人的船只的。缇蒂跟他们说了河乌的故事，亚马孙号船员是如何登陆的，还有她是怎么睡着的，又是怎么被一只猫头鹰的叫声惊醒的，而且她误把这叫声当成了燕子号船员发来的信号了。然后她说起她是怎么像鲁滨孙·克鲁索一样在瞭望台发现了一艘大船，还有星期五来拜访的事。直到说起星期五，她才想起有个消息要跟约翰说。

“噢，对了，”她说，“我答应了要告诉你的。妈妈到这儿是来找你的，不是找我。还不是因为弗林特船长太可恶了。她来这儿是想问问你，愿不愿意让她写封信给布莱克特太太，让布莱克特太太告诉弗林特船长，他自己才是撒谎的人，而不是你，而且你从来没碰过他的船。”

“那你说什么了？”约翰立刻问道。

“我说我不知道。我得问问你。”

约翰一下子站了起来，跑进他的帐篷看看几点了。

“我要去趟霍利豪农场，跟妈妈谈谈。”他回来之后说。

“跟土著人谈话？”缇蒂问道。

“是的，”约翰说，“我必须告诉她最好是不要写信。”

“我可以一起去吗？”罗杰问。

“你待在这儿吧，”缇蒂说，“他要去跟土著人谈话，你去只会碍事。另外我还有一个计划。”

“什么计划？”

“一个极好的计划。”

“是关于什么的？”

“宝藏。”缇蒂说，“来吧，我们一起送船长出发。趁大副正在缝扣子，咱们去个秘密地方。”

约翰船长驾着船顺着湖面向上游行驶，到达了霍利豪农场。被弗林特船长错怪真的是件糟糕的事，但他不能让妈妈为了这件事给布莱克特太太写信。这会给亚马孙号船员带来麻烦的。他到的时候，发现妈妈正在霍利豪农场花园里写信。

“那个，妈妈，你是在给布莱克特太太写信吗？”

“不是，”妈妈说，“没有你的同意我不会写的。这就是为什么我昨天会划船去岛上找你。你们昨晚什么时候回去的？在离开缇蒂之后，我和保姆一直在船库旁边看你们会不会来，想着我能在你们回去的路上叫住你们，好问问写信的事。”

约翰有点吃惊。因为他一直想着弗林特船长，其他很多事他都忘了。

“我们今天早晨才回去的。”他说。

“所以是布莱克特姐妹在夜里截住了你们吗？”妈妈说，“可怜的缇蒂！”

“一点儿都不用担心缇蒂，”约翰说，“缇蒂比我们任何一个人都厉害，她一个人就俘获了亚马孙号。”

“那布莱克特姐妹呢？”

“她们在野猫岛上。”

“那你们呢？”

“我们在亚马孙河上，就是她们住的地方。你知道，那时候天实在是太黑了，我们只能在岛屿旁边停了下来，一直等到有足够的光亮。”

“你们没觉得自己差点儿就成了菜鸟吗？”

“是啊，”约翰说，“差一点儿。但是你知道，我们在打仗，昨晚是我们唯一的机会。我保证我们再也不会那样做了。我是说再也不会晚上不回去了，而且也不需要这样做了，因为亚马孙号的海盗们明天会来岛上跟我们一起住在营地里。我们之间的战争结束了，我们赢了，至少缇蒂赢了。罗杰昨晚每种衣服都穿了两件睡在燕子号上。我们都没有感冒或者出什么别的岔子。但是，那个，妈妈——”

“嗯？”

“所有这些都是秘密，就你跟我知道的秘密。我是说，你不要跟其他任何人说。”他刚想起来，亚马孙号船员昨晚是从家里偷跑出来的。

“好的。”妈妈说，“布莱克特太太非常了解自己家里的女孩们，我不会告诉她的。但让我开心的是一切都结束了。以后不能在夜里航行了，知道吗？”

“我保证不会了。”

“别忘了你们只能在那儿待三天了。这周末我们要回家了。如果你们有谁回不来，我会很遗憾的。”

“只剩三天了！”约翰说。

“这样的天气不会持续太久了，不管怎么样，变天的时候你们一定得离开小岛。野营的地方到处是淹死的老鼠可一点都不好玩。我见过那场面，你们最多只有三天的时间，明年我们会再回来的。你确定不需要我写信说说你没碰房船的事？”

“十分确定。”

“很好。进来吧，看看维吉，喝点儿茶。”

一看到燕子号棕色的帆消失在小岛北端的瞭望台之后，一等水手缇蒂和见习水手就离开了码头，向港口走去。

“这才不是个秘密地方。”见习水手说。

“如果没有人，任何地方都可以是秘密地方。”缇蒂说，“另外，咱们可以到我的石头上去，我在那儿看到过小鸟对我点头示意，还看到它在水下飞。”

“那只小鸟还会在那儿吗？”

“不知道，可能会在吧。”

“可那里就不是秘密地方了。”

“不，是秘密地方，因为小鸟不会说话。整座岛上只有我们和大副，而她正在缝扣子。她要缝多少颗扣子？”

“好多颗。”见习水手说，“两只袖子上都有一个扣子掉了，在我试着一下子把两件衬衫都脱掉的时候，前面剩下的扣子也都掉了。”

“那她要花很长时间了啊。”一等水手说，“这个地方会像其他任何地方一样隐蔽。来吧，脱了鞋和袜子吧。”

他们把鞋和袜子都脱了，放在了沙滩上。然后他们蹚过浅湾，走到了湖湾这边的大石头这里。随后他们爬上大石头，坐在了石头顶上，在阳光里摇晃着腿，望着波光粼粼的湖面。

“这里谁都能看到我们。”见习水手说。

“但谁也不能听到我们说话。”一等水手说。

“计划是什么？”见习水手问。

“宝藏！”一等水手说，“但我不能告诉你，除非你保证，你单独跟我来……”

“不能有其他人？”

“不能有其他人。”

“苏珊也不行？”

“不行。我们要去一座荒岛，是一座真正的荒岛，跟这座岛不一样，在那儿我们能挖到被海盗埋藏起来的宝藏。可能我们要花很长时间找到它。宝藏一般是很难找到的。但最后，我们的铁锹下会有响声，成千上万的金币就会从沙子里滚出来。”

“但那座岛在哪儿？”

“你还没说你要不要去呢。地点只有寻宝人知道。如果我告诉你了，你可能会去告诉其他海盗或者别的什么人。”

“我不会的。”

“那你要一起去吗？”

“当然。”见习水手说。

“你得保证。其实我们应该拿一张纸，你要在纸上用自己的血留个证据。你愿不愿意刺破手指？”

“不。”罗杰说。

“嗯，那你保证会去吗？”

“我保证。”

“那你往这个方向侧侧身子，弯下腰你就能看到，在那根大树枝下面，就是那座岛。”

“但那是鸬鹚岛啊。”

“那也是有宝藏的岛。”

“你怎么知道的？”

“昨晚我在亚马孙号上听到海盗们正把他们的宝藏在那里埋起来。”

“是真的海盗？”

“当然了，千真万确。他们满口脏话。”

“真是宝藏吗？”

“当然了，真的宝藏。我听到他们说它有多重了。”

“如果它很重的话我们怎么把它带回来呢？”

“一点一点搬。其中一些肯定是金块，还会有很多金币，比如几尼币之类的。还会有宝石、钻石。我们一次拿走一点儿。”

一等水手把她知道的关于宝藏岛的一切都告诉了见习水手。她知道的真多。她告诉他海盗是如何俘获一艘又一艘船，如何把每艘船上的宝物都卸下来，怎么让船员们从木板上跳进海里喂鲨鱼的，还有海盗是怎么把他们俘获的船沉到海里，接着出航去俘获另一艘船，再把船上的东西都搬下来，然后以同样的方式把船沉下去。她告诉他，当海盗船被宝物塞得满满当当，甲板上都没有地方跳舞，海盗们连进入他们自己的小屋睡觉都难的时候，他们就会航行到一座岛上，把所有的宝物都埋在一个安全的地方。她告诉他，海盗们会画一张宝藏地图，这样在他们厌倦了海盗生活，想退休在海边的房子里住下的时候，他们就能找回宝藏。在海边，他们会整天整天地用望远镜望着大海，回忆着他们做过的一件件坏事。（“或者像弗林特船长那样住在房船里。”罗杰说。）她告诉他，海盗们总是，或者几乎总是会把宝藏地图弄丢，然后寻宝人就会找到宝藏。（“就是你跟我。”）她告诉他，海盗们有时会自相残杀，直到最后都死了，所以谁也不知道财宝在哪里。（“但是我们知道，因为我知道他们把它放在那儿了。”）当苏珊从营地叫他们的时候，她还在说这些事。听到叫他们，他们就赶紧蹚过水回到岛上，穿上鞋袜，跑到营地去喝茶了。

就在他们喝完茶，洗完杯子，做完这些非常像土著人做的事的时候，好像苏珊还在为他们一直熬到早晨才睡而感到不高兴，这时约翰船长回来了。

他说的第一句话是：“我告诉妈妈了，咱们昨晚在外面待了一晚上，今天才回来的。”

“她有没有不高兴呢？”苏珊问。

“我觉得她可能心里有点儿生气吧，但她没表现出来。现在什么事都没有了。关键的是，我已经向她保证以后不会这样了。”

听到这些，苏珊高兴了起来，她不像一个土著人，而更像大副了。

“最糟糕的是，”约翰说，“妈妈说我们只能在这儿待三天了，如果天气还好的话。”

“三天我们能做好多事呢。”苏珊说。

“有件事我们现在就得做，”约翰说，“就是画张海图。亚马孙号船员明天就到了，她们会给每个地方起名字的，所以，我们必须今天就画一张我们自己的海图。谁想来帮我？”

每个人都想帮忙。不一会儿，约翰船长趴在地上，把旅游指南书和地图在面前打开。其他人都蹲在他周围，看着他对照着地图把湖的轮廓画在两页演草纸上，那本演草本原本是拿来写日志用的。

“没机会在这儿把它画好了，”他说，“但这只是一张草图，我们回家后会把它画好的。”

“画一张超级大的，”罗杰说，“就像爸爸的中国海洋地图一样大。”

“我们可以把它挂在教室的墙上，向同学们展示一下我们到过的地方。”苏珊说。

“还可以计划更多的探险路线。”缇蒂说。

“要涂上颜色吗？”罗杰问。

“在有灯光的地方涂点颜色吧。在我们的灯塔和两盏导航灯上涂上黄色。”

“那陆地应该用什么颜色？”

“一般海图上的陆地是白色的。这不重要，除非是从船上看，就算这样也不算很重要。他们会在达里恩峰上涂颜色，因为那是个最高点，但他们不会去标记霍利豪农场。”

“我们会的，对吗？”

“我们会把它算进土著人的居住地，他们有时也会这么做。”

“用一个小图标吗？”

约翰画了一个周围有树的小房子，还有三个小人，每个大概四分之一英寸高，他们是土著人妈妈、维吉和保姆。然后，在房船湾，他写下了它的名字，并画了一艘房船的样子。还有迪克森农场，用一个小人和一头奶牛做标记，奶牛表示这个区域的出产。

“画上那两个野人和他们的棚屋吧，还有他们的蛇。”缇蒂说。于是约翰又画了一条蛇，用黑色三角标记小屋，还有一堆火，这样烧炭人的地盘就画好了。

里约用小房子和栈桥代表。里约湾外的岛屿也被画了进来，但只有一座岛有名字，约翰在禁止靠岸的那座岛旁边写下了“停靠岛”三个字，那是昨晚燕子号休息的地方。夜色中，燕子号曾在那里的码头旁漂了一夜。

“你也应该画上我的岛屿。”缇蒂说。

“哪一座？”

“我看到亚马孙号船员的那一座，就是我们第一天看到他们的时候。”

于是这座岛被标记成“缇蒂的岛”。

野猫岛也做了标记，还有岛上的灯塔树、登陆点、港口和营地。然后，他们在鲨鱼湾那里画了一条鱼，那是他们钓鲈鱼的地方。然后船长开始用虚线标出燕子号从野猫岛到亚马孙河的往返路线。

“昨天你们顺着亚马孙河走了多远？”缇蒂问道。

“我们到了潟湖，”约翰说，“我已经标出来了。”

“画些章鱼吧。”罗杰说。

“我不擅长画章鱼。”约翰一边尽力把它画好一边说。

海图开始像模像样了。他们知道的湖的南北两头都用虚线画了出来，并标记上“未知水域”或“未勘探”的字样。“我们不应该把我们不知道的地方画上。”约翰说，“当然，我们应该画上山，因为在我们已经开拓的领域里能够看到它们。”约翰开始在燕子号到过的所有港口都画上锚的标记。一个在里约的登陆岛旁边，一个在里约港，还有一个在霍利豪湾，一个在鲨鱼湾——那里是罗杰钓到又失去他的大鱼的地方，一个在他们拜访烧炭人时停靠过的地方，还有一个在停靠过的迪克森农场。

“那昨晚我给亚马孙号下锚的地方呢？”缇蒂说。

“嗯，那里也应该加上。”约翰说着在鸬鹚岛的北边画上了一个小小的锚。

“这里应该有一座宝藏岛，”缇蒂说，“但这座有宝藏的岛已经有名字了。”

“哪座？”约翰说。

“鸬鹚岛。”

“但那里除了鸬鹚什么都没有。”

“这是个秘密，”缇蒂说，“那里确实有宝藏。罗杰和我要去看看，宝藏是昨晚我在亚马孙号上的时候海盗们埋在那儿的。”

“什么海盗？”

“他们在黑暗中划船过去的，我听到了。”

“可能是渔民吧。”约翰说。

“不会的。”缇蒂说，“他们差点撞碎了船，而且他们满口脏话。”

“你想多了。”苏珊说。

“你可能没睡醒，在做梦。”约翰说，“但，听我说，如果你喜欢的话，我们可以把另外一座岛标上‘宝藏岛’。里约港外面最大的那座岛还没名字呢。”

“但鸬鹚岛上真的有宝藏！有成吨的西班牙金币！我和罗杰要去看看。我们现在就去吧，去确定一下。”

“别冲动，缇蒂。”苏珊说。

“不管怎样今晚不能去，已经太晚了，”约翰说，“而且那里真的不会有宝藏的。”

“他们在漆黑的夜晚把宝物藏在那儿了，”缇蒂说，“成吨的宝物啊。”

“噢，别傻了，缇蒂。”苏珊说着又变回土著人了，“该吃晚饭了。吃完之后所有人都早点儿睡觉。别忘了亚马孙号船员明天早晨就要来了。”

第二十四章　从房船湾传来的重大消息

又好好睡了一觉之后，燕子号船员觉得轻松多了。他们很早就起床了，洗了个澡，然后就去钓鱼来做早餐。他们钓了有十几条鲈鱼，因为想连亚马孙号船员的早餐也一起做了，免得她们来得太早了没有早餐吃。“也不知道她们什么时候出发。”苏珊说，“我想她们不会这么早来，即使来了，我们的早餐也够六个人吃了。我们把鱼全做了吧，以防万一。现在该有人去农场拿牛奶了。”

为了钓鱼，他们把锚下在鲨鱼湾，就在迪克森一家瞭望台处不远的地方。划船靠岸后，罗杰和缇蒂拿着牛奶罐上了岸，船长和大副则在湖边清理钓上来的鲈鱼。

“缇蒂一直想跟罗杰一起去寻找宝藏，”船长说，“不过那儿肯定什么都没有，但她还是想去。”

“可能她搞不清楚什么发生过，什么没发生过。”大副说，“他们可以今天下午去。但我希望等亚马孙海盗们一来，她就能忘了这件事，跟佩吉、南希一起把她们的帐篷搭起来，计划点儿接下来要做的事。”

“我们今天早上要做的事真多啊。”船长说，“我想在她们来之前把所有的缩帆索都连起来。其实我应该昨天就做的。还有我们真的得擦一擦燕子号船了。”

“我也想让咱们的营地看起来干干净净的。”大副说，“我的壶和盘子看起来都脏了。”

正当他们清理完所有的鲈鱼，把它们整齐地摆在船底部的时候，罗杰和缇蒂拿着牛奶回来了。

“糟糕了！”缇蒂迫不及待地说，“弗林特船长又出现了，比以前还要讨厌。我们还没来得及跟迪克森太太说早安，她就告诉我们让我们不要再靠近房船了。我说我们从没靠近过。她说：‘好吧，那一定有人碰过。’然后她就不说话了。我说弗林特船长是个讨厌鬼，我希望他的房船早点儿沉没，她听了也没说什么。”

“你不应该这么说的。”苏珊说。

“我忘了她是土著人了。”缇蒂说。

“她也没给我们蛋糕和糖浆，连苹果也没给。”罗杰说。

“为什么他不放过我们？”约翰说。

“哪条鲈鱼是我钓上来的？”罗杰看着船底那排干净的鲈鱼问道，“是这条吗？这条还不算太小，最小那条是苏珊钓的，我看到了。”

他们划船回到了野猫岛。苏珊点燃火，在平底锅里放上黄油，准备将油融化后好煎鲈鱼。罗杰在旁边看着她做。约翰去了瞭望台，缇蒂也跟着去了。

“吃完早饭，我和罗杰可以去寻宝吗？”缇蒂说。

“今天亚马孙号船员要来，”约翰说，“我们得在她们来之前清理一下甲板，把船整理一下。做完了这些之后，应该可以。”他继续说，“缇蒂，快去我的帐篷里把望远镜拿来。我发现了进入房船湾的第三条船。”

“是，遵命，长官！”一等水手说着向营地跑去。但大副叫住了她，想让她把黄油抹在面包上，这样她好去做鱼。

“可船长急着要望远镜。”一等水手说。

“告诉他早饭快要好了。”大副说，“望远镜不会有什么变化的，鲈鱼就不一样了，得趁热吃。”

缇蒂拿起望远镜跑去眺望台传话了。

“马上就来。”约翰喊道。他用望远镜观察着。“房船湾出了什么事，有艘汽艇正往那里走，上面有很多人。”

营地里传来了大副吹哨的声音。

“来了，来了！”船长喊道。

“如果是土著人正在攻击弗林特船长的话，”缇蒂说，“那我希望我们也在场。”

大副又催他们了，于是船长和一等水手回到了火堆旁。

“房船湾正有什么事发生，”约翰说，“船正一艘接一艘地开进去。我觉得他肯定在对那些人说，是我们动了他那艘令人讨厌的房船。”

“别管弗林特船长了，”苏珊说，“如果他执意认为是我们碰了他的船，我们也没办法。我们没法不让他这么想。想想妈妈是怎么说的。他怎么想是他的自由，我们问心无愧就行。我已经在你的茶里放了糖块，这是你的鱼，吃完这条还有一条。如果亚马孙号船员还不来的话，咱们就还能够吃一条。”

燕子号船员每人吃了两条鲈鱼后，平底锅里还剩下四条，于是苏珊派见习水手去看看能不能看到亚马孙号。他没一会儿就回来了。

“看不到她们，”他说，“但有艘大船正从房船湾里驶出来。”

“看来她们要吃完早饭再来了，”苏珊说，“那我们每人还能再吃一条。”

“我想一定是发生什么事了。”约翰说。

“别想了。”苏珊说。

“好吧，我不想了。”约翰说。

吃完早饭,收拾完之后,每个人都开始着手打扫了。“我来打扫营地，”大副说，“如果你想去清理燕子号的话，就叫上见习水手和一等水手，让他们擦一擦甲板，再把船上有金属的地方擦亮。”

“但船上没什么东西是金属的呀。”罗杰说。

“固定绳索的钉子不就是嘛。”缇蒂说。

“嗯，去把它们好好擦擦，”大副说，“你们可以用砂纸和湿抹布擦。这儿有两块抹布，拿着。把灰尘都擦干净，然后再用湿抹布擦一遍，好让它看起来像一条新船一样。”

“我会把帆拿回营地来，”约翰说，“我们得紧紧帆上的绳子，而且船帆拆下来之后我再绞缩帆绳就容易多了。”

“拿回来吧,只要你不耽误我做完我的事,”苏珊说,“我还有罐子要清理。”

“我们会把燕子号停靠在港口，这样亚马孙号船员来的时候，它就不会挡道了。”约翰说。

说完，他和一等水手往停靠点走去。见习水手一马当先，已经上了船。他们把船推下水，划着小船绕到港口。早饭前，他们去钓鱼时，把桅杆和帆留在了港口。约翰跨上桅杆，把缇蒂的旗子套在了桅顶。见习水手和一等水手留在船上擦拭和打扫，约翰则把燕子号船尾转了个方向，船身靠边，这样它就能漂浮在港口的一侧，亚马孙号就能进来了。

“你们想上岸的时候，先把船尾的缆绳松开，再拉船头的缆绳就可以了。”约翰说。

“是，遵命！长官！”一等水手和见习水手说。他们正忙着擦横梁，把船底板上的灰也清理干净。

船长把卷起的帆连同桅桁和帆桁一起扛在肩上，使它们保持平衡，好把它们带回营地。当约翰回到营地把它们放在地上时，苏珊刚好洗完了碗具。

“我去瞭望台看看那些船走了没有。”他说。

苏珊抬起头。

“再想他的事也没用的，”她说，“别管他就好了。”

“不想好像不行，”约翰说，“我忍不住会想。”

“过来帮我把毯子晾上。”苏珊说。

“亚马孙号船员可能就要来了。”约翰说。

“来了也没关系。”苏珊说。

他们把毯子从帐篷里拿出来，搭在两棵树之间的帐篷绳上。然后，他们打了打那些已经结块的干草袋。先抖了抖，又拍了拍，来回摇晃着，直到它们变得不那么像半空的荷兰圆奶酪袋，而更像睡觉的垫子。

之后，苏珊开始清理用来煎煮东西的两口锅。她用细沙把上面黑色的污垢擦干净，虽然这沙子不是特别好，但却是能找到的最好的了。

“水壶我不打算擦了，它看起来还不错。”她说。

约翰把帆平摊在地上，松开系索，把帆从帆桁上取下来。他拿了些细绳，把坏了的缩帆绳整齐地接好，再用小刀把磨损的一端剪掉。

做这些花了很长时间，他又看到帆布的一个缝合处开了，有一两英寸的缝线松了。于是约翰走进帐篷，在箱子里翻找开了。

“还好我们带了一根航海用的缝针。”他回来的时候说道。

“如果你知道怎么用的话就更好了。”过了一会儿大副说，她抬起头，看到船长正吮着手指。

“嗯。也不能怪我，”船长说，“真正的航海家在缝的时候手心里垫着皮革呢。”

“我看看。”大副说。

其实那条裂缝缝合得不错，并且约翰已经把缩帆绳修复得很好了。“如果生活只是把东西缝在一起的话，你已经没有什么东西可学了。”他的父亲一年前这样对他说。

在苏珊的帮助下，他把帆沿着帆桁铺开，开始系紧帆绳。他们两个人太专注了，以至于在听到沙滩上传来嘎吱嘎吱的响声时，他们才觉察有条船驶进了码头。

他们抬起头来，看到了一个穿衬衫的大个子警察正在收桨。他站了起来，费力地保持住平衡，然后下了船，走到岸上。他拿起放在船上的外套，径直向营地走来。他很热，一边走一边在外套里翻来翻去，最后，他掏出一条红色的大手帕，用它擦了擦脸。他低头看着船长和大副。

“早上好！”约翰礼貌地说。

“早上好！”大个子警察说。“忙吗？”

“是的，有点儿。”约翰说。

“这种天气在这儿干活可比划船凉快多了。”

“你划了很久吗？”苏珊说，想着给他准备点儿什么喝的。

“是的，”警察说，“我走了很远，我很好奇你们在这儿做什么呢？”

“这是我们的营地，”约翰说，“你要不要坐下休息一会儿？很抱歉我们没有啤酒，但树上还剩下几根香蕉。”

警察嘀咕了一声，没说“谢谢”。他又翻了翻外套，从里面掏出了一个笔记本和一支铅笔。

“请告诉我姓名和地址。”警察说。

“我叫约翰·沃克，”约翰说，“我们的地址就是这儿。”

“姓沃克，名约翰。”警察边说边写，随即又擦了擦脸，“地址呢？”

“这里。”

“哪里？”

“这里。”

“这里可不行。”警察说，“你们住在哪儿？”

“住在这些帐篷里。”

于是警察绕着帐篷走了一圈，往里看了看。

苏珊挡住他。

“我们的床还没收拾好。”她说。

就在这时，从岛的另一侧传来了欢快的口哨声。

“你们还有其他人？”警察问。

“还有很多。”约翰说。

“现在，听着，”警察说，“直接回答我的问题，不许绕弯子。你们什么时候去的特纳先生的房船？”

“我们从来没靠近过它，”约翰说，“除了有一次我去跟特纳先生谈判。”

“好啦，”警察说，“你这么说没用的。哼，那里一片混乱……”

“萨米！”

一个清脆响亮的声音让警察猛地转过身去。

“萨米，我为你感到丢脸。如果你不马上离开的话，我就告诉你妈妈。”

“对不起，露丝小姐，”警察说着脸涨得更红了，“我以为他们会知道点关于盗窃的事，如果有人做了的话，因为考虑到他们以前就到过房船。我根本都不知道他们是你的朋友。”

“他们当然是我的朋友，”南希船长说着走进营地，把一捆帐篷杆放下，“他们一直跟吉姆舅舅的房船没有任何关系。你回去告诉吉姆舅舅吧。难不成还要我们夺走他的船，把他囚禁起来吗？”她补充道，转身看着约翰。

“不，不要这么做，露丝小姐，”警察说道，“至少今天不要去。我现在得划船到湖的另一边了。”

佩吉·布莱克特从港口沿着小路走来，肩上扛着一个巨大的白色包袱，后面跟着缇蒂和罗杰，他们拿着毯子和一捆鱼竿。

“嗨，萨米，”她说，“你在这儿做什么呢？”

“全是误会，小姐。”

“走开，萨米，不要再犯这种错误了。”南希说。

大个子警察往他的小船走去，把船推到水里。

“露丝小姐，佩吉小姐，”他乞求道，“你们千万不要告诉我妈妈。”

“好吧，萨米，只要你好好表现我就不会说。”

于是他赶紧划船走开了。

“他想干什么？”缇蒂问。

“他为什么这么害怕？”罗杰说。

“你认识他吗？”苏珊问。

“当然认识了，”南希船长说，“他妈妈以前是我妈妈的保姆，后来又成了我们的保姆，在我们小时候照看我们。他是我们的警察。除了他妈妈，他谁也不怕……当然，还有我们。我说，你们知道发生什么事了吗？”

“什么？”

“你们记得老比利让你们给我们捎的信儿吗，就是让吉姆舅舅在房船上挂锁的事？还真被他们说中了。”

“吉姆舅舅的房船失窃了。”佩吉说。

“我今天早晨看到那些船的时候，就知道一定发生了什么事。”约翰说。

“其他海盗趁弗林特船长不在，袭击了他的船。”南希船长说，“你知道吗？你说对了，他确实出门了。我们判断错了。我们在黑暗中航行时看到的房船上那灯光不是他点亮的，是小偷点的，就是那些海盗。那时候他们正干偷窃的勾当呢。”

“有别的人也看到了那些灯。”佩吉说，“那个轮机员，他知道吉姆舅舅已经走了。所以第二天早上，他去察看，发现小屋的门被打开了，里面一片混乱。他过来告诉妈妈，妈妈给吉姆舅舅发了一封电报。他昨天晚上回来的。他一上房船就发现里面一片狼藉，于是就带着他的鹦鹉去我们家过夜了。”

“他气坏了，”南希说，“连鹦鹉都气得不会说话了。”

“他一会儿生气，一会儿郁闷。”佩吉说，“他说，如果他们拿走了他其他的东西他不会介意的，可他们偏偏拿走了他装着打字机的旧行李箱，还有他花了一整个夏天写的书稿。正因为他要写书，所以他才不能像以前一样跟我们一起玩。他说他觉得他们之所以拿走行李箱，是因为它很重。他不知道他们还拿走了什么。但是他们把储物柜里所有的东西都扔在了地板上，把船上所有的东西都砸成了碎片。他说，那场面比大扫除时还要混乱。一会儿他又变得痛苦起来，什么都不说，一会儿他又开始发火，说这片湖被一些浑小子搞得乱七八糟，还说起了你们……”

“他总是以为是我们干的。”约翰说。

“我正要告诉他，那天晚上不可能是你们，”南希说，“因为我们看到他船上有亮光的时候，你们正在亚马孙河上，但佩吉推了我一下，我才想起来我们那天晚上应该在床上睡觉，所以我就没说。我觉得我们能被允许和你们一起露营是件好事。一直有人告诉我们不要这样做，他们都很担忧。所以昨晚我们偷偷溜了出来，把我们的东西放在亚马孙号上，把它划到了河的上游。今天早上直到吉姆舅舅划船回到房船上，我们才出来。我们刚出发的时候风不大，不然我们会到得早一点儿。我们只能划着船穿过小岛，后来好多人乘着船去房船湾看那起盗窃案的现场的时候，我们还停下来看了一会儿。”

“你们昨天早晨及时赶回去了吗？”苏珊问。

“赶到了，不过差点儿就来不及了。”南希说。

“在大人来敲门之前，我们刚好爬上了床，衣服都没有脱。”佩吉说。

“等等，”约翰说，“他们是在我们开战的那晚去偷窃的吗？”

“当然是了。”南希说，“我跟你说过了。我们在房船上看到小偷点的灯了。如果我们知道的话，肯定就抓住他们了，然后吉姆舅舅就会心甘情愿永远当我们的奴隶了。”

“如果是这样的话，那晚缇蒂确实听到了些动静。”约翰说。

“可能我听到的那些海盗就是刚刚洗劫了弗林特船长房船的人。”缇蒂说。

“你听到了什么？”

“我听到他们划船的声音。”缇蒂说，“当时我在给亚马孙号下锚。”

“他们很可能就是窃贼。”南希说，“我们看到了他们的灯，你还听到了他们的动静。我不明白为什么吉姆舅舅坚信是你们做的。”

“我们肯定没做啊。”约翰船长说。

“我相信，”南希船长说，“你们不用跟我说。我只是搞不懂为什么他会一直觉得是你们做的。”

约翰船长心里不太舒服。

“在我去告诉他我没靠近过他的房船的时候，他就不相信我，那次我是去告诉他烧炭人给他传的话。”

“但是为什么他不相信你呢？”

“嗯，”约翰船长说，“听着，南希船长，这不重要。”

“这当然重要，”南希船长说，“如果老萨米没有从吉姆舅舅那里听到什么的话，他是不会来这里打听的。”

“还记得我们第一次见到你们的情景吗？”约翰船长说，“我们当时以为他要对你们开火。在我们顺着湖航行，想看看你们去哪儿了的时候，他看到了我们，然后他就觉得是我们在他小屋的屋顶上放火了。”

南希船长那张晒得通红的脸一下子更红了。

“我会马上向他解释这件事的。”她说，“他当时很凶吗？”

“他当时说我是个骗子，”约翰说，“但现在已经不重要了，真的。”

“现在也很重要！”南希船长说，“佩吉！”

“长官。”

“去把亚马孙号上我们剩下的东西卸下来，把桅杆和船帆都拿下来，然后把船划到登陆点那里去。大副先生、约翰船长，你们营地里有笔和纸吗？另外，我还想从火里弄点儿木炭来。”

约翰船长走进帐篷把练习本和笔拿了出来。南希船长趴在地上写了一会儿，每写一个字，她就舔一下铅笔，再使劲按按。铅笔的笔尖被弄断了两次，不得不再削一削。

“我舔是想让它写出来的字又黑又清楚。”看到苏珊惊讶地看着她时，她解释说。

缇蒂和罗杰也惊讶地盯着她。

写完之后，她爬起来，从火里拿了一块烧焦的木头。她把写好的那张纸撕下来，在纸的背面用烧焦的木炭涂了涂。然后把它折起来，放进了衬衫的口袋里。

“船准备好了，长官！”佩吉从瞭望点喊道。

“我去去就回。”南希船长说。

“但你要去做什么呢？”南希将船推离岸边的时候，约翰问道。

“把这张黑券[①]给他。”南希说着划开了，水花飞溅。

① 黑券，相当于最后通牒，出自罗伯特·路易斯·史蒂文森的小说《金银岛》。

第二十五章　弗林特船长拿到最后通牒

房船的主人，弗林特船长，有时也被称为吉姆舅舅，此时正独自和他那只绿色的鹦鹉待在船舱里，愤愤地收拾着造访者走后留下的残局。第一批造访者是窃贼，到了今天早晨，除了萨米、另一名警察和从里约来的警官——就是这名警官派萨米和另一名警察分别去湖下游和上游打探消息的——之外，还来了很多想看看这里被破坏成什么样子的人。窃贼把这儿翻了个底朝天。每一个储物柜和碗柜的门都敞开着，里面的东西都被翻了出来。长矛、战斧、鲨鱼牙齿项链、回力镖、漆着绿色和鲜红色的葫芦，这些都是弗林特船长航行搜集来的宝贝，挂在小屋墙上最显眼的地方，而现在都被扯到地上了。那场景好像经历了一场龙卷风一样，想整理好很难。一不小心，弗林特船长踩到了从科伦坡带回来的乌木象，他把它捡起来，想把它粘起来，可是它的象牙、鼻子和两条腿都不见了，他绝望地把它从敞开的窗户扔了出去。

那只绿色的鹦鹉，站在小屋的桌子边上，正用嘴啄着弗林特船长从香港买的一尊玉佛小像的头，想把它咬下来。

“继续吧，波莉，”弗林特船长说，“把它啄碎。”

“好样的波莉。”鹦鹉边说边用一只爪子抓住这个小玩意，用它那弯曲有力的喙啄来啄去。

“我不明白，他们要拿的话为什么不拿这些东西呢？”弗林特船长说，由于一个人住的时间太长了，他已经习惯了自言自语或者跟鹦鹉说说话，“他们拿走了对他们一点儿用都没有但对我来说非常重要的东西。永远不要把任何东西锁起来，波莉，不然你就会失去它。不管小偷是谁，他可能只是因为箱子很重又打不开，就把它拿走了。如果是那个见习水手拿的话，那他可真够强壮的。但也许他有帮手。等他打开的时候，他就后悔没拿点儿别的东西了。我以‘滚石’为名写的《混乱泥沼》对他来说没有任何价值，但对我来说，却是我辛辛苦苦的劳动成果。”

“好样的波莉。”鹦鹉叫着，玉佛小像的头掉到了地上。

弗林特船长弯下腰将它捡起来，一只打破的鸸鹋蛋在他脚下裂开了。

“破镜不可能重圆，”弗林特船长说，“我不会再有机会坐下来写《混乱泥沼》了。”

弗林特船长捡起小玉佛的头时，绿鹦鹉发出了一声愤怒的尖叫。

“噢，好吧，那你拿去吧。”弗林特船长说。那只鹦鹉沿着桌子摇摇摆摆地向他走来，一只爪子抓住桌子边，另一只爪子从他手里把玉佛的头接了过来。

“整个夏天都白忙活了，”弗林特船长说，“我所有的日记也不见了。”

“好样的波莉。”鹦鹉叫着。

“有一件事我相信，”弗林特船长说着，抱起了一堆衣服，塞进了一个柜子里，“肯定不是我那两个外甥女干的。她们确实在玩海盗的游戏，但她们永远不会毁了我的小屋的。但是那个见习水手就不好说了。我不喜欢他，他对我撒谎说自己没在我的屋顶放火。波莉，见习水手什么都干得出来，即使是个好孩子。以前他们说我也是个坏小子，但至少我不说谎。”

就在这时，一张折好的纸片从小屋窗户飞了进来，落在了桌子上。那只鹦鹉拖着步子走过去把它捡了起来。这个好像比小玉雕像更适合用嘴啄。弗林特船长望向窗外。

“嗨，南希，”他说，“心满意足了吗？”

“我不会跟你说话的，”南希说，“我已经把黑券给你了。你自己看吧。”

“什么事？”

“除非你道歉，否则我不会跟你说话的。看一看那张黑券你就知道为什么了。”

还好弗林特船长及时把纸从鹦鹉那里救了出来。它已经裂成了两半。弗林特船长把它们展开，拼在一起。一面是一个用烧焦的木炭涂的圆形污点，另一面是一封信。

致弗林特船长（即吉姆舅舅）：

约翰从来没动过你的房船。你跟他说他是个骗子，他不是，你才是。他冒着生命危险来告诉你，野蛮的土著人正计划袭击你的房船。比利一家让他给你带口信。你非但不听，还说他是个骗子。想想什么叫恩将仇报吧！现在你的东西被偷了，我很高兴，高兴极了。如果你想知道是谁招惹你，在你的屋顶上引爆了一枚花炮，那就看看下面的签名吧。那是你应得的。这是一张黑券。你不配做舅舅或者任何体面的事。

南希·布莱克特（亚马孙海盗）

“喂！南希！”弗林特船长朝窗外喊道。

但南希船长因为急于想让燕子号船员知道，自己没有跟敌人和谈，已经从湖湾里划了出来。

“天哪！”弗林特船长说，“原来一直是这些冒失鬼干的。那个见习水手肯定会觉得我蛮不讲理吧。我也是糊涂，竟然告诉警察说，我觉得那个见习水手应该跟这一切有关。到你的小窝里去，波莉！我有太多事要做了，把你留在这儿我不放心。”

他把不停尖叫的鹦鹉关进笼子里，然后跑到甲板上，跳上他的桨船，拿下挂索，尽最大努力划船追赶南希船长。不管发生什么事，他必须马上去见那个见习水手，把误会都解释清楚。

第二十六章　他提出和解，然后宣战

当南希划着小船离开之后，佩吉和燕子号船员沉默地在她身后看了好一会儿。没有人知道她要去做什么。

“也许我不应该告诉她。”约翰最后说。

“废话，”苏珊说，“她早晚都会知道的。我们在她回来之前把亚马孙号船员的帐篷整理一下吧。”

“我们一起吧。”佩吉说，“我们把所有东西都带来了。南希拿来了帐篷杆。”

“我们不用驾着燕子号去帮帮她吗？”缇蒂说。

“最好别去。”佩吉说，“如果她需要帮忙的话就不会一个人去的。”

说完她把白色的大包袱展开，是顶帐篷，但和燕子号船员的帐篷不太一样。

“帐篷杆在哪儿？”佩吉问道，“这些杆子都是分开的，需要把它们安在一起，让四根杆子长度相同。然后把它们穿到帐篷四个角的褶边里。每根杆子的长短、粗细都刚刚好。前两根还挺简单的，但之后就不容易了，因为要把褶边弄直，把杆子插进去太难了。那个，如果一等水手和见习水手能拽着两边，就会容易很多。”

每个人都加入进来。这些杆子被接在了一起，像鱼竿一样，然后穿入褶边。在褶边的顶端有两个小口袋，是用来套杆子头的，就像给手指戴上手套那样。套着小口袋的杆子头高出帐篷顶大概有六英寸。

“它们像耳朵一样，”罗杰说，“驴耳朵。”

在所有的杆子都穿好之后，佩吉把帐篷收成一个长条形，约翰抬着长条的一头，她抬着另一头。

“到这儿来，”她说，“还好你们没把帐篷搭在我们这儿，不然我们真的要为了它跟你们打架了。没有这两个大树桩我们根本没法把它撑好。”

在营地的对面，离燕子号船员帐篷不远的地方，有两棵树被砍倒后留下的树桩。两个树桩之间隐约能看到一块方形空地。佩吉用手在草地上摸索着，在空地的四个角上都找到了一个小洞。

“帐篷的杆子要插进这些小洞里，”她说，“然后再把这些绳子从帐篷顶上穿过去，绕在树桩上，最后我们还得用这些小木块把绳子卡住。”

每个小木块上都有两个小孔，一边一个。绳子先是穿过木块的一个小孔，然后绕过树桩，再穿过另一个小孔，最后打上个结，这样绳子就不会被拉出来了。如果想拉紧绳子的话，只需要把那块木头沿绳子拉上来，而绳子的另一端会把木头往旁边拉，这样松手的时候木头就不会滑走了。

“五个人一起干就是容易多了。”佩吉说，帐篷已经撑好了，驴耳朵上的绳子两头都绷得紧紧的，“要是我们俩搭，还不知道要干到什么时候呢。跟毯子放在一起的那捆铁钉你放哪儿了？”

“在这儿。”缇蒂说。

“铁钉也要塞进小洞里。”佩吉说，“但是我们得用锤子才能把它们砸进去。噢老天，我忘了我们的锤子在哪儿了。”

“去把我们的锤子拿来，罗杰。”大副苏珊说。

那顶帐篷四边和背面的底部都有小环，每个小环都由一枚顶部弯曲的地钉固定。佩吉找到了上次露营时留下的小孔，约翰用锤子把钉子钉到了小孔里。

“别的没什么需要做的了，”佩吉说，“除了把防潮布铺好之外。防潮布跟我们的睡袋都在港口放着，我把它们从亚马孙号上搬下来放在那儿了。”

“现在开始有营地的样子了。”缇蒂说，骄傲地看着三顶帐篷、火堆、水壶，还有苏珊刚刷洗过的煎锅和炖锅，“只要一看到船帆，任何人都会知道有人在这座荒岛露营。”

“我们去把船帆系好吧。”苏珊说，但约翰已经去瞭望点，看看能不能看到南希船长和亚马孙号。

过了一会儿，约翰跑回营地拿望远镜。

“苏珊，”他喊道，“弗林特船长来了，就在她后面。”

“你现在就像缇蒂不停地说宝物一样瞎扯。”苏珊说，“土著人不会做这样的事的。”

“但他真的来了。”约翰说。

“吉姆舅舅确实不总是像个土著。”佩吉说。

“他是最坏的土著人了。”缇蒂说着跑向了瞭望台。其他人也跟了上来。

弗林特船长划着他的船冲出房船湾来追赶的时候，南希已经快走到半路了。现在她离小岛不远了，弗林特船长虽然已经追上来不少，但离她还有一段距离。他的船很重。

“看，”约翰说，“他跟在她后面来了，没错吧？”

“也许是她邀请他来的。”苏珊说。

“不对，她划船划得很用力。”佩吉说，“他就是在追她。”

“快看他划得多快呀！”约翰说。

“像轮船一样。”罗杰说。

“他把船划得好快，”佩吉说，“但南希会赢他的。她领先了这么多。加油，南希！划得好！坚持住！加油，南希！”

在瞭望台的这支小队大声喊着，好像他们在看比赛一样。南希听到了，回头看了一眼。

“快啊！”佩吉叫着说，“现在下去帮她也没用。不过她会第一个到这儿的，然后我们就能一起阻止他靠岸。加油！燕子号和亚马孙号万岁！”

“弗林特船长去死吧！”缇蒂喊道。

他们一起跑下瞭望台。南希不停地划着，已经喘不上气来了，但仍然领先弗林特船长六七个船身的距离。

“伙计们，我们要遭殃了。”她气喘吁吁地说着，跳上了岸。

过了一会儿，弗林特船长的桨船在亚马孙号旁边靠岸了。南希和佩吉立刻抓住了它，把它推开了。

弗林特船长已经停止划桨了，但他感觉到船又漂回了水面，于是，他再一次把桨浸入水里，转身看着他的敌人。他看起来一点儿也不凶。他脸是红的，但那是因为划船太热了。他的声音也很温和，几乎让人觉得他有点儿害羞。

“我能上岸吗？”他问。

“是敌是友？”南希喘着粗气说。

“不是敌人，”弗林特船长说，“只是一个落难的英国水手。”

“你已经收到黑券了，”南希说，“我们没有什么可以跟你说的了。”

“我是来道歉的，”弗林特船长说，“不是跟你道歉，南希。”

“我能让他上岸吗，约翰船长？”南希问道。但约翰听到弗林特船长的最后一句话便转身走开了。

“你在他心里真的坏极了，你知道吧，”南希说，“但是我们会让你上岸的。”

弗林特船长再一次把船划了过来。他从船里出来，谁也没看，径直朝约翰船长走去。

约翰船长沿着小路走向了港口。弗林特船长紧紧地跟着他。

“小伙子。”他用很友好的语气说道。

“嗯。”约翰说。

“我有话想对你说。不要像我那天对你那样对待我，别不听我说话。我完完全全地错了，而且即便我是对的，我也太粗鲁了。我应该知道你说的是实话。不管怎么样，我都不应该叫你骗子。我很抱歉。你愿意和我握手言和吗？”

真烦人，约翰感觉自己的喉咙像是被什么东西堵住了一样，特别不舒服。他发现纠错好像要比犯错更令人沮丧。如果犯错了的话他至少可以生气，那样还好，现在才更糟。他咽了咽口水，紧咬着嘴唇内侧。他把手伸了出来，弗林特船长握住他的手，使劲摇了摇。约翰这才突然觉得好多了。

“现在没什么了。”他说。

“我真的非常对不起。”弗林特船长说，“你知道我之所以特别肯定是你们干的，是因为我只看到了你们的船还有你，但没看到我调皮的外甥女们。不过这也不能成为我那么做的理由。”

“真的没关系。”约翰说。

他们开始往回走。

“从某种意义上说，我已经付出代价了。”弗林特船长说，“南希告诉我，你之前是来提醒我的，给我捎了个信什么的。如果我当时听你的，而不是像个脾气暴躁的白痴的话，我的书就不会丢了。我出门的时候会把它带上的。南希告诉你发生什么事了吗？”

“嗯，”约翰船长说，“但我那次不仅仅是去提醒你，告诉你烧炭人让我们转告南希和佩吉的话。还有我想说，你放在我帐篷那里的那张纸上写的都不对。我想告诉你，我从来没有靠近过房船。再就是我想向你宣战。”

“嗯，我觉得那么做很友好。”弗林特船长说，“你听到了吗，南希？”当他们走回来和其他在营地的人会合后，他说，“你听见了吗？他是来向我宣战的。”

“他当然是去向你宣战的，”南希说，“我们都要向你宣战。为了对抗你，我们建立了同盟。我们打算把房船抢过来，让你在不得不离开和被我们俘虏之间做出选择，就像去年那样。他生你的气是因为你告诉了土著人他去了房船上，但事实上他没去，而我们生你的气是因为你写的那本愚蠢的书。当然了，现在说这些也没用了。你已经收到黑券了，我们不会再和你有任何瓜葛了。”

“我知道现在回头不算太迟。”弗林特船长说，“不管怎么样，我没办法再写书了。书不见了，打字机也不见了，我年纪大了，没法再重新开始写了。只要你们愿意，我随时都可以接受你们的宣战。”

“我不想俘获房船，”缇蒂突然说，“我想把它沉掉，我一开始就希望我们能弄沉它。”

“为什么呢？”

“缇蒂！”苏珊呵斥道。

“因为没有敌人能像你一样可恶，”缇蒂说，“我们什么都没有对你做，你却让那些土著人觉得我们做了，然后，在约翰船长想去帮你的时候……”

“是的，我知道，”弗林特船长说，“我确实可恶，除了说抱歉我什么都做不了，但我真的觉得非常对不起。”

“好了，缇蒂，”约翰说，“误会都解开了。没事了。”

“听我说，”弗林特船长说，“我会尽我所能来弥补的。

我浪费了整个夏天来写一本书，我也浪费了你们的时间，我是说南希和佩吉的时间，但我看到这里的帐篷，所以我想你们应该达成一致了吧？拿回你的黑券吧，跟我讲和，我们马上来一场精彩的战争。如果你想俘获房船，那就来吧。我随时恭候。我现在没有什么别的事可做了，我要把浪费的时间补回来。”

“我们能原谅他吗？”佩吉说，“如果他愿意，让他成为我们中的一员挺好的。”

“我们能原谅他，”南希说，“如果他能和我们进行一场真正的房船大战的话。我们会原谅他，一是因为他已经认识到错误了，二是他碰上了麻烦，他的房船确实被盗了。”

“可，那是他应得的。”缇蒂说。

“对，”南希说，“但除了我们，其他人不可以去房船里偷东西。”

“一场真正的战役。”弗林特船长说，“明天三点钟吧。我得先去收拾那些无赖留下的烂摊子。过了明天三点，我就解决完了，可以专心迎战了。”

“当真？”佩吉说。

“海盗从不撒谎！”弗林特船长说。

“一言为定！”南希说。

“那就收回你的黑券吧。”弗林特船长说。

“你留着吧，”南希说，“用来提醒你永远不要再做土著人。”

“我不会的。”他说，“但，我想知道我的敌人都叫什么名字。还有，为什么在你的信里，你叫我弗林特船长？”

“因为缇蒂，就是他们的一等水手，说你是一个隐居的海盗。”

“是吗？那我就是吧。哪个是缇蒂？你是缇蒂吗？”他对苏珊说。

“她当然不是，”南希说，“她是燕子号的大副，叫苏珊。”

“你好，大副先生。”弗林特船长说。

“这是燕子号的约翰船长。”

“船长我已经见过了。他已经原谅我了，虽然我不值得被原谅。”

“这是一等水手缇蒂。一等水手缇蒂，这是弗林特船长。”

“原来知道我过去海盗时代黑暗秘密的人就是你啊。”

“我看到了你的鹦鹉。”缇蒂说。

“还有这是罗杰，他们船上的见习水手。”

“我以前也是船上的见习水手，”弗林特船长说，“那段日子可不好过。”

“我们俩是亚马孙号海盗。”

“我已经够了解你们这两个小坏蛋了。”弗林特船长说。

“你明天真的要在房船开战吗？”缇蒂问道。

“明天还会像以前一样。”弗林特船长说。

“我们会俘获它的。”一等水手说，“你有结实的长木板吗？”

“干什么？”

“用来让你在上面走过去跳海。”一等水手说。

“一切都会安排好的。”隐居海盗说。他当然知道应该怎么做。

“可以吃晚饭了吗？”罗杰说。

“如果明天要开战的话，”大副苏珊对弗林特船长说，“你要不要今天停战，跟我们一起吃晚饭？我这就烧水。”

“那最好不过了。”他说，“我像已经陷在敌人的营地了……”

“没错，身陷敌营。”南希说。

“不过，你们的营地太好了，我都想加入你们了。”

“太晚了。”南希说，“他们两天后就要走了，我们也是。现在，除了是我们的敌人，你一点儿用都没有。但如果你之后还想成为我们中的一员，我们不介意让你加入。”

“明天三点钟，甲板上的排水孔将会被鲜血染红。”弗林特船长说，“不过我想你们不会介意今天我留下来吃晚饭吧。”

“一点也不介意，”南希说，“大副已经邀请你了，而且这儿还有很多吃的。我们带了一块可以切成小块煎着吃的李子布丁，特别美味。那是厨师给我们的。之后我们还找到了一条冷舌，它几乎没被碰过，所以我们也把它带来了。我们来的时候相当小心，因为我们觉得我们可能会被拦住，所以我们走得太急了，忘了带格罗格酒。”

“我马上把水烧开，”苏珊说，“你把盘子拿出来，缇蒂。罗杰，挑几个最好的土豆，把它们烤了。火堆边上有很多热灰，就放在那儿烤。”

“来吧，佩吉，我们把我们带来的东西搬到营地来。”

南希船长说。

“我能搭把手吗？”弗林特船长说着就坐在了地上，展开船帆，约翰则把带子穿过船帆边缘的金属孔。苏珊正忙着生火烧水，缇蒂和见习水手正把盘子、杯子和餐刀摆好。

“这感觉比写书好多了。”弗林特船长说，“嘿，船长，你在那个地方缠两圈然后系紧，我告诉你一个很好的结束这个工作的方法。”

弗林特船长跟他的敌人吃了一顿晚餐，气氛非常融洽。晚饭结束前，就连缇蒂对他的态度也温和了许多。他一直叫她一等水手，而没叫成别的。亚马孙号船员带来的冷舌味道特别好。燕子号船员的香饼也很好吃。既然有一整条冷舌可以吃，再打开干肉饼罐头就没什么意思了。本来计划煎李子布丁端上来当餐后点心，但因为土豆等了好长时间才烤好，所以餐后点心变成了热乎乎的烤土豆了。

他们围着火堆坐下，一边剥着烫手的土豆，一边谈起了房船失窃的事。

“我很奇怪比利为什么会让你给我传话。”弗林特船长说。

“他们说他们在比格兰听到了一些传言。”约翰说。

“那里在湖下游很远的地方。”弗林特船长说，“如果我们能查出窃贼是从哪儿来的，也许还有机会把我的箱子找回来。但没有任何证据表明他是谁或者是干什么的。我的船看上去就像有五百只野猫在里面混战过一样，这就算了，关键是他们拿走了我的硬皮箱，而我所有重要的东西都在那里面。”

“那个箱子沉不沉？”缇蒂问道。

“是的，特别沉。”

“里面有金元宝吗？”

弗林特船长笑了。“恐怕没有，”他说，“里面有一台打字机、一些日记本和以前的航海日志，还有我花了整个夏天写的书。如果他们带走的是别的东西，我就不会这么在乎了。”

缇蒂在做思想斗争。她抬头看着弗林特船长，眼神比以前更亲切了。

“是一本你自己一直在写的书吗？”她问。

“是的。”弗林特船长说。

“关于你过去的海盗生活的？”

“嗯，里面确实写到了。”

“是一本很好的书吗？”

“现在想想吧，”弗林特船长说，“也许不是。但尽管如此，我还是想把它拿回来。你根本不知道写一本书多么辛苦，比记日志可辛苦多了。”

“我知道。”缇蒂说。

“早知道我就不写了。”

“这样整个夏天就会表现得更好。”南希说。

“别再说了。”弗林特船长伤心地说。

然后两个亚马孙号船员说了会儿悄悄话，最后南希说：“好吧，如果你愿意的话就告诉他吧。”

“听着，吉姆舅舅……”佩吉说。

“不好意思，我想我的名字是弗林特船长。”

“那倒是。如果你真的想再加入我们的话，我们有话想告诉你。我们知道窃贼什么时候去你的房船上偷的东西。他们偷盗的时候我们看见了。”

“老天呀，你们看到了？看到他们往哪儿走了吗？”

“没有，至少我们看到了房船亮着的灯，还以为是你点的。你知道，我们昨天不能告诉你，因为你那时候还不是我们中的一员，而且我们看到灯的时候应该在床上睡觉才对。”

“你们当时不在床上吗？那你们在哪儿？”

“在湖上。”

“所以你们本来应该在床上睡觉，但实际上却去了湖上胡闹？”

“这是秘密。”佩吉说。

“我们那时正驶往野猫岛，进行一场秘密的战役。”南希说。

“如果窃贼也走的这条路，你们是不是听到他的声音了？”弗林特船长说。

“我们没听到。只看到房船的灯亮了，我们以为你在里面。”

这时约翰说话了。

“一等水手缇蒂那晚应该听到了些消息。”

“她当时在哪儿？”

“在亚马孙号上。”

“什么？她跟你们两个在一起？”

“没有，那是后来的事了，我们那时候在野猫岛上，我们被困住了。”

“谁把你们困在岛上的？”

“是缇蒂。她划着亚马孙号走了，把我们留在岛上听天由命。”佩吉说，“这就是燕子号船员赢得战役的过程。”

“但其他人在哪儿？”

“我们当时在亚马孙河上，或者说正从河上游往回走。”约翰说。

“看来那晚湖上很热闹啊。”弗林特船长说，“那你都听到了什么，一等水手？”

“我听到一群人划着船从我旁边经过。”

“那你当时在哪儿？”

“我抛锚停住了。”

“对啦，”约翰船长说，“你可以看看我们的地图，上面标了她当时的位置。”

他跑进了帐篷，出来的时候拿着新的航海图，指着靠近鸬鹚岛北边、用所画的小小的锚标记的地方，那就是缇蒂当时躺在里面的亚马孙号下锚的地方。

弗林特船长看了看。

“他们经过的时候离你很近吗？”他问道。

“非常近。”缇蒂说。

“他们要是在离开我的房船后想到湖的另一面去，这条路线可不行。他们肯定撞到那座岛上了。”

“他们的确撞上小岛了。”缇蒂说。

“然后他们去哪儿了？”

“他们登上了小岛。”缇蒂说，“他们把宝物或者说是所有他们带的东西都留下了，我听到他们说它很重。”

“真见鬼！”南希说。

“不会吧，缇蒂？”苏珊说。

弗林特船长跳了起来。“一等水手，”他说，“如果那只箱子真在那儿的话，你想要什么我都会给你。你们一起跟我来吧，咱们划过去看看。”

他抓住缇蒂的手握了握。缇蒂没想到，自己竟然在对他微笑。他的手很大，而且很显然他是友好的。毕竟，尽管她的宝藏不是西班牙金币，但至少是一本书，一本关于海盗的书。唯一让她感到遗憾的是，这次寻宝远征的队伍规模太大了。但这是没办法的事。

“听着，”南希说，“如果东西真在那儿，你又拿回了你的书，你不会再变回土著人了吧？”

“永远不会了。”弗林特船长说，“走吧。上我的船，你们都上来。”

他们跑到码头，挤上了船，船上有两个亚马孙号船员，四个燕子号船员，还有弗林特船长。不一会儿，弗林特船长就划着船绕过野猫岛，向鸬鹚岛驶去。

弗林特船长将船划得像在追南希的时候一样快。每一次划水都使船猛地向前一颠，船上的乘客向后一仰。没过几分钟，他们就到达了鸬鹚岛，找到了一个可以把船停在两块岩石中间的地方。大家上了岸。

但岛上什么也没有，除了那棵光秃秃的树、那些溅着白色水花的岩石、洪水过后留下的碎石，还有一些松动的大石头。他们哪儿都找了。弗林特船长绕着岛搜索了两三圈，什么都没找到。

“但是我肯定他们把东西留在这儿了。”一等水手缇蒂说，“我听到他们说不能把它放在摩托车上。后来他们还说他们会来这儿钓鱼，来钓一些值得钓的东西。”

“那时候已经是午夜了，缇蒂，”苏珊说，“所以你可能是弄错了。”

“他们可能改变主意了，”弗林特船长说，“或者他们已经把东西拿走了。不管怎样，得知道他们是从湖的哪一边来的。我想我恐怕再也找不回来那只箱子了。”他补充道。

他们伤心地划回了野猫岛。

一等水手强忍着眼泪说：“我确信他们就是把东西留在那儿了。”

“没关系，”弗林特船长说，“我们好好找过了就行了。”

“也许，如果你找到它了，你就很有可能又变回土著人了，然后又要操心找出版商的事儿。”南希说。

“不管怎么样，我们没找到它。”弗林特船长说，“我们想点儿别的事情吧。比如，明天三点钟……”

“一场真正的战争？”南希问。

“对，有流血的惊天动地的战争！”弗林特船长说，“明天三点钟，我就会行动。我会随时准备击退登船者，或者击沉你们的船，或者把你们全部吊在桅杆上，又或者我的船就像西班牙战船一样被你们俘获，像葡萄牙的贩奴船一样被击沉……怎么样都行。”

他送他们上了野猫岛，然后划船回房船，去简单整理一下他的小屋。

“再见！”他们友好地向他喊道。

“再见！”他回应着，“明天下午三点整，我们决一死战！”

第二十七章　房船湾的战争

当洗净了血迹，

除了像老水手们教我们的那样，

跳一曲安静的角笛舞，没有什么别的要做的了。

——梅斯菲尔德

早晨，亚马孙号船员先醒了，因为他们之前一直都在屋里睡觉，还没能像燕子号船员一样习惯清晨透过白色帐篷的阳光。“起床了！起床了！”她们对其他人喊道，很快大家都起床了。“别忘了，”她们喊道，“三点整开战。我们不能再浪费时间了。”实际上，尽管他们洗完澡，取了牛奶，吃了早饭和午饭，似乎距离天文钟的时针走过 2 还要很长一段时间。离时针指到 3 就更远了。心急锅不开，表也像是故意走慢了似的。但终于，约翰船长最后看了一眼时间，一声令下，舰队便起航了。

“我们是扬帆航行进去呢，还是划桨进去呢？”约翰船长和南希船长商量着。这时，亚马孙号和燕子号借着顺风，悄悄地漂到了房船湾南侧的岬角处。

“更老到的水手都喜欢扬帆航行。”南希船长说。

“他不会顺风的，”约翰船长说，“房船会逆风而行。我们的计划是先到海湾里去，然后迎着风分别绕到它的两边。如果你能靠近它的右舷，我就把燕子号开到它的左舷一侧来。”

“好的，长官！”南希船长说。

“我们靠岸时把帆放低，用抓钩钩住他的船，然后上去。他只能来追我们中的一个，没办法两边都顾。其他人就可以趁机上船，从后面抓住他。”

“从一开始就打肉搏战。”南希说。

“那把我们的旗子钉在桅杆上怎么样？”一等水手缇蒂说。

“用双叶结把旗索系紧。”南希船长说，“那样就行了。”

“看他的旗子！”还像往常一样在船头放哨的罗杰说。

他们已经越过岬角，可以看到房船湾了。房船停在那儿，系在一个桶形浮标上。在它那根用来挂红旗的小旗杆上，挂着一面很大很不一样的旗子，在风中轻轻飘扬着。那是一面绿色的旗子，中间画着一头巨大的白象，几乎占了整个旗面。这是房船的主人弗林特船长为了这次战役专门找出来挂上的。

“我知道那是什么，”约翰说，“是暹罗旗。”

“我以前见过它，”大副佩吉说道，“是他去年从东方带回来的。”

“嗯，可惜它马上就要被降下来了，”南希船长说，“就等我们上船了。打倒大象旗！燕子号和亚马孙号万岁！”

“吹起哨子吧，大副先生，”约翰船长说，“舰队现在就要进攻了。”

苏珊吹起了哨子。

“再吹响一点儿，尖一点儿，就像民谣里吹打的人一样。”缇蒂说。

苏珊一直吹着。

“我来吹。”罗杰说。苏珊这时已经喘不过气来了，于是让给了见习水手，见习水手吹起来，直到自己快没气儿了。

当舵手随风转舵进入海湾的时候，这两条船——一条扬着棕帆，一条扬着白帆——都倾向了一边。有那么一会儿，船头下的水突然冒起了泡沫。在他们来到岬角的隐蔽处时，水面平静了下来。罗杰不停地吹着，只要有一口气在，就不会停。突然，一个戴着巨大白色太阳帽的脑袋从房船的前头露了出来。水面上响起了另外的口哨声，比大副苏珊吹得还要响。

“吹啊，吹啊，罗杰！”缇蒂说。

燕子号和亚马孙号向着房船疾驰而去，亚马孙号稍稍领先一点。

“放一放主帆索，亚马孙号！”约翰船长喊道，“别忘了，我要从左舷靠近他。我们应该同时到达。”

于是南希放了放主帆索，减小帆的受风压力，让燕子号冲到前面去。

“现在可以了。”约翰船长喊道。

那顶巨大的太阳帽从房船的前舱升得更高了，弗林特船长穿着衬衫和法兰绒裤子，腰上系着一条像皮带一样的红色大手帕，费力地走上了甲板。穿过舱口对他来说有点困难。

“他真是个胖海盗！”缇蒂嫌弃地说。

这时，前甲板上有什么东西在阳光下闪闪发光，弗林特船长在它面前俯下身来。那是一门小小的铜炮。

“那是大炮！”罗杰说，“他要开火了。”

弗林特船长猛地挺直身子。随着砰的一声巨响，他被一股浓浓的蓝色烟雾遮住了，响声在湖两边的小山间一遍又一遍地回荡着。

“万岁！”南希船长欢呼着。

“万岁！”佩吉喊道。

“万岁！”燕子号船上的人都叫了起来。

弗林特船长再一次摆弄起那门小型大炮。他从铁盒子里倒了些东西进去，然后又往里面塞了点东西。而后，他把铜炮摆正，再从铁盒子里取出一撮东西放进那门小型大炮的点火孔里。他点燃了一根火柴，再次弯下腰对着大炮，接着猛地站起来，这次他用手捂住了耳朵。接着那里又冒出一团烟，还有砰的一声巨响。在房船和前进的舰队之间，好像什么东西掉进水里了。

“那只是炮塞。”南希喊道。

“趁他来不及再次开炮，朝他冲过去。”约翰喊道。

但弗林特船长不是个平庸的炮手，正当燕子号从房船尾部漂过时，炮声又响了起来，烟和火药的气味从小船上掠过。

“把吊索放开！”约翰和南希几乎同时喊道，燕子号和亚马孙号从房船的两侧冲了上来。

“抓住帆桁，苏珊！”约翰喊道，“把它拉下来。抓住你能抓住的任何东西，罗杰，把缆绳系牢。登船！”

在房船的后甲板上有一道栏杆。约翰船长抓着它荡到甲板上，爬上去，伸手去拉苏珊。就在这时，弗林特船长一边呐喊着“不成功，便成仁”，一边走下了升降口。他从前舱口下去，跑进了船舱。他走上前来，把两个鲜红色的垫子在头上挥来挥去。但在这样的搏斗中，起作用的不是武器，而是手。弗林特船长的手很大，但也只有两只。燕子号船员的手虽小，却有八只。

这时，一个鲜红色靠垫猛击过来，打在约翰船长头的一侧，把他打倒在甲板上。但他立刻站了起来，朝着弗林特船长冲了过去。大副苏珊牢牢地抓住了其中一个垫子。提蒂和罗杰这时已经爬上了船，他们紧紧抱住弗林特船长的两条腿，像小猎犬一样死死地拖着不放。即便如此，如果南希船长和她的大副佩吉没有沿着小屋的屋顶冲过去，大喊一声加入战斗的话，这场战斗也许会以燕子号的彻底失败而告终。佩吉是从前甲板上船的。南希船长从船舱顶一下跳到了弗林特船长的背上，紧紧地勒住他的脖子。佩吉、约翰和苏珊一起从前面抱住他，由于人数上不敌对手，弗林特船长最后重重地倒在了甲板上。

“快投降！”南希喊道。

“只要我的旗还在，我就不会投降。”弗林特船长气喘吁吁地说道，“大象号，大象号，大象号万岁！”

但是，一等水手缇蒂已经沿着舱外狭窄的舷梯向前跑去了。没一会儿，那面巨大的大象旗飘落到了前甲板上。

“我们赢了！”约翰喊道，“你的旗帜已经降下来了。”

“啊呀，真的是啊。”弗林特船长挣扎着坐了起来，看着光秃秃的旗杆说，“动作够快的，还那么熟练。我投降！”说完他平躺在甲板上，喘着粗气。

“把他绑起来！”南希船长说。

佩吉捡起手边的一卷绳子，和约翰一起把犯人的腿绑了起来。然后，在其他人的帮助下，他们把他翻了个身，又绑住他的手臂。他们把他拖到甲板上，抬起他的上半身，这样他就可以坐在甲板上，背靠着船舱。但他向一侧倒了下去。约翰把他扶起来，他又向另一边歪倒了。“我再扶你一次，”佩吉说，“如果你再倒的话，你就躺在那儿吧。”

就在这时，缇蒂回来了。

“如果我们要让他走跳板的话，”她说，“前甲板上就有一条。”

“对啊，”南希叫道，“我都忘了。可是我们怎么把他弄到那儿去呢？”

弗林特船长扭动着双脚，脑袋左右摇晃着。

“我可不是蛇，”他说，“没有脚我走不了。”

“我们得设法把他弄到前甲板去。”南希船长说。

“解开他腿上的绳子，让他从船舱上面走过去。”佩吉说。

“舱顶可承受不了我的重量。”犯人说。

“让犯人走下面不安全，”缇蒂说，“他们可能会引燃火药库，炸掉整艘船。”

“那我们带他从舷梯绕过去。”南希船长说，“他胳膊被绑着的时候不敢在那儿挣扎。”

于是他们解开了他腿上的绳子，费了好大的劲才让他站起来。但是刚一站起来，他马上又要坐下。

“别这样，”南希船长说，“这样对你更不利。”

由于绳子的一头缠着他的胳膊和身体，他们把绳子系得很紧，所以绳子的另一端就能当作缆绳或者牵引绳了。南希和佩吉抓住绳子，沿着狭窄的过道先过去。囚犯走在后面，尽力保持平衡。约翰和苏珊紧跟在他后面。罗杰和缇蒂从舱顶走过去。

船的前甲板上有一个绞盘，从绞盘引出的锚链把房船系到了停泊的桶形浮标上。那里有一门小小的铜炮。在船的前舱口有一顶白色的太阳帽。在那根小桅杆的脚下，有一个储物柜，上面有一面绿白相间的大象旗子。甲板的右边有一块跳板，在悠闲的日子里，早晨房船的主人会从跳板那里跳到湖里潜水。不过那块跳板可能本来就是为了让犯人跳下去喂鲨鱼而设计的。弗林特船长一看到这木板就剧烈地抖了起来，差点儿让海盗们心生怜悯。这些海盗已经俘获了他和他的船，现在他没有任何逃跑的机会。

“等一下！”南希船长喊道。约翰船长是队长没错，但在某些事情上，南希船长却禁不住要发号施令。

“把犯人绑在桅杆上。”她刚说完，其他人就绑好了。

“别笑！”她对犯人吼道。

“快把那个海盗从我的太阳帽里救出来吧。”弗林特船长说。

原来，罗杰，这个见习水手，戴上了那顶大太阳帽，结果整个脑袋都被困在里面了。大家等了一会儿，等大副苏珊把他解救出来。

“能把它戴在我头上吗？”犯人说，“这是我最后的愿望，你知道，我光秃秃的脑袋受不了太阳晒。”

大副苏珊替他戴上帽子，犯人晃了晃脑袋，让帽子戴正。

“现在，约翰船长，”南希说，“我们必须判定一下他的罪行。其中最严重的就是背叛罪。整个夏天，他都在和土著人来往。”

“还有遗弃罪，”佩吉说，“他抛弃了我们。”

“他去了野猫岛，趁我们不在的时候进了我们的营地。”缇蒂说。

“他还说约翰船长是个骗子。”南希说。

“那是个误会，”约翰船长急忙说，“我们已经和解了。”

“那我们就不管这条了，”南希船长说，“但是没关系，他其他的罪行也够了。同意他走跳板的举手！”

她的手和佩吉的手立刻举了起来，缇蒂和罗杰也举了起来，约翰和苏珊犹豫了。

“嘿，听着，”南希说，“别犹豫了。可不能浪费了这块跳板。”

“我想我们应该给他个机会，”约翰说，“松开他的胳膊，好让他能游一下。”

“好吧，”南希说，“那我们举手表决吗？”

大家都举起了手。

罗杰往船外看着。

“水里会有很多鲨鱼吗？”他问。

“成千上万条鲨鱼。”犯人呻吟道。

“蒙住他的眼！”南希船长说，“这儿有手帕。”

“干净吗？”犯人问道。

“好吧，那还是用佩吉的吧，她的昨天刚洗过。”南希说。

佩吉的手帕还是叠起来的，完全没用过。很快它被卷成了绷带的样子，蒙在了弗林特船长的眼睛上。

“把他从桅杆上解开，让他上跳板。”南希说。

大副苏珊和约翰把他从桅杆上放了下来。然后他们解开了他胳膊上的绳子。囚犯剧烈地左右摇晃着。缇蒂和罗杰在后面推他，佩吉、约翰和苏珊一起把他领到了跳板上。南希船长抱着双臂看着他们。

“现在，向前走！”她叫道。

蒙着眼睛的弗林特船长，沿着跳板一步一步地移动。他停了下来，浑身发抖，跳板在他的重压下也弯了下去，不停地颤抖着。

南希船长跺了跺脚。“走吧，你这个臭海盗！”她喊道。

弗林特船长又走了一两步，来到了木板的尽头，这儿距离水面很高。

“手下留情啊！”他央求道，“放过我吧！”

“走，”南希喊道，“不然就……”

弗林特船长绝望地向前迈了一大步。他脚下踏空，头朝下掉进了水里，溅起巨大的水花，打湿了房船甲板上的燕子号和亚马孙号船员。弗林特船长不见了，那顶白色的太阳帽独自漂浮在水面上，在涟漪中轻轻荡漾。

“也许他不会游泳，”缇蒂说，“我从来没想过这一点。”

但就在这时，弗林特船长的秃脑袋从水里冒了出来。他使劲地喘着气，气急败坏地嘟囔着，扯下蒙着他眼睛的手帕，又沉了下去。

过了一会儿，他又浮上来了，这次是在靠近太阳帽的位置。他抓住了帽子，往上一扔，帽子旋转着落到了甲板上。

“他会游泳啊！”缇蒂说。

突然，弗林特船长大叫一声。“鲨鱼，鲨鱼！”他尖叫着，拼命地游到房船的大浮标那儿，溅起了一大片水花。他试了一两次之后才爬了上去。终于，他跨坐在了浮标上。

“这里到处都是鲨鱼，”他喊道，“有一只正在咬我的脚。”

他从浮标的一侧滑进了水里，游到了房船的另一侧，水花四溅。

“绳子！给我根绳子吧！”他一边大叫，一边在水里扑腾着，溅起了阵阵水花。燕子号和亚马孙号船员眼看着他在水里挣扎。

“我们给他一根绳子好吗？”苏珊说，“他已经在水里待了很长时间了。”

“你再也不会和土著人结盟了？”南希问。

“我铁了心做海盗，保证再也不会了。”弗林特船长说。

他喘着气，就像一只浮上来换气的海象一样。

“那我们就给你绳子。”南希说。

“我还是要绳梯吧，”弗林特船长说，“我这个年纪，胖得连绳子都没法用了。跳板旁边有一副绳梯，我是说木板旁边。绳梯已经拴紧了，你只要把剩下的部分扔到海里就行了。”

约翰把绳梯抛了下去，没过多久，弗林特船长就再一次站上了甲板。他身上的水哗哗地流下来，流进了排水口。他坐在绞盘上，双臂抱在胸前。“好吧，就这样吧，”他说，“即使是真正的亚马孙海盗也没有这么残忍，让一个人在一天内走两次跳板。喂，罗杰，你在找鲨鱼吗？”

罗杰一直从房船的甲板上往水里看。

“我不相信那里有鲨鱼，”他说，“至少都不够大。”

“那个小坏蛋对于我的四肢没被鲨鱼咬去很遗憾呢。”弗林特船长说，“你们现在要拿我怎么办？”他补充说，“你们已经俘获了我的船，降下了我的大象旗，把我像待宰的鸡一样捆起来，还让我走跳板。我已经走了，好不容易躲开了鲨鱼，爬到船上。我的罪行还不能赎掉吗？如果是……”他停顿了一下。

“是什么？”南希船长问。

“所有最激烈的海战都会以宴会结束，”弗林特船长说，“现在，宴会已经准备好了，就在小屋里呢，只有鹦鹉在那儿守着。让我去下面吧，我去打开煤油炉，换上身干衣服，这样就没有什么能阻止我们搞一场宴会了。”

没有人表示反对。

弗林特船长从前舱口下去了，不一会儿他的脑袋又冒了出来。

“还有，”他说，“我觉得你们会想把骷髅旗也当作战利品升起来，你们能在储物柜里找到它。”说着他又跳了下去，发出碰撞下面甲板的声音。佩吉打开了桅杆旁边的储物柜，柜子上层放着一面黑色的旗子，旗子和大象号的船旗一样大，上面画着骷髅和交叉的骨头。她和缇蒂从升降索上取下大象旗，把骷髅旗系在上面。然后，在双方船员的欢呼声中，佩吉把旗升到了桅顶。

弗林特船长的头又从舱口冒了出来。

“到下面来怎么样？”他说，“你们最好从升降口下来。小心脑袋，虽然我觉得比起我的脑袋来，你们的都没什么危险。”

“你的脑袋真的很危险吗？”缇蒂饶有兴致地看着他的头问。

“对，但不是因为我犯了叛变罪，”弗林特船长说，“而是因为进小屋的时候曾经被撞了一下。”

南希看着小屋屋顶上一块烧焦的地方。

“好吧，”她对弗林特船长说，“身为海盗，我得对海盗同行说，很抱歉我把事情弄得一团糟了。我没想到那个焰火筒两头都会燃烧。它不就是砰的响一声就完了吗？”

“要是那样就好了。”弗林特船长说着又消失了。

燕子号船员和亚马孙号船员朝升降口走去，准备进入小屋。船长和大副走舷梯，一等水手和见习水手走小屋屋顶。

这小屋是典型的隐居海盗住处的样子。在盗窃案发生后，弗林特船长努力把房间收拾得整整齐齐，小屋的墙上又挂满了来自七大洋的奇怪武器和奇珍异宝。所有没被摔碎或是扔到海里的东西都放回了原处。小屋中间有一张又长又窄的桌子，两边摆着椅子。那只绿色的鹦鹉就站在一张椅子的靠背上。

“八个里亚尔，八个里亚尔，说八个里亚尔!”南希·布莱克特对鹦鹉说。

“好波莉。”鹦鹉说道。

“你不适合做海盗的鹦鹉。”南希说。

“椅子是钉在地板上的吗?”罗杰问。

“不是。”佩吉说。

“在我爸爸的船上，椅子是被钉住的。”罗杰说。

“这个海湾的浪不大。”声音从水手舱的入口处传来。

煤油炉的响声突然停了。弗林特船长，换上了干衣服，提着一个大水壶走了过来。

“大家随意。”他说道。于是大家给自己倒上水，宴会开始了。这次的宴会非常丰盛，食物都是弗林特船长在里约小镇精心挑选后送来的。有草莓冰、麦片姜饼、巴思甜面包、岩皮饼、姜汁饼干，还有巧克力饼干。最先端上来的是三明治，接着是一个用纸盖着的蛋糕。纸一揭开，就看到用粉红色和白色糖衣做的两只小船，好看得像画一样。

“是燕子号和亚马孙号。”罗杰说。

“正是。”弗林特船长说。

随着宴会的进行，燕子号、亚马孙号船员和隐居海盗之间的友谊迅速升温。在弗林特船长自己拿草莓冰吃的时候，大副苏珊拦住了他。

“刚走完跳板不能吃冰。”她说，“妈妈说，如果你刚湿透就吃冰的话，你的胃会受寒的。”

“天哪，那我不应该吃。”弗林特船长说着，拿起了一块蛋糕。

“你走跳板的时候棒极了。”缇蒂说。

“辛苦练出来的。”弗林特船长回答道。

鹦鹉基本上每种食物都尝了一口，但似乎最喜欢吃方糖。缇蒂向它伸出手去，鹦鹉跳上了她的手腕，一直走到了她的肩膀上。

“明年我们就会航行去一个树上都是鹦鹉的地方。”她说。

“我们必须为明年想一个真正的好计划。”弗林特船长说，“现在我向你们保证，我再也不写书了。除了当海盗，我什么都不干了。不过，说到鹦鹉，我要到南方去过冬，不过如果你们想要的话，我可以给你们带几只鹦鹉回来。”

“真的吗？”缇蒂说。

“真的。”弗林特船长说。

“是会说脏话的鹦鹉吗？”南希说。

“不折不扣的流氓鹦鹉。”弗林特船长说。

“那能带猴子吗？”罗杰问。

弗林特船长拿出了一个笔记本和一支钢笔。

“物品。一只猴子，”他说着写了下来，“有尾巴还是没有尾巴的？”

“有尾巴的。”罗杰说，“没有尾巴的是猩猩。”

“别给我们带绿色的鹦鹉，”南希说，“带有红色尾巴的灰色鹦鹉吧。这样我们就可以在箭上装上红色的羽毛，而不是绿色的了。”

弗林特船长张了张嘴，又闭上了。他仔细地看了看南希·布莱克特，又看了看架子上的果酱罐，里面有一根绿色的羽毛和一些新的烟斗通条。南希·布莱克特注意到了他的目光。

“这是你与我们为敌的惩罚，”她说，“而且，我们就拿了几根羽毛。我们本来可以把船沉了的。但不管怎么说，你现在又和我们站在一起了。”

“的确，”弗林特船长说，“但我在想，我的船到底遭到了多少次抢劫。”

“只有一次，”南希说，“我们不算抢劫，我们是正当的复仇。”

“你们明天要去做什么？”弗林特船长过了一会儿问，“这是你们在这儿的最后一天了，是吗？”

“去钓鱼怎么样？”佩吉说，“我们已经好久没去钓鱼了，如果你想来的话也可以一起啊。”

“嗯，”南希说，“你的船比我们的更适合钓鱼。而且你知道什么地方最适合钓鱼。”

“来吧！”约翰说。

“求你了！”苏珊说。

“好吧，如果风不大的话，我们就去钓一天鱼。我会去的，但我去不了很早。而且我们还要计划一下明年的大事。”

“我明天不去钓鱼。”一等水手缇蒂说。

“为什么？”苏珊说。

“我要去把宝物找回来。”

“去哪儿？”

“鸬鹚岛。我确定宝物还在那儿。我是说那只箱子。”

“只能是浪费时间，一等水手。”弗林特船长说。

“我知道它在那儿。”缇蒂说，“如果罗杰想来的话他也可以一起。”

“那明天就会有两支探险队了，”弗林特船长说，“一支是去寻宝，一支是去捕鱼。你选择哪支，罗杰？”

“我想跟缇蒂一起。”罗杰说。事情就这么定下了，但苏珊还说了：“你们不能自己去，除非明天没有风。”

宴会结束后，又过了很长一段时间，佩吉说：“那个，吉姆舅舅。”

“他不是吉姆舅舅，你个笨蛋！”南希说。

“他当然不是。”佩吉说，“我是说，弗林特船长，你的手风琴还在吗？”

“给我们奏一曲吧。”南希船长说。

“如果你们能跳号笛舞的话，我就奏。”

“但小屋里跳不开呀。”

“那就去船尾。”

弗林特船长从船的前舱拿出了一台大大的手风琴。

“还好窃贼没发现这个，”他说，“否则它肯定被偷走了。

但有可能他们不会欣赏音乐。”

所有人都去了后甲板。弗林特船长坐在围栏上，奏起了水手的号笛舞曲，南希船长也随着音乐声跳起了舞。

“不应该这么跳。”缇蒂说。

“那给我们展示下你的跳法。”弗林特船长说。

他不停地拉着手风琴，南希和佩吉以她们各自的方式跳着号笛舞，约翰船长、大副苏珊、一等水手缇蒂和见习水手跳着另外一种舞。在这宁静的傍晚，一英里外的地方都能听到甲板上的舞步声。弗林特船长拉得越来越快，燕子号和亚马孙号船员也跳得越来越快，直到曲子快到都不像曲子了，他们全都精疲力竭地瘫在了甲板上。

“哎，看来我把整个夏天都浪费了。”弗林特船长说。

接着他又拉了起来，过了一会儿，他们一喘匀了气，就唱起了歌。

他奏了《西班牙女郎》《鲸》《阿姆斯特丹》《打败他》《逃往里约》，还有很多其他曲子。

黄昏降临了。

“我们港口上没有点上灯。”约翰船长说。

“我们必须在天黑之前赶回去。”大副苏珊说。

“几乎快没有风了，”南希船长说，“趁我们还能航行，快出发吧。”

“别忘了明天捕鲸。”弗林特船长说着，向他们告别。

“还有寻宝活动。”一等水手缇蒂说。

没过几分钟，燕子号和亚马孙号就驶出了港湾。

弗林特船长靠在围栏上，看着他们走远。他继续演奏，声音飘过水面传到了他们的耳朵里，直到他们越过了岬角，有了风才听不到了。

“他真是个非常好的海盗。”约翰船长说。

“可惜他太老了。”罗杰说。

“他也没有那么老。”缇蒂说。

第二十八章　鸬鹚岛上的宝物

缇蒂怀着一个坚定的想法睡着了，第二天醒来的时候那个想法还在。她爬起来看了看天气。天气不错，风不大，正是她想要的。因为她知道，如果风很大的话，她是不会被允许在没有船长和大副陪同的情况下，和罗杰乘着燕子号出发的。

“醒醒，罗杰！”她叫道。

“怎么了？”约翰船长说。

“有人可能先找到它了。”

“找到什么？”

“鸬鹚岛上的宝物。我和罗杰要去找找。”

“但咱们已经去找过一次了，那儿什么都没有啊。”

“这是咱们在这儿的最后一天了，”缇蒂固执地说，“你和苏珊说过我们可以去的。而且我确定它就在那儿。”

“但弗林特船长会来，我们都要去钓鱼。”

“我和罗杰要去寻宝，我们昨晚都说好了的，而且今天又没有风。”

“你会失望的，缇蒂。”苏珊睡意蒙眬地说。

“等我找到就不会失望了。”缇蒂说。

“好吧，小心点儿，罗杰。”约翰船长说，“等你们洗完澡，就去取牛奶吧。”

“因为今天亚马孙号船员和弗林特船长要参加，我们要拿双份哦。”大副说道，“我们捕鲸的时候还得带上些。”

这天早晨，两位水手都快速地洗了个澡。一等水手没有再去采珍珠。罗杰一展示完他仰泳和蛙泳的本领，她就叫他上岸擦干。然后他们匆匆去拿了牛奶。回来的时候，他们发现除了燕子号的大副，大家都在忙着装钓竿。

“你们真的要去鸬鹚岛吗，一等水手？”佩吉问道，“那儿什么都没有，你们还是跟我们一起去捕鲸吧。”

但一等水手是不会被说服的，见习水手罗杰虽然觉得捕鲸更好玩一点儿，但还是下定决心跟随一等水手去寻宝。

早饭后，在其他人都忙着捕捉鲦鱼，等待弗林特船长到来时，大副苏珊给缇蒂和罗杰每人做了一大袋三明治和小甜圆面包，还给了他们一瓶牛奶。

“记住，罗杰，缇蒂是长官，你要按她说的做。”

“是，遵命，长官！”见习水手说。

“我们拿什么当鹤嘴锄呢？”一等水手问。

“你们不需要鹤嘴锄。”大副说。

“我们当然需要，”一等水手说，“宝物会在几英寻深的地方。”

“拿着锤子吧。”约翰说。

“我们还需要指南针和那张画着骷髅的航海图，还有森林图。”

“如果你们能保管好的话，可以拿着指南针。”

“好吧，不管怎么样，不要去太久。”大副说，“你能看到我们和弗林特船长一起去了哪儿，如果你们在那座岛上待够了，你们就过来找我们。我们会带着你们的鱼竿。”

他们带着东西走向港口。约翰升起桅杆，扬起了燕子号的帆。在大家的祝福声中，一等水手和见习水手出发了。缇蒂驾燕子号出了港口。

“别在那儿待太久！”大副苏珊在他们身后喊道。

“最好是能赶上捕鲸！”南希船长喊道。

缇蒂脑袋里满是宝藏的事儿，已经顾不得想怎么回答了。

他们一离开小岛，缇蒂就把一只桨给了罗杰。他们并排坐在中间的座板上。

“跟上我的节奏，见习水手。”一等水手说。

“好的。”

缇蒂一从水里拿出桨，罗杰就划一下。

“见习水手，”一等水手说，“你不能说‘好的’。”

“是，遵命，长官！”见习水手说。

“我们要到一个荒岛上去寻找海盗的宝藏——海盗们从弗林特船长那里抢走的宝藏。岛上可能会有陆地蟹、鳄鱼或各种各样的敌人。宝藏可能埋在死人骨头下面。我们可能要花上一生的时间去寻找它……”

“苏珊说我们不能待太久。”

“大副的意思是，不要浪费时间。我们不会浪费时间的，但寻找宝藏这事，说不准需要一年或是两年。我们必须直面危险，团结一致。你必须按照我的命令去做。”

“是，遵命，长官！”

“那么，现在，和我同时……向下划。”

他们一起向下划着，燕子号是条划起来很吃力的小船，因为形状和船上的东西。小船在湖上沿着“之”字形路线前进着。

一等水手缇蒂知道，不应该老是回头看，但她不知道如果不看该怎么办。走了一半路程之后，她拿起两只桨自己划，让罗杰去船尾掌舵。

鸬鹚岛不过是一堆突出水面的岩石，上面有一些石楠花，很少的一些草，还有两棵枯树。其中一棵树躺在岩石上，在很久以前它就被连根拔起了，周围的地面除了巨大的石头什么都没有。另一棵树是鸬鹚栖息的地方，光秃秃的，还落满了白色的鸟粪。

“我们快到了。”罗杰说，“我看到鸟了。”

缇蒂看了看周围。有两只黑色的长颈鸬鹚，喙上有一小块白色斑点，他们快速地贴着水面飞走了。还有两只落在那棵枯树最上面的树枝上。

“他们在向我们指明宝物的方向呢。”缇蒂说。

“其中一只在吞一条鱼。”罗杰说，“现在它们都走了。”

只见那两只鸬鹚从树上飞起来，跟在其他鸬鹚后面。它们先是在低处荡来荡去，然后又飞到高处，飞过湖面，飞到了很远的达里恩农场那边，最后飞到了罗杰和缇蒂都看不见它们的水域里。

“那是弗林特船长！”罗杰说。他们看到了他的大桨船，在房船湾和野猫岛之间。他正要赶去加入捕鲸队。

他们挥了挥手，但弗林特船长在湖的另一边，背对着他们，所以没有看见。

“这儿就是我当时驾驶亚马孙号抛锚的地方。”一等水手说，“我听到海盗划船从我身边经过，然后他们撞上了石头。”

“真的海盗吗？”见习水手说。

“我看不到他们，”缇蒂说，“但我听到了他们划桨的声音。我还听到了他们说话……他们像真的海盗一样骂人。我还听到他们撞上了岩石。”

“这一侧全是石头。”见习水手说。

缇蒂慢慢划着船绕过小岛。可是没有合适的地方能让燕子号靠岸。

“那就是我们和弗林特船长一起上岸的地方。”罗杰说。

“他船的船头很窄，”缇蒂说，“燕子号的船头进不去。”

她划到了靠近岛北边的地方。

“看起来我们可以靠近那块岩石，”她说，“但我们不能把船拖上岸。约翰船长说我们上岸的时候要小心。我们要多留心。”

燕子号在靠近岩石的时候撞到了上面，但并不严重。一等水手拿着缆绳，抓着船舷爬上了岸，见习水手跟在她后面。

“我要拿着指南针吗？”他问。

“不用，”一等水手说，“把它留在船上吧，我们需要的时候再说。拿着鹤嘴锄和吃的东西，但最好把牛奶瓶子留下。”

见习水手把装着三明治的袋子递给了一等水手。然后他把锤子给她，爬了出来。

“现在咱们把缆绳拴在那块石头上，就拴绳子的一头。那里的风是从南面吹来的，船会随着风在水面上漂浮，碰不上任何东西。我们把吃的东西留在石头上吧。”

这一切都做完了之后，一等水手站在那儿看着她的船，看了有几分钟，缆绳一端的小船静静地漂在水面上，十分安全。

“这样挺好的。”她最后说，“现在我们去找宝物吧。”

在房船湾之战的前一天，所有的人都来这里找过那只被偷的箱子，每个人都发现在这些岩石上行走很困难，就连弗林特船长也这么觉得。对见习水手和一等水手来说，的确非常费力。岩石从各个角度突起，中间还有很深的裂缝，脚陷进去后很难拔出来。还有很多踩在上面会晃动的乱石，寻宝人花了很长时间才走到岛的一端。

“我很庆幸我们住在野猫岛而不是这里。”罗杰说。

“这真的是座荒岛，”缇蒂说，“小心骷髅。”

“这儿有很多骨头啊！”几分钟后罗杰说。

“真的骨头吗？”缇蒂叫起来。

“是小骨头。”罗杰说。

缇蒂绕着一块岩石爬到罗杰站着的地方，低头看着一堆白色的鱼骨。她立刻抬头一看，果然，上面的岩石上有一个小洞，大小大概可以装进去一个网球。洞口沾满了青白色的东西，下面的岩石也是如此。缇蒂把手伸向洞口，就在这时，有什么东西飞了出来，它的翅膀快速向下翻转着，在阳光下闪着明亮的蓝光。

“这是翠鸟的巢。”她说，“这些是它吃过的小鱼的骨头，根本不是海盗的骨头。”

他们继续搜索着。鸬鹚岛上还散布着很多骨头，但都是鱼骨。见习水手和一等水手爬到鸬鹚经常栖息的树下之后发现树底下也有很多鱼骨。那里的石头很脏，气味也很难闻，还好他们赶紧走了。而且他们没有发现任何宝藏的迹象。

罗杰开始失去信心了，而且也觉得饿了。他们在岛上最北端的一块光滑的岩石上坐了下来，就是刚才他们把吃的东西留下的地方。他们把装奶的瓶子从燕子号里拿出来，边吃三明治，边轮流捧着瓶子往嘴里倒牛奶喝。

“弗林特船长和其他人在那儿，”缇蒂说，“他们都在他的船上。就在那儿。不是鲨鱼湾，而是我们去看有蛇的野人的时候经过的那个小港湾。”

“我在想他们抓到了多少鲸鱼。”罗杰说，“也许还会有鲨鱼。不管怎么样，应该有很多鲈鱼。”

“来寻找宝物比去坐着钓鱼好多了。”缇蒂说。

“但我们什么都没找到。”罗杰说。

“我们还没找遍每个地方呢。它肯定在这里，”缇蒂说，“走吧，你去那边，我去另一边，要是找到了就喊一声。”

没一会儿罗杰就叫了起来，但不是因为他找到了宝物，而是他从石头上滑了下去，刷破了膝盖。

“是哪边的膝盖？”缇蒂喊道。

“是以前没被刮过的那边，”罗杰说，“还好不是上次被剐伤的那边，是另一边。”

作为探险队外科医生的一等水手缇蒂帮他清洗了一下膝盖，又用他的手绢包扎好。包扎好之后有一小段露在外面，罗杰凑过去，想用手帕角来擦擦鼻涕。

“你可以用我的手帕，”缇蒂说，“这是我的粉色手帕。”

罗杰用粉色手帕使劲擤了下鼻涕，又振作起来了。

时间一分一秒在流逝。上午过去了，下午也快过完了，仍然没有发现任何宝物的迹象。缇蒂至少绕着岛找了两圈。罗杰不找了，走过去坐在了那块绑着燕子号缆绳的岩石上。他拉了拉绳子，燕子号听话地漂到了他的脚边。他用他光着的脚蹬了一下船尾，船又漂回了原处。

“我们划船找找吧，”他说，“从燕子号上和从这些石头上能看得一样清楚。如果我们还是什么也找不到，就可以接着去捕鲸了。”

没有人回答。于是他四处寻找缇蒂在哪儿。她就在不远的地方，正沿着小岛边缘的岩石爬行。突然他看见她手里拿着什么东西跳了起来。

“嘿！罗杰！”她叫起来。

罗杰站了起来，朝她那边的石头爬去。

“我找到了一个烟斗，”她喊道，“一定是那些海盗的。这一定是他们上岸的地方。”

这是个普通的烟斗。她是在靠近水边的两块石头中间找到它的。这个发现对这个岛意义非凡。就在刚才，就连缇蒂也开始怀疑，那个漆黑的夜里，海盗们从这里登陆也许只是她的一个梦，但现在她手里有了确凿的证据，能证明除了鸬鹚和翠鸟，还是有人来过这里。

“如果他们是从这儿上岸的，”缇蒂说，“那宝物一定就在这附近。他们没有走远，因为我听到他们一直在这儿争执。”

他们在这周围仔细寻找。他们离那棵老树原来生长的地方很近，现在那棵树倒向了一边，干枯腐朽的树根也伸向了空中。地上满是散乱的大石头，缇蒂小心地走过它们，在大树周围搜寻，但什么也没找到。她在树周围更大的范围内转了一圈，还是什么都没有。她又回到了小岛的边缘，在那儿继续找。

罗杰待在原地，不一会儿，他开始捡一些卡在岩石间的小浮木和枯死的芦苇，玩自己的了。从上次雨后湖水涨高以来，这些东西就一直晾在那里。

最后缇蒂也开始丧失信心了。她回到那棵倒下的树旁，罗杰捡到的柴火则越攒越多。

“点着它吧，缇蒂。”罗杰说。

一等水手看了看。

“这样不行，”她说，“我们要做一个火炉，就像我们看到野人和蛇的那天，苏珊在海边做的一样。然后我们在里面生火，弗林特船长和其他人会看到我们在遥远的荒岛上生火冒的烟。然后他们就会赶来援救我们的。”

她开始用小石头搭建火炉。

“我们需要一块大的石头，放在后面。”她说。

她在靠近老树根的地方拖出了一块又大又平的石头。石头很容易就搬起来了。当搬动它的时候，缇蒂把造个壁炉的想法抛到了脑后。

“来帮帮我，罗杰！”她喊道，“鹤嘴锄在哪儿？”

当她开始建造火炉时，她就把锤子放下了。罗杰捡起来递给了她。在她刚刚移动的石头下面露出了一个尖角，是黑色的、铁质的，缇蒂用锤子敲了敲。它发出了金属还有木头的声音。她把石头往一边移了移，很明显，那是箱子的一角。

“我们找到了！我们找到了！我们找到了！”缇蒂喊起来。她立刻把石头移到一边，箱子的角上有一个撕破的标签，标签上画着一只骆驼和一座金字塔，还有两个清晰的大字——“开罗”。

“快来帮我，罗杰，”一等水手说，“把这些石头一块块搬走。”

他们一块一块地把石头搬开，每搬一块石头，箱子的奇异之处就越来越显现出来。箱子上全是标签。有的写着“P & O 一号舱”，还有的写着“毕比航运公司”“多乐航运公司”和“日本邮船会社”这些名称。其中一个标签，上面画着棕榈树、骆驼和一条河，是埃及某酒店的一个标签。一些标签上画着地中海海港的蓝色海湾和白色房屋。还有一个标签上写着“航行中被通缉”。有的标签上的文字很奇怪，只有 Peking（北京）是英文字母。有一个“中国东方铁路”的标签。还有一些酒店的标签，这些酒店包括在旧金山、布宜诺斯艾利斯、伦敦、仰光、科伦坡、墨尔本、香港、纽约、莫斯科和喀土穆的。有些贴在了另一些上面，有些已经被刮破了。但每发现一个，一等水手和见习水手就兴奋一次。在箱盖的中间有两个字母 J. T.[①]。一块又一块的石头被搬走了。箱子一直是放在树底下的，在树根原来所在的那个洞里，上面盖着许多零散的大石头，这些石头到处都是。有些石头太大了，就算缇蒂和罗杰一起搬也搬不动，搬箱子像搬房子一样困难，他们连四分之一英寸都移动不了。

“我们把它打开吧。”罗杰说。

箱子被黑色的大角铁紧紧地固定了。一等水手用锤子使劲敲，但有一些奇怪的钩子互相扣在一起，锁了起来，它们结实得像铁箍一样。缇蒂和罗杰用力地敲打着铁钩，但他们像两只试图闯入钢制保险箱的苍蝇一样徒劳无功。

---

① J. T. 是特纳先生（即弗林特船长）名字的缩写。

第二十九章　两条鱼

“没办法了，”一等水手说，“我们得把其他人和弗林特船长叫来。这是他出海带的箱子，我敢肯定，里面有他写的海盗故事的书。”

“我们划着燕子号去吧。”罗杰说。

但其实没有必要。那边很长一段时间内都没有鱼上钩了，一部分原因可能是船上的“渔民”太多了，还有一部分原因，像弗林特船长说的那样，是因为鱼儿们知道要变天了。天气闷热，天空也很阴沉。虽然风已经完全停了，但是南方的山上飘来了大团大团的乌云。捕鲸队觉得捕鲸活动已经够久的了，决定收工回家。苏珊说：“那两个人在鸬鹚岛上待了很久了。”弗林特船长知道他们在找他的箱子，也知道他们肯定是徒劳，所以他说：“我们划船过去，叫他们回家吧。”于是，当缇蒂和罗杰向湖对岸张望着，期待着能在最后看到他们的地方找到他们时，捕鲸队正划着船稳稳地朝他们驶来，已经在湖上走过一多半的距离了。

缇蒂爬了起来，站在那棵倒下的树干上，边挥手边喊着。

水面上也传过来一阵叫声，但一开始，捕鲸者和寻宝者都听不见对方喊了什么。

寻宝者从听到的第一句话就知道，他们几乎都没听懂刚刚相互的喊话。

“你们还没待烦吗？”他们听到弗林特船长用快活的声音说，“该回家了。”

“我们找到了！”缇蒂喊道。

“该回家了！”弗林特船长又喊道，“去喝茶。”

“我们找到了！”罗杰叫着。

这次弗林特船长听见了。于是他弯下身去拼命划桨，没几分钟捕鲸队就到达了鸬鹚岛。弗林特船长瞬间就上了岸，跳过了岩石。其他人都跟在他后面。“你们不会是找到了什么东西吧？”他说，但还没等他们回答，他就看见了那只箱子。“做得太棒了，一等水手！”他喊道。“真见鬼啦！”南希惊呼道。“好样的，缇蒂！”约翰船长说。“看来你不是在做梦啊！”苏珊说。“谁能想到呢？”佩吉说，“南希船长自己也来找过，但没有找到。”

弗林特船长跪在箱子旁，从口袋里掏出一串钥匙。“他们好像没有打开，”他说，“但他们肯定试了很久。”

“是我们试着想打开。”一等水手说。

弗林特船长打开锁，把锁扣拉开，掀起盖子。里面是用黑盒子装着的打字机，很多用帆布捆扎的日记，还有一大捆打字机打出的手稿。

“太好了。”弗林特船长抚摸着他珍爱的稿子说。

“好无趣啊，”罗杰说，“缇蒂还说这是宝物呢。”

“这是宝物！就是宝物！”弗林特船长说，“世界上有各种各样的宝物。一等水手，我真的太感谢你了。如果我失去了这个，就像我原以为的那样，我就失去了关于我过去海盗生活的所有的日记，我把我生活的最好的那部分都写进了这本书。如果没有你，它或许就永远消失了。”

“我听到他们说他们会回来拿的。所以我才知道它一定在这里。”缇蒂说，“海盗们经常这样做，他们埋东西就意味着他们是要回来的。”

“就像狗对待埋好的骨头一样。”弗林特船长说，“现在，他们已经失去这骨头了，反正它对他们没有多大用处。我想象不出他们会坐下来读《混乱泥沼》。”

“那你准备接下来怎么对付他们？”南希船长说，“要不我们一起埋伏起来，等他们一来就抓住他们。”

弗林特船长想了想，然后说：“我什么也不会做的。我之所以让警察到各个登陆点去调查，是因为我想抓住一切可能的机会，把它找回来。但我不想让任何人进监狱。”

“监狱！”南希说，“应该用铁链把他们吊在处决码头上，让他们的骨头在风中咯咯作响。”

“人们现在只会对亚马孙海盗做那样的事。”弗林特船长说，“一等水手你听到他们说了什么？他们要把战利品拿走？”

“他们说：‘我们会来钓鱼，拿些值钱的东西。’”

“那他们一定会来的。”弗林特船长说，“我们看看能不能找到些木头，扁一点的木头。”

“我们找到了他们的烟斗。”罗杰说。

“很好，”弗林特船长说，“我们会吓得他们往后都不敢再偷东西了。”

他在罗杰为生火而收集的东西中找到了一块扁平的木头。他坐在一块岩石上，拿出一把大一点儿的小刀。不一会儿，削出的木头薄片四处飞溅。

“你在干什么？”罗杰说。

“做个东西让他们钓。”弗林特船长说。

他用小刀削着木头，不一会儿，那块扁平木头的一头就变得窄窄的，紧接着有了一条分叉的尾巴。其余部分的形状像一个甜瓜，只不过很平，边上有一块方形小块突出来，像鱼鳍一样。

“是条鱼。”罗杰说。

“他们不是说要钓点儿什么东西吗？”弗林特船长说。

他刻出了鱼的头，刻上了一个大鳃盖、一张宽宽的嘴和一只瞪得圆圆的眼睛。

“真是条好鱼！”罗杰说。

“他们钓起它的时候可不会这么想。”弗林特船长说，“现在，”他说着从口袋里抽出一根绳子，“我们要把他们的烟斗绑在这条鱼的尾巴上，把它们埋在藏我箱子的石头下面。然后当他们假装来湖上钓鱼，实际上是来这儿挖他们的战利品的时候，他们就会把这条鱼挖出来，找到他们丢失的烟斗。如果他们稍微推理一下，我估计他们会想到一定有人在附近，听到了他们说什么，知道他们是谁，知道他们做的所有事。我想到时候他们应该会匆忙离开这里，后悔没在家里待着而是来取偷的东西。”

说完，他把箱子移了移，把鱼和烟斗放进了箱子所在的洞坑里。

“等一下，”他说，“他们同时也应该再得到一些教训。”他拿出铅笔，在木鱼旁边写了几个大字：“诚实为上策”。然后他把鱼放了回去，用石头盖住了它。“用石头把它盖起来，”他说，“这样他们需要花些时间才能挖到它。”于是亚马孙号船员和燕子号船员把石头堆在了一起，直到洞被填满。

“现在这儿看起来就跟我开始搭火堆之前一样了。”缇蒂说。

“好，这样就好了。”弗林特船长说，“祝他们好运。”

“现在，”他说，“如果你们那天晚上没有做你们当时正在做的事（即使你们应该在床上睡觉），我就永远也找不回这只箱子了。我一直为丢了这只旧箱子而难过，因为它一直跟着我，陪我去过世界各地。而且我还丢了这本我写了一整个夏天的书，尽管南希和佩吉想方设法不让我写作。你们以后千万不要想写书这件事，不值得。这个夏天对我来说，比过去三十年我满世界乱跑还要艰难。如果那些坏蛋偷走了箱子，我是绝对无法重新写一遍的。我太感谢你们了，尤其是一等水手。听着，一等水手，这个世界上你想要什么尽管告诉我，只要我能做到，就一定会给你弄来。”

“你说过要给我带一只鹦鹉回来，除了鹦鹉，这个世界上没有别的我更想要的了，如果你说话算数的话。”她补充道。

“是你说想要一只灰鹦鹉吗？”

“我最想要绿色的。”

“不过要等很久，要到明年夏天了。”弗林特船长说。

“没事儿的。”一等水手说。

就在刚刚弗林特船长似乎突然想到了什么。

“听我说，”他说，“我必须马上告诉警察，让他们停止调查。我先划船把你们送回小岛。”

“你会赶回来吃鲨鱼排的对吗？”苏珊说。

“鲨鱼？”罗杰说，“你们捕到鲨鱼了？”

“一条庞然大物。”佩吉说。

“我尽量，”弗林特船长说，“但别等我。我要划很长的一段路。走吧！”他把那只大箱子扛在肩上，走到了船上。罗杰在他前面，看见了躺在船底的一条青白相间的大梭子鱼。

“是你抓的吗？”

“我们一起抓的。”

“它和我之前没抓到的那一条差不多大。”

“谁跟我一起？谁坐燕子号？”弗林特船长问。

“我想跟鲨鱼一起。”罗杰说。

“我的船能坐下你们所有人，”弗林特船长说，“但需要有人在燕子号上掌舵，否则它会到处乱跑的。”

“我来。”缇蒂说，因为她想一个人待着。她脑子里有一个坚定的信念，当大家都认为她错了的时候，她就坚持到底。现在，当大家都知道她是对的时候，有那么一两分钟她又不想说话了。

其他的人都挤进了那艘大桨船。弗林特船长划着船，看着他那贴有古老标签的老硬皮箱。罗杰坐在箱子上，看着梭子鱼的大嘴。约翰、苏珊、南希和佩吉坐在船尾。约翰拿着燕子号的缆绳，一等水手轻松地掌着舵，燕子号跟着桨船的尾迹平稳地滑行着。

弗林特船长划着船走了，把燕子号和亚马孙号船员留在了野猫岛上，而他们有好多事要做。火灭了，得重新生一堆，好把水壶烧开泡茶。这活儿由苏珊和佩吉负责了。约翰和南希正忙着取下所有的钓竿和钓具。罗杰在看那条鱼。缇蒂把燕子号从码头划到港口。两个船长又来到港口，跟在等他们的一等水手会合。他们踩着燕子号的桅杆，把它和亚马孙号并排停靠在一起，但距离并没有很近，好让这两条小船不至于相互碰撞。燕子号和亚马孙号都做好了过夜的准备。停靠妥当后，他们从港口眺望着大海，眺望着湖的最南端。

“气压计的读数从早晨开始下降了百分之二十。”约翰船长说。

“如果晚上也像现在一样热，那就一定会有什么事发生，”南希船长说，“可能会打雷。”

“我一点也不喜欢这会儿的天气。”约翰船长说，“没有风，可你们看那片云。”

缇蒂也在看着从南方飘来的那片乌云。她在想，看来真的要下雨了，还好雨推迟了些时候才会下，这样她才能找到宝物。

大副的哨声在营地里响了起来，他们三个人都匆匆赶回去，配着面包和果酱喝下午茶。

刚喝完茶，刷好杯子，罗杰就问：“我们晚饭真的要吃鲨鱼排吗？”

“为什么不呢？”大副苏珊说。

“亲爱的大副，”佩吉说，“你以前刮过鲨鱼的鳞吗？”

“没有。”苏珊说。

“很难刮的。”佩吉说。

“我们最好现在就开始，”苏珊说，“确实有点晚了。”

她们走到靠岸点，石头上放着那条青白相间的大鱼，它长着巨大的脑袋和一双邪恶的眼睛。她们围在它旁边，每人拿一把小刀，开始刮鱼鳞。

“你从它的中间往它的尾巴刮，我从它的头往中间刮。”佩吉说。

其他人都远远地看着。罗杰凑在两个大副周围，目不转睛地盯着那条鱼。

在罗杰想用手量量鱼头的时候，佩吉说：“无论你做什么，都不要把手伸进它的嘴里。我试过一次，是一条比这条小一点儿的鱼，结果我的手一个月都没法抓绳子了。”

“为什么？”罗杰说。

“看看它的牙齿。”佩吉说完停下来，用一块石头撬开了它的大嘴。

罗杰往里看了看，发现它的下腭上长着一排排锋利的倒钩似的尖牙和长长的犬牙。

“也许房船湾没有鲨鱼是件好事。”他说。

“为什么？”佩吉问。

“嗯，因为弗林特船长要给我带只猴子来呀。”罗杰说。

把鳞片刮下来倒不难，但鱼鳞却到处乱飞，两位大副的胳膊上全都是鱼鳞，甚至连头发上都有。在刮干净鱼的一面之后，她们把它光滑的身体在石头上翻了过来，好刮另一面。然后还需要把“鲨鱼”的肚子切开，清洗干净，这更困难。等这一切都完成了，两位大副在湖里洗了洗“鲨鱼”，洗了洗手。然后，她俩一起把这条大鱼抬到营地。大副苏珊把它切成厚厚的鱼排，切完一面再换到另一面，然后又把鱼的脊骨砍断。她一共切了七块鱼排，每块大约两英寸宽。她们把所有剩下的梭子鱼骨都放进了火里。然后，她们往煎锅里放上一大块黄油，开始煎鱼排，一遍又一遍地翻动。在黄油跑到锅的边缘的时候，用勺子舀起黄油，浇在发出嗞嗞声的大块鱼肉上，直到黄油颜色变暗，鱼排煎成了漂亮的棕色。

鲨鱼排可以吃了，但远处仍然没有弗林特船长的身影。天色渐渐暗了下来。太阳早在落山前就消失在云里了。

“弗林特船长说我们不用等他，”苏珊说，“而且，鱼排闻起来实在是太香了，我都等不及要吃了。”

“我们开吃吧！”南希船长说。

“我饿了。”罗杰说。

“我们还是先吃吧。”约翰说。

“我们可以给他留一份。”缇蒂说。

“那就分盘子吧。”苏珊说。于是鲨鱼排晚餐开始了。

他们试了一下发现，吃鱼的时候手指比叉子好用得多。

淡水鲨鱼里有很多骨头，尽管这条鱼很大，很容易找到肉里的鱼刺，但用手指比用叉子能更容易地把鱼刺挑出来。于是燕子号和亚马孙号船员围坐在火炉旁，旁边放着一个盛着很多盐的锡罐盖，他们蘸蘸盐就把鱼吃掉了，这吃法更像是野人，而不是探险家。

“真希望我们明天不用回去。”缇蒂说，“我们还没来得及去最远的北边探险，也没有去最远的南边。我们的航海图的两端都有很多未被探索的地方。对了，”她突然转向约翰船长，想起了一件重要的事，“我们现在可以把鸬鹚岛的名字改成宝藏岛了，是不是？”

“是啊，你确实在那儿找到了宝物。”约翰说。

“哦，我觉得啊，”佩吉表示反对，“我们还是叫它鸬鹚岛吧。宝物只是偶尔才会有的，但鸬鹚一直在那儿。”

“鸬鹚岛是个挺好的名字。”约翰船长说，“这样吧，我们还叫它鸬鹚岛，但在上面画个十字，标明宝藏的位置，写上‘此处发现了宝藏’，怎么样？”

缇蒂同意了。

“我们现在就做吧。”缇蒂说。约翰船长舔干净手指上的鲨鱼排，走进帐篷，拿着地图回来了。他用小字写上“此处发现了宝藏”，并在鸬鹚岛上画了个十字来标记这个地方。

“好了，”缇蒂说，“现在我们已经找到了宝藏，所以这里确切地说已经不是宝藏岛了，只是座以前有过宝藏的岛。”

“现在那儿唯一的宝藏，”罗杰说，“就是那条木头鱼。

等窃贼发现它，把它挖出来的时候，他们连鱼排都做不成。实在太硬了。”

“这份地图画得真不错，”南希船长说，她和缇蒂一起拿着它看，她们靠近火焰，以便能看得更清楚，“但还有很多名字你们没写上。”

“野人画得很好，”佩吉说，“还有鲨鱼，但你们在潟湖上画的是什么？”

“那是章鱼。”约翰说。

“明年你们就能往地图上画更多东西了。”南希船长说，“我们要做些超棒的事。我们可以用整个冬天来做计划。可以放学之后考虑这事儿。去最北边或最南边都行。如果往南的话，我们可以乘独木舟来个激流勇进，然后可以去海边。什么事都有可能发生。说不定我们可以搞到一艘大船。”

“北边的大山那儿一定还有好玩的。”缇蒂说。

“到那边大山的路很远，要沿着河往上行驶。”佩吉说，“在山里，我们可以徒步。但是得背上帐篷。”

“我们可以找一匹小马来驮帐篷。”南希说，“就这么定了。我们还能去挖金子。”

“去山的那一边。”缇蒂说。

“你可以爬上很高的地方，那里一个土著都看不见。”佩吉说。

“弗林特船长说他明年会加入我们。”南希说，“他在的时候会热闹起来。他可能会租一艘大船，大小是亚马孙号的三四倍，然后载上我们所有的船员。他经常说他会这么做的。既然现在燕子号的成员也加入了，我们可以驾驶一条超级大船了。”

“他的鱼排怎么办？”缇蒂说。

“我会一直温着它的，”苏珊说，“但它有点干了。”

佩吉说：“再抹一块黄油吧。”

天快黑了，他们终于听到了划桨的声音，接着是船在停靠点的卵石滩上发出的吱嘎吱嘎的声音。过了一会儿，火光里出现了弗林特船长的身影。他拿着一个用蓝布包着的大笼子。从它的底部能看出这是个笼子。盖子上方突出的大黄铜把手被火光照得闪闪发光。把手上还有个环，可以用手提着，或者把它挂在横梁上。弗林特船长把笼子放在缇蒂旁边。环上系着一张白色的标签。缇蒂借着炉火读道：

“弗林特船长赠给救了他一命的一等水手。”

“但我没有救了你的命呀。”缇蒂说。

“你等于是救了我的命，”弗林特船长说，“你救了《混乱泥沼》，就跟救了我的命是一样的。”

“真的很感谢你。”缇蒂说，“我会把它挂在教室里，等着鹦鹉到来。”

但就在这时从蓝布下面发出了一阵刮擦声。

“看看里面，”弗林特船长说，“我想，等到明年春天我从南方回来，恐怕要很长时间。”

缇蒂掀开盖着的蓝布，里面传出了一个响亮而欢快的声音，很像南希·布莱克特的声音。

“八个里亚尔！”绿鹦鹉叫道，“八个里亚尔！”

“它以前从来不会说这句话，”南希说，“现在它光说这话了。”

“我真的可以拥有它吗？”缇蒂说。

“当然可以了，”弗林特船长说，“你所做的事情抵得上成千上万只鸟。”

“这下妈妈一定会相信我们是从太平洋回来的了。”缇蒂说，“真的非常非常感谢你。”她高兴得跳了起来，伸出手跟弗林特船长握了握。

“应该是我谢谢你啊。”他说。

“我的猴子明年也会来的。”罗杰说。

“如果你妈妈同意，你就可以得到它。”弗林特船长说，“我可以马上就去找一只。比非洲近的地方也有猴子，既然我找到了我的书，那我就把书带到伦敦去。在跟出版商交涉的过程中，我可以顺道去看看猴子。下星期你就可以得到它了。”

“有尾巴的那种？”罗杰问。

“有长长的尾巴。”弗林特船长说。

“你的鱼排已经干巴巴的了，”大副苏珊说，“但还热着。”

弗林特船长用手拿起来咬了一口，说这是他吃过的最好的鲨鱼排。

吃完之后，他们又谈到了明年的计划，谈到去爬山，航海去亚速尔群岛，或者去梦想中的波罗的海，划着独木舟出海。

“如果我们去乡下，”南希说，“你觉得我们能找到一匹小马吗？”

“很容易就能找到一群。”弗林特船长说。

每个人都喜欢去山上探险，用毛茸茸的小马来驮探险者的背包。但是，每个人也都想去波罗的海航行。所以暂时什么都还没定。

“不管怎么决定，”弗林特船长说，“明年夏天我就有空了，如果你们同意，我很乐意一起去。如果你们是去波罗的海航行的话，一定需要有人把锚拉上来；如果你们去勘探的话，我也可以帮忙，如果小马不仅要驮帐篷，还要驮金子，对它来说就太难了。”

“也可以带上猴子，”罗杰说，“他可以在桅杆的顶端放哨，也可以骑在小马驹上。”

最后弗林特船长说：“我得回去了。你们的营火烧得不错，但现在不应该是你们睡觉的时候了吗？”

“没有鹦鹉你会孤单吗？”缇蒂说。

“我会想念它的。”弗林特船长说，“它是一只年轻的鹦鹉，对于它来说，我太老了。现在它有了更好的主人。”

他站起来朝着他的船走去。

“还有，”他说，“你们所有的帐篷都结实吗？在我看来，今天晚上可能会有坏天气。”

“妈妈说如果不是很大的风，我们都会没事的。”约翰船长说。

“嗯！看来要开始刮风了。好吧，即使开始刮风了，我觉得你们也不会受到伤害。”

他划着船走了。

没过多久，燕子号和亚马孙号的船员都进帐篷睡觉了。天很热，也没有星星。

“哎，”南希说，“我快喘不上气来了。”

“气压计又下降了百分之十。”约翰船长喊道。“从今天早上到现在一共降了百分之三十了。”

“这算很多吗？”佩吉问。

“相当多了。”约翰说，“罗杰，你准备好了吗？我要把蜡烛吹灭了。”

提蒂把鹦鹉笼子放在她和大副的帐篷里，紧挨着自己。

她把蓝布揭开。“它现在不需要盖上布了，”她说，“它和我们一样都在黑暗里。晚安，波莉！”

“八个里亚尔！”鹦鹉在白色帐篷里的烛光下兴奋地叫道，“八个里亚尔！八个里亚尔！八个里亚尔！”它一直在说“八个里亚尔”，速度快得好像在数宝物。

南希·布莱克特的笑声从营地的另一边传来。

大副苏珊吹灭了蜡烛。帐篷里一片漆黑，也忽然安静了，她仿佛把鹦鹉也给吹灭了。

“晚安！”“晚安！”燕子号和亚马孙号船员相互道着晚安。他们在岛上的最后一晚来临了。

第三十章　暴风雨

这段时间，除了下过几个小时的小雨和大雾，还有发生盗窃和高度冒险的那个漆黑的夜晚，老天一直很照顾燕子号和亚马孙号船员。天气一直都很晴朗，即便是有乌云，阳光和风也会为石楠和山上的蕨类植物驱走阴霾。现在燕子号该走了，天也突然变了，提醒他们夏天快结束了。在这儿的最后一天，天空中雷声隆隆。那是一场伴随着暴风雨的日落，虽然风不大，但南边乌云密布，把所有的星星都遮住了。

暴风雨突然来了，轰隆一声雷响，惊醒了整个营地。随之而来的是一道亮如白昼的闪电。鹦鹉发出了一声狂野的尖叫，像是正和鸟群一起从热带飓风中穿过棕榈树一样。天空又黑了下来，四周一片寂静。接着，大雨啪嗒啪嗒地打在了帐篷上。

缇蒂给惊醒了，刚开始觉得不太舒服，但很快就完全清醒了，是被雷声吓醒的。她躺着没动，只是伸出手去摸鹦鹉笼子。“苏珊。”她低声说。

“我在呢，缇蒂。”苏珊说。

罗杰在船长的帐篷里惊叫着坐了起来，大喊着："他在开火！他又要开火了！"他做梦，梦到了房船湾战役。他气喘吁吁地说："约翰！"醒来的时候，他发现自己在一片黑暗中。

"没事的，罗杰，"约翰说，"只是打雷而已。"

"你要去哪儿，南希？"佩吉说。听到第一滴雨点的声音，南希站了起来，点亮了提灯。

"当然是去拿点柴火来。"南希说，"你不记得上次下雨了吗？当时所有的柴火都湿了，我们连火都生不起来。"

没过一会儿她就从那堆树枝中抱了一捆回来。

"现在雨还不大，"她说，"但马上就会下大了。"

说完她爬回了睡袋里。

又一道闪电照亮了帐篷，把树枝斑驳的影子投到了白色的帐篷上。

"别怕，波莉，"缇蒂说，"很快就会过去的。"

"好波莉！"鹦鹉说道，现在它彻底醒了。

闪电一道接着一道，随后是三声特别响的雷，同时还伴着声音小一点儿的闷雷，天空像是破碎成了无数个小块儿，砸在陡峭的铁屋顶上。

"吃我一炮！"南茜·布莱克特在她的帐篷里叫道。

"八个里亚尔！"鹦鹉说道，也许它又想起了棕榈树，发出了一声又长又狂野的尖叫。

"要我帮你把笼子布盖上吗？"缇蒂说。

"几点了，约翰？"苏珊问。

"半夜值守的四点钟。"约翰船长说，他借着手电筒看了看天文钟，自己把它换算成了船上的计时方式。

“实际是几点了？”佩吉问道。

“深夜两点钟。”约翰船长说。看来也有亚马孙号船员不懂的东西。

一阵风刮了起来，接着，一阵更大的雨点打在帐篷上。随后，倾盆大雨泼洒下来，砸在薄薄的帆布上。

“漏雨了！”罗杰说，“我能感觉到。”

“别碰帐篷壁。”约翰说。

“我没碰，但雨水一直在往里渗。”

“雨也进到我们的帐篷里来了。”苏珊说，“缇蒂，你最好把鹦鹉盖起来。”

“我已经盖上了，我觉得它一定不喜欢这一切。”

闪电越来越密了，雷声也越来越大。雨只停了一会儿，接着又倾盆而下。

“约翰——”苏珊叫道。

“在。”

“我们最好穿上衣服，然后钻到毯子下面，保持干燥。你拿你的油布了吗？”

“拿了。你呢？”

“我现在就去拿。我正在点提灯。把你的油布盖在毯子上，罗杰也是。”

苏珊一边催促缇蒂穿上衣服，一边穿上自己的衣服。罗杰和约翰穿上了他们的灯笼裤。这时，亚马孙号船员的帐篷里传来一阵争吵。

“别把头埋在毯子下，佩吉，像其他人一样，穿好衣服。”

伴随着一道闪电，雷声同时响起。在那之后很长一段时间里，闪电和雷声挨得很近，谁也不知道哪一道闪电属于哪一声雷。营地里灯火通明，头顶上轰隆隆的雷声让一切都变得急促起来，好像有什么事情要做却没有时间去做一样。提灯都点亮了，在黑下来的瞬间能看出它们是亮的，但只要闪电一来，它们似乎一点也不亮了。

天空又黑了下来，接着周围突然安静了，好像暴风雨正在憋气，接着是一阵深沉而急促的“哗——哗——”声，声音从远处传来，越来越大。

“这是什么声音？”缇蒂问。

“风。”苏珊说。

“我觉得，”缇蒂说，“这是场暴风雨。”

她正说着，风就刮了过来。

小岛的南头有一根树枝重重地落了下来，发出了一声巨响。树在风中摇摆，发出呼啦啦的响声。还有许多其他声响……燕子号船员的帐篷挂在树木之间的绳子上，下面被放在帐篷墙底部边缘的口袋里的石头压着。树木被吹得东倒西歪，绳子有时很松有时很紧。船长的帐篷口袋里的石头都在移动着，发出嘎啦嘎啦的响声。

“嘿，苏珊，”约翰叫道，“你们的石头能压住你们的帐篷吗？我们的帐篷越来越小了。”

“我们的还好，”苏珊喊道，“这些石头现在还没动。”

“什么？”约翰喊道，“我听不见。”

“我们的石头很好。”苏珊喊道。但还没等她说完，就听见砰的一声巨响，石头本来够重，可是树木猛烈的摇晃还是使她们挂帐篷的湿漉漉的绳子绷断了。整个帐篷塌了下来，一堆湿帆布把苏珊、缇蒂和鹦鹉埋在了里面，打翻了蜡烛和提灯。

其他人在帐篷里听到了这声巨响和随着笼子翻倒鹦鹉发出的愤怒的尖叫声，以及一阵低低的叫声："救命！救命！"

约翰和南希立刻从帐篷里冲了出来。约翰拿着手电筒，但根本用不着，在一道长长的、亮亮的闪电的照耀下，他们看到大副全身湿透了，灰色帐篷一片混乱，下面有人在挣扎。他们掀起帐篷的一头，大副苏珊和一等水手缇蒂爬了出来，一等水手拖着鹦鹉的笼子，笼子上的蓝布已经不见了。

"快，到我们的帐篷里来！"南希在怒吼的风声中喊道。

"那我们的东西怎么办？"苏珊喊道。

"波莉的蓝色斗篷怎么办？"缇蒂喊道。

"反正都湿了，别管它们了。"南希喊道。事实上也只能这么做了。

缇蒂在尽最大努力保护鹦鹉，让它不受风雨的侵袭。她跑进了亚马孙号船员的帐篷，佩吉看见她很开心。苏珊跟在后面也进来了。

"我们应该把提灯拿出来，"她说，"你们的也只剩下一截蜡烛了。"

"你觉得树要倒了吗？"佩吉说。

"如果它们要倒的话早就倒了。"苏珊说。

"可怜的波莉。"缇蒂说，但鹦鹉不这么觉得。它正在梳理被风吹乱的羽毛。

“好波莉！”它说。

“我相信它不会在意丢了蓝色斗篷的。”缇蒂说。

“你们的帐篷会塌吗？”南希船长在风中喊道。

“我希望不会塌。”约翰船长说。

“什么？”

“我希望不会塌。”他使劲喊道。

岛上的风刮得很大，小树像草一样摇晃着。之前作为灯塔的那棵高大的松树在头顶嘎嘎作响。有那么一会儿，天完全黑了，接着一道闪电照亮了天空，一切又像白天一样清晰了。每刮一阵狂风，约翰船长的帐篷就像船上松了的三角帆一样噼啪作响，石头也发出嘎啦嘎啦的响声。

罗杰爬出帐篷，来到雨中。

“帐篷越来越小了，”他说，“石头都从口袋里掉出来了。”

南希和约翰都听不到他说什么，但他们能看到帐篷在拼命摇晃。

罗杰一从帐篷里爬出来，南希就一把抓住他的颈背，带他跑到亚马孙号船员的帐篷那里，把他推了进去。“还好，你身上是干的。”她说。然后她回到约翰船长身边。约翰正费力地钻进那顶摇动的帐篷，好拿出两件最重要的东西：天文钟和气压计。在一道闪电中，他举起了气压表。

“气压下降了百分之四十。”他喊道。

“到我们的帐篷里来。”南希喊道，“如果能拿到大提灯，就把它拿过来。”

约翰船长把气压表给了她，把天文钟放进口袋。他又一次钻进他的帐篷里，现在这里面成了一堆杂乱的帆布。他找到了提灯，挣扎着出了帐篷。

“没有什么要拿的了。”南希喊道，“快进来！”

他们都进了亚马孙号船员的帐篷，烛光正渐渐熄灭。约翰把大提灯点着，把它放在空地中间。南希又急忙跑出去松了松她帐篷的绳子，然后走进来，关上了门的挡板。

“我们的帐篷在背风面，”她说，“大风经常从南方刮来，这就是我们选择这里的原因。帐篷两端的杆子也起了很大作用。我们的帐篷能承受住任何狂风暴雨。”

“你们湿得严重吗？”大副苏珊说。

“挺严重的。”约翰船长说。

“我也湿透了，”南希说，“真好玩！”

亚马孙号船员的帐篷里有了他们六个人和鹦鹉笼子之后，就没有多大空间了。两个睡袋上各坐了三个人。帐篷中间靠后的地方有一捆干柴火，是南希为早上生火捡来的。地板中央还摆着鹦鹉的笼子和农场提灯。帐篷两边的人挤在一起，因为他们要注意不能碰到帐篷壁。正因为他们都待在一起，外面的天气似乎也不那么可怕了。就连真的不喜欢打雷的佩吉也振奋起来了，其中一部分原因是她不想让罗杰看出她害怕。但和南希一起就不用在乎，南希知道她害怕，所以就不用假装了。苏珊有点担心东西会被弄湿，但还好没有发生更糟的事。约翰心想，还好暴风雨在他们离开前的最后一夜才来。南希则为她那顶结实的帐篷感到自豪，感受着狂风对帐篷的拍打。缇蒂的眼睛闪闪发亮，脑子里想着台风的事。鹦鹉正在整理它的羽毛，不时高兴地对着离它很近的地板上明亮的提灯吹几声口哨。

他们在帐篷里坐了好久，听着岛上狂风大作。这时，约翰想起了那两艘船，他因为自己没有早点儿想起它们而羞愧极了。“我要去看看燕子号。”他说。

“天哪，”南希船长说，“亚马孙号也在那儿。还好我们昨晚把它们停好了。”

两个船长站了起来。南希移开了帐篷的挡板。

“我们出去之后最好再把它系好。”南希说。

“我也去。”缇蒂说，“现在鹦鹉没事了。”

“你会淋湿的。”苏珊说。

“反正我都湿了，”缇蒂说，“我已经湿得不能再湿了。我想去看看。我们可能再也不会碰到像这次这样剧烈的暴风雨了。”

“我也要去。”罗杰说。

“不行，你不能去，”大副说，“你身上是干的。”

“听我说你能做什么，罗杰，”约翰说，“你可以把你的手电筒借给南希船长。她的提灯不好用，还是把大提灯留在帐篷里吧。”

“是，遵命！长官！”罗杰说。如果他不能去，至少他的手电筒可以去，这总比什么也不做强。

缇蒂、约翰和南希走出了帐篷，走进了暴风雨中。他们拿着手电筒，弯下腰来，迎着风雨，沿着小路向港口走去。船里的积水很多，湖水也已经涨了一点，但是燕子号和亚马孙号都停泊在原来的地方，安然无恙。

“我要把我船上的缆绳松一松，”约翰船长说，“它湿了之后就会绷得很紧。”

“那我也松一下。”

他们都松了松缆绳。

“真是个好港口！”南希喊道，“你听听外面的声音。”

虽然这个避风港里波涛汹涌，但丝毫不用担心，因为涌进来的浪花都被两侧的大石头撞散了。但他们能听到外面浅滩和陡峭的西岸上传来的波涛声。缇蒂溜走了，爬到了湖岸的低矮悬崖边，蹲在那儿，面朝着风。悬崖下浪花飞溅，风将水雾吹到了她的脸上。闪电照亮了整个湖面，汹涌的波浪在湖面翻滚，卷起白色的浪花。接着，天空又黑了下来，然后新的闪电又会把汹涌的湖水，湖对岸的田野、树林和小山都照亮。

要不是南希在小路左侧看到了手电筒的亮光，想起了缇蒂不在，他们就可能丢下她直接回到帐篷里去了。

约翰找到她，拽了下她的袖子。

“走吧，”他喊道，“我们还以为你已经走了呢。”

“是，遵命，长官！”缇蒂说，但约翰没听到她说了什么。他们在小路上和南希会合后，一起回到了帐篷。

“好了，”苏珊说，“如果你之前就湿了，那你现在湿得比以前还厉害，而且没有什么能换的衣服了。”

“但是很值得。”缇蒂说。

“船都还好吗？”罗杰问。

“都好好的。”南希船长说，“但咱们这些船员明天早上有很多事要做。”

“现在几点了？”佩吉说，“苏珊说大概三点。”

“快五点了。”约翰说。

此刻，没有人能睡着，他们都成了遭遇海难的水手。

“我们的桅杆都倒在了船舷的一边。”南希船长说。

“在那之前，后桅的纵帆被闪电击中了。”约翰船长说。

“你们看见劈向帆桅杆两端的那些蓝色闪电了吗？”南希说，“那是在后桅纵帆被击中之前发生的。”

“我们的一块板子松动了，”约翰说，“水就灌了进去。”

“大副跑到甲板上喊道：‘全体船员都来抽水，舱里的水有五英尺深了。’是你在喊，苏珊。”南希说。

“为什么不是我？”佩吉说。

“你是第二大副。你当时在用漂浮的残骸做木筏。不对，我们没在做筏子。我忘记了。你当时正在把漂浮物从甲板上清理开，把两条救生小船放下水。”

“一条船叫燕子号，另一条叫亚马孙号。”罗杰说。

“海浪拍打着船只，”缇蒂说，“船头朝下沉了下去。有人此前杀死了一只信天翁[①]。”

“八个里亚尔！八个里亚尔！”鹦鹉叫道。

“是啊，船上装满了里亚尔金币，”缇蒂说，“所以它才会沉得这么快。”

“我们把救生小船放下水，”南希说，“然后大船沉了，我们都漂在大海上，孤立无援。”

---

① 英国诗人柯勒律治的叙事诗《古舟子咏》中，一位古代水手讲述了他在一次航海中故意杀死一只信天翁，并因此遭遇了厄运。

“在海浪里，有时我们彼此根本看不到，”约翰说，“但有时又能看到。”

“我们的小船上没有食物，只有几块饼干和一些水。”苏珊说。

“我们在暴风雨中日复一日地航行着，”南希说，“我们的路线是西北偏北的方向。这是我们在弃船之前就决定了的。”

“我们吃掉了饼干，喝光了水。”佩吉说。

“天空不停地刮着风，打着雷，下着雨。”缇蒂说，“罗杰和我把燕子号里的水往外舀，佩吉在亚马孙号里舀水。”

“后来雨停了，但我们已经好多天没吃东西了。”南希说。

“在燕子号上，我们用抽签来决定先把谁吃掉。”缇蒂说。

“正当我们要吃掉那个人的时候，突然看到了陆地。”南希说。

“我们也看到陆地了，真是及时。”罗杰说。

“岸边的浪很大。”南希说。

“只有在电闪雷鸣时才能看到那片陆地，”缇蒂说，“岸边的棕榈树肆意地摇摆着。”

“一直有闪电。”南希说，“我们在浪花间行驶着。我们的船翻了，我们紧紧抓住船身。船被海浪抛到了很远的沙滩上。我们受伤了，但最终得救了。”

“鹦鹉也得救了。”缇蒂说，“现在，我们将要在这里生活二十年。每天我们都在沙滩上观望是不是有船只经过。”

“但我们是怎么有帐篷的？”罗杰说。

“幸运的是，每艘船上都有一顶帐篷。”南希说，“喂，佩吉，给大家来些巧克力怎么样？这儿还剩下很多。”

最后，外面开始亮起来了。闪电和雷声之间的间隔变长了。一道闪电过后，要过很长一段时间，远处才开始响起隆隆的雷声。风停了。雨点落在帐篷上的声音越来越小，最后终于停了。黎明的光从东方的群山后显露出来。帐篷里不再只有提灯的光了。光线从外面透过帆布照进来。燕子号和亚马孙号船员钻出帐篷，检查他们营地的惨状。头顶上的天空变蓝，一片晴空万里，山上也洒满了阳光。乱糟糟的云都被吹走了。空气里还留有一股潮湿泥土的芬芳。暴风雨过去了。

约翰回到帐篷里敲了敲气压计。读数在上升。

苏珊开始清理火炉里湿透了的灰烬。南希拿出一捆干树枝。剩下的柴火都被淋湿了，她们花了很长时间才把火生起来。如果没有干树枝的话，火就永远也生不起来了。缇蒂钻进她和大副的帐篷里，找出盖鹦鹉笼的蓝布，把它晾在两根棍子上。

第三十一章　水手归来

后来，土著们来了。

首先过来的是迪克森太太。落难的水手们刚把火生起来，就看到她一只手提着牛奶罐子，另一只手拎着一个大桶，从鲨鱼港上面的农场上走了下来。迪克森先生扛着双桨，也跟着走下来。他把船整理好，推到水里，载着迪克森夫人向小岛前进，船桨滑过湖面，带起片片水花。尽管风已经停了，湖面上却还有波浪，连小岛和岸边之间的湖面上都有。

“他们想干什么？”南希说。

佩吉和缇蒂刚刚去瞭望台侦查湖面。现在两人跑着回到了营地。

“弗林特船长来了！”佩吉喊道，“就快到了。除了他的船以外，还有另一条桨船。远处还有一艘汽艇，我觉得可能是咱们家那艘。”

“妈妈和一个土著在那条桨船里。”缇蒂说。

“我敢打赌，如果那是我们家的汽艇，我们的妈妈肯定在里面。”南希说。

“湖面上的浪还是很大，”缇蒂说，“不过妈妈的船在水里没问题。”

所有人都向靠岸点跑去。他们到靠岸点的时候，迪克森先生刚从船上下来，正把船拉上岸。迪克森太太也从船里爬出来，手里提着牛奶罐和大木桶。桶上面盖着一个盘子，蒸汽从盘子下面飘出来。

“这可不是剩菜剩饭，”她说，“虽然你们可能觉得是。里面是给你们这些落水的小老鼠喝的粥，我觉得你们肯定都湿透了。你们还生了火，不简单嘛。我一想到你们遇上了风暴就着急得不得了。我的老天，怎么就来了暴风雨呢。而且，原来是你们找到了特纳先生被盗的箱子，我之前还以为是你们偷的。迪克森昨天晚上从村里回来，把事情都告诉我了。”

燕子号和亚马孙号的船员们你看看我，我看看你。他们的事已经尽人皆知了吗？

“粥。”罗杰说。

“对对，粥。”迪克森太太说，“热粥入肠，寒气除光。我经常这么说。你们有勺子吗？”

“有的是。”

“好，过会儿我把牛奶倒到桶里搅拌一下。在农场的时候我已经往里放了糖。”

不一会儿，燕子号上的四位水手和亚马孙号上的两位水手从桶里舀起混着牛奶的热粥喝了起来，他们大口地喝着，咽下去的时候感觉喉咙里有股暖流通过。

“我们这次真的是吃起了大锅饭呢。”缇蒂说道。

这时，弗林特船长赶来了。

“迪克森太太，想得很周到啊。”这是他开口说的头一句话，“我也应该想到的。还是粥管用。一、二、三、四、五、六，一个不少。那就好，昨晚没人被冲走。”

“还有七。”缇蒂说，“你忘了我的鹦鹉了。昨天晚上闪电来的时候它会说‘漂亮的波利’，打雷的时候它说‘八个里亚尔’。”

“七。”弗林特船长说道，“看来两顶帐篷都塌了。我昨晚就担心帐篷会被刮倒。当时暴风雨很猛烈。即便现在，这帐篷收拾起来也不容易，尽管现在风小了，湖面也没有大浪了。”

接着，妈妈从霍利豪农场赶了过来，划船的人是那个强壮的土著杰克逊先生。妈妈带来了三个保温瓶，里面盛满了热可可。

“早上好，迪克森太太，”她说，“你能过来真的有劳了。我之前还担心他们点不着火。”

“他们竟然把火生起来了，真是奇迹。”迪克森太太说。

“我们还没来得及烧水。”苏珊说，“要不是南希之前想起来要保存一些干树枝，我们这把火就生不起来了。”

“你们两个是亚马孙号的船员？”妈妈看着南希和佩吉说道。

“对，”南希说，“这位是弗林特船长，又名特纳。”

“你好。”妈妈说。弗林特船长对妈妈表示了自己的歉意，因为之前没能和燕子号的成员友好相处。“我欠这些孩子的太多了。”他说。

“谁是孩子呀！”南希·布莱克特哼了一声。

“应该是探险家们和海盗们才对。”弗林特船长纠正了一下，“要不是他们，我这个夏天的所有工作都会付诸东流了。”

“昨天晚上我听杰克逊太太说了。”妈妈说，“很高兴他们能帮上点儿忙，这些家伙的爸爸似乎一直觉得他们不是菜鸟，有时候我却不敢那么肯定。”

“妈妈！”约翰说。妈妈笑了。

“他给了我一只鹦鹉。”一等水手缇蒂说。妈妈跟过去看了一眼。

“他还要给我一只猴子呢。”罗杰说。

“什么？”妈妈说。

弗林特船长解释了一番，妈妈说要给的话也得是很小的猴子才行。

“好的，女士。”弗林特船长说。

妈妈看了一下塌了的帐篷。

“这种帐篷遇到大风就不行了。”她说道，“我记得有一次在丛林，我就住在这样的帐篷里，帐篷最后被风撕成布条，刮走了，什么都没剩下……嗯。”她说，“万幸的是今天晚上你们不用再睡到里面了，不幸的是你们没在昨天回家。”

“我可不这么觉得，女士。”弗林特船长说。

“我们昨天回家的话就找不到宝藏了。”缇蒂说。

“当务之急是换一身干衣服，”妈妈说，“我给你们四个每人带了一身替换的衣服。”

“罗杰的衣服一点儿也没湿。”苏珊说，

“那很好，”妈妈说，“但是你的衣服可湿透了，还有约翰的，缇蒂的衣服也像抹布似的。你们快跑去船那儿找杰克逊先生，问他要那包衣服。”

这时，那艘汽艇在一阵突突声中来到靠岸点，船头挨着三艘船停靠的位置靠了岸。上岸点现在都快和里约港一样拥挤了。弗林特船长跑下去迎接，布莱克特太太扶着弟弟的胳膊跳上了岸。她身材很小巧，和南希比差不了多少，两人长得也很像。土著们聊天的时候，她语速飞快，弗林特船长和沃克太太只能偶尔插上几句话。

“真高兴你来了，”布莱克特太太对弗林特船长说，“现在，露丝……”

“她现在是海盗，应该叫南希。”弗林特船长说，“别叫错了。”

“好吧，南希，还有佩吉，你们两个冒失鬼，快跳到汽艇上来找点干衣服换上。东西都在船舱里自己去找。你最近怎么样，沃克太太？我想你已经见过我弟弟了，这两个是我那不听话的孩子。这几位是燕子号的成员吗？他们可比某个人之前认为的好多了。”

虽然她住在湖泊的另一边，比里约湾还远的地方，也早已听说了燕子号的事。

“嗯，”迪克森太太说，“你们要是吃够了桶里的东西，我想现在我就要回去啦。我还没喂鸡，迪克森也惦记着自己的羊群呢。”

两位妈妈、弗林特船长、燕子号和亚马孙号的所有船员都对她带来了美味早餐表示感谢。

“是的，粥可是世界上独一无二的好东西。”迪克森太太说，“哎呀，我想以后早晨就见不到你们了吧，我会想你们的。这次我也是顺道来跟你们道别。不过明年你们应该还会过来。”

“每年都会来，永远永远不间断。”缇蒂说。

“好，”迪克森太太说，“我们年轻的时候也这么想来着。”

迪克森先生正在船里等着。他来的时候说了一声“早上好”，划着船载迪克森太太走的时候说了一句“再见”。他这个土著不怎么爱说话。

其他土著就不像这样了。他们滔滔不绝地聊着，聊的都是些土著人之间的话题，风暴啊，盗窃之类的。亚马孙号上的人有时候会被他们的问题问住，不知道怎么回答，好在弗林特船长会帮她们一把。就连从霍利豪农场来的强壮土著杰克逊先生都想知道，燕子号的成员是怎么找到那只箱子的。

终于，土著人之间的聊天停了下来。

“收拾一下吧？”布莱克特太太对亚马孙号的两位船员说道，“你们的东西都放汽艇里吧，跟我上船，咱们用绳子拖着亚马孙号走。”

“拖着亚马孙号！”南希惊恐地说道，“我们要乘着帆船回家，才不需要救援呢。”

“这里到处都湿漉漉的。”燕子号成员的妈妈说道，“你们现在最好和我一起回霍利豪农场去。”

“再等等好不好？”缇蒂请求道，“我们已经换上了干衣服，而且还留着一整罐肉罐头，还有很多小甜圆面包，今天是我们在这儿的最后一天了。”

被一群土著带回家是一件很恐怖的事情，就算他们是好土著也不行。自己驾驶着帆船回家，拜访遥远国度的乐趣有一半就在于此。而且，她必须和小岛告别。约翰、苏珊和罗杰也都请求留下。南希和佩吉则是斩钉截铁地拒绝回家。

“要是风再刮起来怎么办？”燕子号成员的妈妈说道。

这时，弗林特船长说话了。

“不会再刮起来了，”他说，“昨晚是秋天的第一场暴风雨。现在风已经停了，按理说傍晚之前湖面会是一片风平浪静。明天也许会下雨，不过我敢保证今天会是个好天气。”

于是这件事就这么定了。他们将燕子号今天用不着的东西装进杰克逊先生的桨船里，送回霍利豪农场，将亚马孙号成员的东西装进汽艇里。过会儿汽艇会拖着杰克逊先生的船到霍利豪港湾，这样两位妈妈就能一起在汽艇里了。“我们俩有很多话想谈。”布莱克特太太说。

“关于明年再来的事吗？”佩吉和缇蒂异口同声道。

“也许吧。”两位妈妈回答。

首先装的是杰克逊先生的船。弗林特船长帮了一把，他们没花多长时间。湿透了的帐篷被卷了起来。“我之后会把帐篷摊开晾干。”杰克逊先生说。所有毯子都被塞进了一只麻袋里。南希想把干草垫子里的干草都倒出来，最后再在营地生一次火。“不行，”杰克逊先生说，“这些干草很好。”于是干草被留下来喂牛。燕子号成员的所有东西都在杰克逊的船里放着。除了大水壶、一天的干粮、鹦鹉笼子和约翰的锡盒之外，什么都没留下。

“这个锡盒你用不着。”妈妈说。

“船员协议在里面呢。”约翰船长说。

“我们的帐篷得留下，”南希船长说，“但是我们不想要睡袋和其他东西。”

最后，土著们准备回去了。

弗林特船长说了一声“再见”。

“你也走吗？”缇蒂问。

“我和大家一起坐汽艇。”他说，“关于明年的事，我有话跟你妈妈说。而且我还有很多事要做，因为明天我就要去伦敦了。你知道的，那只小猴子就在那儿。不过等到傍晚的时候，我会留意你们的。”

终于，汽艇发出了突突声，渐渐驶离了小岛。两条桨船一左一右拖在汽艇后面，弗林特船长的船用一根稍短的缆绳拖着，杰克逊先生的船用一条长缆绳拖着。

“再见啦，燕子号船员们，”布莱克特太太喊道，“我很期待下次见面。”

“不要回来得太晚。”妈妈喊道，“七点之前你们到家的话，我会带着维吉去船屋那儿等着。她肯定想见一下带着一只鹦鹉从海上归来的水手们。再见啦，亚马孙号的成员们。”

“再见！再见！”南希和佩吉喊道，“你们能保证明年还来吗?”

“我们会来的。”妈妈说。

他们走远后，燕子号和亚马孙号的成员互相看了看。他们其实并不开心。

“都怪那些土著人，”南希说，“他们人太多了。把我们做的事变得像是在郊游一样。”

“我妈妈不这样。”缇蒂说。

“我们的妈妈一个人的时候也不这样。”南希说。

“弗林特船长自己一个人的时候一点也不像是一个土著人。”缇蒂说。

“但是他们凑在一起的时候就不行了。”南希说道，“他们控制不住自己。真讨厌！”

“好了，现在他们走了，”佩吉说，“我们继续刚才‘落难’的话题吧。今天是我们被冲上岸的第二天。现在我们要在这儿待上二十年，等过路的船只来救我们。”

“可是今天下午我们就得回家了。”罗杰说道。

“你不要提这个话题。”缇蒂说。

但是，就算罗杰不说，所有人也都清楚，大家不可能再找回之前的心情了。

“我们应该给船排一下水。”约翰说。

这个提议好极了。排水是必须要做的事。两条船里都积满了水。湿漉漉的坐板在温暖的阳光下蒸发着水分，一点点变干，但是帆却依然湿漉漉的。他们升起帆好让它干得快一些，然后回到了营地。

营地看起来小了很多。燕子号的两顶帐篷所在的地方呈现出一片苍白、不健康的颜色，因为防水布挡住了阳光，下面的草像是被漂白了一般。亚马孙号船员的帐篷孤零零地支在那儿，显得很是孤单。

“走吧，”南希说，“我们总要把帐篷拆掉的——去拆了它吧，我是说——总归要把它收起来。”

要把所有支撑杆从湿帆布褶边里抽出来是很困难的，好在大家都在帮忙。帐篷被松松垮垮地卷了起来。他们把支撑用的棍子拆开，捆成一捆，包在防潮布里。

亚马孙号和燕子号的成员们看着自己的营地，一个个垂头丧气的。现在这里空荡荡的，只剩下微弱的篝火、帐篷留在地上的浅色斑块、阳光下的鹦鹉笼子、苏珊的水壶、几个水杯、一盒肉罐头、一些小甜圆面包以及约翰的铁盒。也就只剩这些能证明这里曾经是探险家们和他们的海盗朋友们的家。

“我们离开之后，”缇蒂说，“其他人可能会发现这个地方。看过篝火之后，他们就会知道这儿曾经是个营地，但是他们可能觉得这是土著人留下的。”

“谁要是占领了这座小岛，我们就把谁烤来吃。”南希·布莱克特说道，“这里是我们的小岛，你们和我们共有的小岛，我们要一起保护它，不让任何人侵犯它。”

“夏天结束之后我们就得回学校了。”佩吉说。

“我们也是。”苏珊说。

“但是我们不会永远都待在学校里，”南希说，“我们总会长成大人，到时候就能长年住在这里了。”

“我们也是，”缇蒂说，“冬天我们可以乘雪橇滑过冰面去取食物。”

“以后我会去海上，”约翰说，“罗杰也会去。不过我们一放假就可以来这里。”

“到时候我带着我的猴子。”罗杰说。

“我也会一直带着鹦鹉。”缇蒂说。

“我们还留在这儿干什么呢，”南希说，“出海吧。”

他们把剩下的东西都装上了船。苏珊把水壶从篝火堆上拿下来，倒光里面的水。缇蒂带着鹦鹉在岛上转了一圈，好保证下次回来的时候鹦鹉还能记得缇蒂最喜欢的几个地方。约翰在最后一刻想起了灯塔树上吊提灯用的绳子。他跑回去解开绳子，绳子从头顶滑了过去，落在潮湿的地面上，发出沉闷的声音。约翰把绳子卷起来带到港湾去了。

接着，他们出海了。虽然暴风雨已经过去，但湖面上还是有很强的涌浪。

“现在吹的是南风，”南希船长说，“我们得逆风行驶了。我们两个知道湖边一处很好的登陆点。接下来我们可以乘风一起赶回家了。”

“我们跟着你。”约翰船长说。他想让燕子号最后一个离开。

燕子号里面，罗杰正坐在船头，一等水手缇蒂和大鹦鹉笼子在主桅杆后面的船舱里，苏珊和约翰在船尾。约翰驾驶着船。

燕子号驶出港湾不久，便开始向左航行。缇蒂一直在和鹦鹉聊天，然后她说：“约翰船长，我们要把波莉也写到船员协议上吗？”

“我们现在有船长、大副、一等水手和见习水手。它可以作为船上的鹦鹉写进协议。”约翰说。

“船员协议现在在你那儿吗？”缇蒂问，“要是等我们航行结束的时候再签，就没有意义了。”

约翰把船舵交给大副，打开罐头盒，抽出那张大家之前在达里恩峰顶签过名的船员协议。上面还有很多空白的地方可以写，于是他写上“船上的鹦鹉”，然后把协议递给一等水手。

“你代它签名。”他说。

这位一等水手却打开了鹦鹉笼子。里面的鹦鹉优雅地走了出来，仿佛知道自己要谈一桩生意。

“你当然不会真的签名，”缇蒂说，“不过没关系，很多水手都不会写自己的名字。你只要浸湿自己脏兮兮的爪子，在上面印一个记号就行。”

“八个里亚尔。”鹦鹉说道。

“他在问自己能拿多少报酬。”约翰说。

一等水手浸湿鹦鹉脏脏的爪子，把船员协议放在下面。鹦鹉在正确的位置用力踩了一下，留下一个完美的爪印，只不过在这个过程中它爪子上的一个脚趾把纸给勾破了。

缇蒂在旁边写上——“波莉：它的爪印。”

“准备换舷！”苏珊大声喊道。约翰和缇蒂弯下腰，帆桁转了过去。燕子号转了起来，开始转变航道，几乎没有片刻停顿，马上又欢快地破浪前进起来。

“亚马孙号看起来真不错，对吧？”苏珊说。她看着前面小小的白色帆船，看着船上迎风飘扬的黑红相间的旗帜，还有船上的两位红帽子水手。

“燕子号看起来肯定和亚马孙号一样好。”约翰船长说。

“燕子号更好，”缇蒂说，“我们有棕色的船帆。”

他们继续航行着，从湖泊一边航向另一边，然后沿“之”字形往复，直到他们离湖泊另一侧的蒸汽轮船码头不到一英里的时候才停止。

到那儿的时候，他们经过湖泊上一艘大轮船旁边，轮船上挤满了乘客，乘客们都来到船边看着他们，指指点点。船长拿出望远镜，观察这些在小小的燕子号上的人。燕子号的成员找到了特纳先生被偷的箱子的消息早已不胫而走，整个里约甚至湖泊沿岸所有人都已经知道了。

突然，水面上传来了一阵欢呼声，一波又一波。乘客们挥舞着帽子，呼喊着。

“轮船上的人都是怎么了？”罗杰说。

这时，那艘船上的一位水手跑了出来，他来到蒸汽船船尾的旗杆下，把一面硕大的红色旗帜降到一半，然后立马又升了起来。

“他们是朝我们欢呼，”约翰船长的脸通红，“太可怕了。”

“他们和我们打招呼呢，”苏珊说，“我们也回应一下吧？亚马孙号的船员都回应了。”

他们看到佩吉在升降索下忙着升降海盗旗。

缇蒂将鹦鹉关进笼子，再把燕子号的旗降下来，然后又升上去。

“还好我们就要离开这儿了，”约翰船长说，“下一年他们肯定就把这件事忘了。”

大蒸汽船继续赶路。亚马孙号后面跟着燕子号，向湖西岸的一个小港湾驶去。小港湾周围绿树成荫，进入港湾的是一条细细的水流。燕子号和亚马孙号在溪流入口处靠了岸。

“这个小湾太美妙了！”约翰船长说。

“这只是我们的秘密基地里面的一处，”南希船长说，“根本不会有土著人来打扰。大路在树林另一边，离这儿有一英里远。除了我们，没人来过这儿，也没人会看见我们，就算从湖面上看也看不见，除非有人正对着往里看。”

他们生起火，在小溪流旁烧水。因为下了一夜的雨，溪水现在哗哗地流得特别欢快。被潮水冲到岸边的东西都很湿，好在他们去树林里四处搜集到了一些干树枝。要想生火，他们需要先点燃一小把干苔藓。这个步骤他们费了不少力气，不过一旦干苔藓的火烧得旺起来，就可以烧水了。最后一天，他们在这个远离小岛的地方度过。后来，南希船长注意到湖面的风快要停了。

“这下我们得花很长时间才能回家了。”她说，“船队队长，有什么指示吗？”

约翰回过神来。刚刚他在想别的事。“船队扬帆，一路向北！”他说。

两条船缓缓从港湾中驶出来，向宽广的湖面驶去。虽然时不时地有一些小风吹起微弱的波浪，为他们的行驶助力，但风还是太小。

“昨天晚上的风架势那么大，真不敢想象。”罗杰说。

航行的时候，他们把下帆桁完全展开。树林覆盖的山坡上升起烟雾来。安静的空气中，他们听见烧炭者用斧子伐木的声音。

“我们走了之后他们还会在这儿的。”缇蒂说。

“谁？”苏珊问。

“野人们。”缇蒂回答。

风在一点点地平息。下帆桁向船尾转去，主帆索时不时触到水中被船身拖着走。

“一等水手，坐在背风的地方，”约翰说，“这样下帆桁才能完全展开。”

同样，南希在亚马孙号里也坐在背风的地方。

“现在是不是该划船了？”罗杰说。

“想快就去坐蒸汽船。”约翰说。

“不，我不想，”罗杰说，“帆船才带劲儿呢。”

船队缓缓地驶过野猫岛。这里又变成了缇蒂在达里恩峰顶时候看到的无人小岛。不过，这里又不再是当时看到的那座小岛了。约翰注视着小岛，寻找秘密港湾、挂导航灯、在小岛周围游泳、爬上那棵最高的树……这些事情在他脑海中一幕幕地闪过。对于罗杰来说，这座小岛将永远是自己刚学会游泳的地方。对于苏珊来说，这座小岛是她为大家庭做家务、煮饭的地方。缇蒂觉得这就是鲁滨孙·克鲁索的小岛。相比于其他人，这座小岛更像是属于她一个人的小岛，因为她曾独自一人待在岛上。缇蒂还记得自己是如何清理小路，如何走在黑暗里，如何听到猫头鹰的叫声。

她想起了那只水鸟，想起自己曾驾驶亚马孙号到港湾外面。突然，她的目光越过湖面看向鸬鹚岛，然后又看了看在旁边不远处与燕子号一起行驶的亚马孙号。她在想，那天夜里，她真的把亚马孙号从港湾里驶出来这么远吗？

当他们驶过房船港的时候，弗林特船长划着船过来，再次与他们道别。

“再见！”水手们喊道。

“明年见！”弗林特船长喊道。他停下了手中的桨，看着船队缓缓地向达里恩峰驶去。

在达里恩峰顶下，船队的两艘船即将分开。

所有人都在喊“再见啦”“别忘了联盟”“明年再来”。“为野猫岛欢呼三声！”约翰大声道。所有人欢呼。“为燕子号欢呼三声！”南希大声说。“也为亚马孙号欢呼！”他们呼喊着回应。接着，约翰准备进入霍利豪农场的船屋。亚马孙号沿着自己的路线行驶，不一会儿便消失在港湾一角。

“真希望这一切还没有结束。”罗杰说。

“不管怎么样，不会再有干肉饼吃了。”苏珊说。

“不如我们唱首《咸牛肉之歌》吧？”缇蒂提议道。于是，他们唱了起来：

咸牛肉，咸牛肉，我们安心喽，
咸牛肉和饼干面包，哦！
咸牛肉，咸牛肉，我们安心喽，
咸牛肉和饼干面包，哦！
你上岸之后，有更多的美酒佳肴，哦！

别忘了你的旧船友！

“苏珊就是那个旧船友。”罗杰说。

“我们都是。”约翰说。

“航行结束的时候人们会唱什么歌？”苏珊问。

缇蒂起头，其他人随即跟着唱了起来，因为他们都会唱：

哦，那个老人说的话，我们就要听到喽，
走吧，乔尼，走吧。
你可以上岸拿自己的报酬。
现在是时候离开了。
走吧，乔尼，像个男子汉一样，走吧，
走吧，乔尼，走吧，
哦，走吧，乔尼，在该离开的时候就要离开，
现在是时候离开了。

“乔尼是谁？”罗杰问道，“喏，妈妈和维吉从草场上下来了！”

图书在版编目（CIP）数据

燕子号与亚马孙号：汉英对照 /（英）亚瑟·兰塞姆（Arthur Ransome）著；徐彬，翟雨，宋彦卓译．—南京：译林出版社，2024.7
（双语经典）
书名原文：Swallows and Amazons
ISBN 978-7-5753-0090-2

I.①燕… II.①亚… ②徐… ③翟… ④宋… III.①英语－汉语－对照读物 IV.①H319.4

中国国家版本馆 CIP 数据核字（2024）第 060366 号

燕子号与亚马孙号
〔英国〕亚瑟·兰塞姆 / 著　徐　彬　翟　雨　宋彦卓 / 译

责任编辑　陈绍敏
特约编辑　赵丽娟
装帧设计　鹏飞艺术
校　　对　刘文硕
责任印制　贺　伟

出版发行　译林出版社
地　　址　南京市湖南路 1 号 A 楼
邮　　箱　yilin@yilin.com
网　　址　www.yilin.com
市场热线　010-85376701
排　　版　鹏飞艺术
印　　刷　三河市中晟雅豪印务有限公司
开　　本　889 毫米 ×1194 毫米　1/32
印　　张　25.5
版　　次　2024 年 7 月第 1 版
印　　次　2024 年 7 月第 1 次印刷
书　　号　ISBN 978-7-5753-0090-2
定　　价　79.80元